Concepts de l'amour

Collection « Ouverture philosophique »
Série « Débats »
dirigée par
Jean-Marc Lachaud et Bruno Péquignot

Une collection d'ouvrages qui se propose d'accueillir des travaux originaux sans exclusive d'écoles ou de thématiques.

Il s'agit de favoriser la confrontation de recherches et des réflexions, qu'elles soient le fait de philosophes « professionnels » ou non. On n'y confondra donc pas la philosophie avec une discipline académique ; elle est réputée être le fait de tous ceux qu'habite la passion de penser, qu'ils soient professeurs de philosophie, spécialistes des sciences humaines, sociales ou naturelles, ou… polisseurs de verres de lunettes astronomiques.

La série « Débats » réunit des ouvrages dont le questionnement et les thématiques participent des discussions actuelles au sujet de problèmes éthiques, politiques ou épistémologiques.

Déjà parus

Gérard-Yves LECLERC, *Histoire philosophique et politique du sacré. La violence et le sacré des autres*, 2020.
José COHEN-AKNINE, *Des altérations réciproques de la conscience et de la réalité. Renaissance de la métaphysique*, 2020.
Vincent Davy KACOU, *Paul Ricoeur, Pour une poétique d'éthique politique en Afrique*, 2020.
Samuel MONTPLAISIR, *La croyance et ses horizons normatifs*, 2020.
Jean-Marc ROUVIÈRE, *Au-devant de soi. Esquisses vers une philosophie de l'anticipation*, 2019.
Henri DE MONVALLIER, Nicolas ROUSSEAU, *La phénoménologie des professeurs. L'avenir d'une illusion scolastique*, 2020.
Béatrice CANEL-DEPITRE, *Homme/animal, Destins liés*, 2019.
Benoît BOHY-BUNEL, *Symptômes contemporains du capitalisme spectaculaire*, 2019.
Gérard GOUESBET, *Violences des Dieux*, 2019.

Claude Stéphane Perrin

Concepts de l'amour

Du même auteur

ARTICLES

- Sur le cinéma : « Kurosawa, Antonioni, Vigo, Bergman », *Études cinématographiques*, Minard, 1964-66.
- Sur la littérature : « Racine, Kafka, Baudelaire, Beaumarchais, Mishima, Borges, Giraudoux », Ellipses, 1983-1989 ; « Michaux », *Perpétuelles*, n° 2, 1985.
- Sur la philosophie : « Nietzsche », *Perpétuelles*, n°4 et 5, 1986 ; « Le langage », Ellipses, 1986 ; « Le droit », Ellipses, 1988 ; « Le pouvoir », Ellipses, 1994.

OUVRAGES

Carl Th. Dreyer, Seghers, 1969.
Penser l'art de Léon Zack, L'Âge d'homme, 1984.
Le Neutre et la pensée, L'Harmattan, 2009.
L'Art et le neutre, Eris-Perrin, 2010.
Philosophie et non-violence, Eris-Perrin, 2012.
Les Démons de la pensée, Eris-Perrin, 2013.
L'Esprit de simplicité, Eris-Perrin, 2013.
Nietzsche et l'amour, Eris-Perrin, 2014.
Pour un cinéma d'auteur, Eris-Perrin, 2015.
La Métaphysique naturaliste de Paul Klee, Eris-Perrin, 2015.
Philosophie et mysticisme - La rose de Silesius, Eris-Perrin, 2015.
Au delà des images, Eris-Perrin, 2016.
Fifi le philosophe, Eris-Perrin, 2016.
Le Gouffre, l'abîme et l'infini, Eris-Perrin, 2017.
Cézanne - Le désir de vérité, L'Harmattan, 2018.
Esthétique du gracieux, Eris-Perrin, 2019.

© L'Harmattan, 2020
5-7, rue de l'Ecole-Polytechnique, 75005 Paris

http://www.editions-harmattan.fr

ISBN : 978-2-343-20804-6
EAN : 9782343208046

A. Prologue

- *L'amour : de l'obscur vers la lumière*

La pensée peut s'interroger soit à partir de ce qu'elle ignore (l'inconscient, l'imperceptible), soit à partir de ce qu'elle saisit avec la plus grande certitude (d'une manière pure, formelle), soit à partir d'une intention raisonnable de douter, soit encore en refusant de séparer le clair et l'obscur, notamment parce qu'il y a du non-être dans l'Être, c'est-à-dire dans la Nature.[1] C'est d'ailleurs à partir de ce rapport tendu entre l'obscur et le clair qu'une recherche devrait pouvoir s'instaurer paisiblement en abordant l'épreuve sans doute la plus mystérieuse qui soit, celle de l'amour.

Cette recherche pourrait d'abord commencer au cœur d'une incontrôlable et étonnante surprise devant l'extension de cette affection qui échappe aux premiers actes simples et positifs de la pensée, voire qui peut engendrer de naïves relations entre la force d'un commencement et la mystérieuse puissance affective qui la dépasse en l'englobant, tout en sachant que, dans certaines de ses manifestations, l'amour inspire, pour ceux qui sont concernés, la grâce presque miraculeuse d'une nouvelle naissance.

Cependant, une possible atténuation de cette surprise est nécessaire si la pensée ne veut pas se laisser fasciner par la puissance toujours naissante (ou renaissante) qui exprime des sentiments bouleversants souvent merveilleux, notamment lorsqu'ils sont imprévisibles ou créatifs. Comment ? En réalité, pour commencer, les épreuves de l'amour ne sont pas vraiment pensables immédiatement parce qu'elles font d'abord prévaloir leurs premières et grandioses obscurités, comme dans les relations violentes et délirantes de l'amour-passion qui suppriment les différences en attisant le mystère insondable des affections sensibles, du reste surtout sensibles. En fait, la

---

[1] Avec une majuscule le mot Nature désigne l'Être infini et en devenir qui crée éternellement de nouveaux mondes.

première épreuve passionnelle de l'obscur est surtout passive. Elle se perd alors dans la sensation d'une fusion avec un abîme inéluctable, celui de l'épaisse et brute obscurité matérielle des forces élémentaires de la nature [2] dont les effets inconnus et hors d'accès conduisent les êtres humains vers l'ignorance, vers la solitude ou vers la peur de l'inconnu.

Tout commence ainsi à un niveau uniquement sensible par une épreuve métaphorique de l'obscur, par une image symbolique qui condense en elle profondeur, inquiétude et ignorance, même si cette image impliquera ensuite sa propre négation pour satisfaire des exigences vitales plus humaines, c'est-à-dire vraiment soucieuses de distinguer les nuances inhérentes à chaque sentiment. En effet, l'étrangeté et la confusion de la métaphore de l'obscur expriment, eu égard à l'amour, l'impossibilité d'une relation qui serait sans souffrance, voire sans haine. Or, cette épreuve surtout sensible nous transporte vers le vide prévisible de la disparition de toutes les émotions et de tous les affects.[3]

Néanmoins, au delà des tensions qui rapportent une première épreuve affective de l'obscur à un désir de lumière, peut aussi intervenir le projet de cohérence qui est présent dans toute pensée raisonnable non enfermée dans une universalité abstraite, comme dans celle, par exemple, de la Morale ou de la Loi. En réalité, ce projet devrait plutôt chercher à associer une lumineuse conscience de l'amour à ses obscures profondeurs singulières, avec un peu de sérénité, sans nier la valeur de chaque singularité en présence, et tout en allant des épreuves les plus obscures vers les plus claires.

De l'obscur peut en effet surgir l'infime clarté d'un lien entre ceux qui s'aiment, c'est-à-dire les éclairs de conscience qui dominent la nuit de chacun, tout en rendant aimable cette dernière. L'obscurité matérielle est alors dépassée et enveloppée par deux consciences, par deux lumières intellectuelles qui

---

[2] Le mot nature (sans majuscule) désigne un point de vue fini et incomplet à partir du monde terrestre sur la Nature infinie qui crée tous les mondes.
[3] On peut distinguer à ce sujet les brèves émotions (joie, surprise, colère, peur, ou dégoût) des affects qui sont plus durables (comme la tristesse, l'anxiété, le souci et l'angoisse).

diminuent les épreuves de l'obscur en préférant ce qui unit à ce qui disperse ; chaque lumière permettant d'expliquer, c'est-à-dire de développer le clair à partir de l'obscur, *clarum per obscurius...* Puis, cette conscience d'un gouffre de l'obscur néanmoins ouvert sur la lumière, cette conscience partagée par deux êtres humains qui s'aiment, peut découvrir qu'elle ne saurait être réduite à l'obscure solitude de chacun, puisqu'elle inspire surtout d'interpréter les épreuves affectives au delà de leurs premiers surgissements symboliques et matériels, y compris lorsque, pour Bachelard, *"l'amour n'est qu'un feu à transmettre".*[4]

Dès lors, la pensée de chacun, interprétée et vécue dans un amour partagé, pourra faire penser à une merveilleuse étincelle surgie de l'obscur, sachant que cette étincelle, qui est la même pour chacun, éclairera d'autres métaphores incandescentes, puis des concepts, même seulement probables, c'est-à-dire des formes anticipées (avant leur récognition) et partielles (avec leur trame propre) d'une pensée rationnelle et sensible capable de clarifier les sentiments, notamment lorsque ces derniers rassemblent, éloignent ou bien juxtaposent consciemment, certes sans les saisir complètement, des sensations, des émotions et des représentations intellectuelles qui s'ajustent plus ou moins bien entre elles puisqu'elles modifient constamment leurs relations. En tout cas, le sens du concept ici affirmé peut faire penser au sens donné par cette définition de Théodule Ribaud : *"Un résultat de jugements, une condensation, un abréviatif. On peut dire qu'il se compose de jugements affectifs."*[5]

Dans ces conditions, chaque affection, chaque tension attractive, coordonnatrice, voire au pire, chaque transe fusionnelle, s'effectuera toujours à partir des premières sensations obscures qui accompagneront la naissance innocente d'un acte d'amour avant de faire surgir, même tardivement, l'évidence joyeuse d'une plénitude affective qui inspirera ensuite des raisons d'aimer librement d'autres formes, ou bien de continuer à aimer seulement celles qui appartiennent aux déterminations de la nature. Dès lors, si une épreuve de l'indicible s'impose

---

[4] Bachelard (Gaston), *La Psychanalyse du feu,* Gallimard, Idées, 1965, p.48.
[5] Ribaud (Théodule), *La Logique des sentiments*, Alcan, 1920, p.31.

d'abord, c'est très probablement parce que, en sa réalité sensible, la puissance de l'amour est considérable, trop considérable pour être pensée d'abord clairement, c'est-à-dire en deçà de toute considération. Cette puissance ne saurait en effet être comprise simplement en elle-même et par elle-même, sachant que le mystère de l'amour demeure toujours bien plus fort que tous les *parce que* puisqu'il fait triompher, selon Vladimir Jankélévitch, *"ce je-ne-sais-quoi si évasif et si controversable (qui) est la chose la plus importante du monde, et la seule qui vaille la peine."* [6]

Il est pourtant difficile d'en rester à ce constat qui conduit à penser que l'amour serait en quelque sorte ***la survérité*** inconnaissable et indicible qui contiendrait toutes les vérités en impliquant un savoir nescient concernant cette survérité. En fait, l'amour serait plutôt, à nos yeux, ***la surréalité*** qui émane de la puissance de la Nature et qui nous donne néanmoins à comprendre un peu quelques-uns de ses multiples effets, c'est-à-dire les différences qui s'instaurent objectivement, voire souvent très clairement, entre diverses sortes d'amour possibles : l'amour de la nature, de la vie, de l'autre, de la culture, de la science, du jeu, de la sagesse... N'y aurait-il pas alors un point commun à tous ces sentiments, un point qui se situerait au cœur de tout *je-ne-sais-quoi* ? Très probablement. Mais, avant de répondre plus précisément à cette question, ne faudrait-il pas d'abord penser l'amour en tenant compte, au sein de ses multiples variations, de la présence de la puissance créatrice positive et souveraine de la Nature qui en serait la cause, même si cette puissance est elle-même incompréhensible, toujours en devenir, voire aussi bien susceptible d'assembler ses effets que de les multiplier ? L'action de cette puissance rendrait possibles tous les sentiments, ainsi que tous les actes imprévisibles et bénéfiques où chaque être humain déploie son propre amour pour *un* autre (quel qu'en soit l'objet), et cette action donnerait aussi à penser que la Nature n'est pas vraiment étrangère aux actions humaines qui ne veulent pas rester figées par un prime *je-ne-sais-quoi* plutôt obscur à son sujet.

---

[6] Jankélévitch (Vladimir), *Le Je-ne-sais-quoi et le Presque-rien, 2. La Méconnaissance, le Malentendu,* Seuil, 1980, p.111.

Dès lors, afin d'échapper à la dérive des significations qui demeurent bloquées ou fascinées par l'indiscernable, l'indistinct, l'insaisissable, voire par une mystérieuse intervention de l'invisible dans le visible (comme celle du surnaturel ou du sacré), ne faudrait-il pas toujours interpréter l'amour en fonction de la puissance positive qu'il manifeste, ici et maintenant, c'est-à-dire dans ce monde éphémère, en chaque don répété de cette puissance qui permet de satisfaire aussi tout désir de donner un sens clair, cohérent et heureux à une existence humaine ? Très probablement, car la puissance du don de l'amour *par* la Nature offre éternellement à ce monde (comme à de multiples autres mondes peut-être) de nouvelles créations qui ne sont pas étrangères à l'intelligence de leurs devenirs, notamment dans leurs meilleurs effets, c'est-à-dire dans les dons les plus bénéfiques pour les êtres humains lorsque la force du vrai l'emporte sur les tentations de l'illusion ou de la fausseté.

Dans cette perspective et à ce moment de la réflexion, un concept global et clair de l'amour demeure pourtant impossible, car, si tel n'était pas le cas, nous réduirions l'amour à des raisons seulement formelles. En réalité, n'apparaissent d'abord que des affects primaires et immédiats, c'est-à-dire des sensations brutes (comme le plaisir ou la souffrance). Puis leur interprétation découvre qu'elle doit se limiter à quelques détails matériels, parfois mythiques et fructueux, ou bien à des concepts provisoires qui, par exemple pour Bachelard, devront ensuite être affinés ou rectifiés.

Cette impossibilité d'une prime conception globale de l'amour révèle que l'incertitude prévaut d'abord sur toutes les intuitions claires et sur tous les concepts, car, dans sa première expression, l'amour paraît très obscur puisqu'il ne révèle pas ses éventuels fondements, y compris d'un simple point de vue métaphysique qui, comme pour Bachelard, ne ferait pourtant pas intervenir une mystérieuse transcendance[7] : *"Ce n'est pas la connaissance du réel qui nous fait aimer passionnément le réel. C'est le sentiment qui est la valeur fondamentale et première. La nature, on commence par l'aimer sans la connaître, sans la*

---

[7] Le mot est alors conçu à partir du préfixe grec μετά qui signifie *avec* et non au delà.

bien voir, en réalisant dans les choses un amour qui se fonde ailleurs. Ensuite, on la cherche en détail parce qu'on l'aime en gros, sans savoir pourquoi." [8] Du reste, ce *"sans savoir pourquoi"* est très intéressant puisqu'il permet d'interpréter l'amour en rapportant les limites de la connaissance objective à l'incompréhensible infinité de la Nature. Néanmoins, le philosophe de la psychanalyse de la connaissance objective et de la rêverie n'en est pas resté aux propriétés mystérieuses de l'amour, humain ou non. Il a su aussi élever inductivement les contradictions inhérentes à l'amour vers deux épreuves métaphysiques [9] très précises : la première en purifiant la réalité brute des affects (surtout celle du plaisir), et la seconde en effectuant une sublimation rationnelle de l'ardeur des sentiments ; ces derniers étant psychanalysés avant d'incliner peu à peu vers des concepts probables qui ont été ensuite contrôlés, puis rectifiés.

En tout cas, la primauté du sentiment de l'amour sur sa connaissance empirique implique deux conséquences méthodologiques importantes, d'abord celle de reconnaître la primauté d'un non-savoir, ensuite celle de douter librement à partir des limites inhérentes à toute compréhension qui sait vaguement ce qu'elle ne peut pas saisir.

Aveugle ou obscure, la puissance de l'amour oriente ainsi très secrètement les destinées humaines d'une manière remarquable. Pourtant elle leur donne également à penser ce secret, c'est-à-dire à en saisir au moins l'extension. Alors, ne faudrait-il pas, à partir de la volonté de penser les limites, chercher aussi à donner un sens aux cruelles pesanteurs solitaires des existences humaines qui errent sans parvenir à se libérer ? Sans doute. Mais, dans ce cas, il sera tout à fait impossible de vivre autrement qu'en fonction de la puissance de la nature qui détermine chacun à se donner ses propres raisons d'aimer.

Par conséquent, lorsqu'il décide d'interroger cette puissance, chaque être humain peut savoir qu'il aime tout d'abord sans savoir pourquoi, puis qu'il doit chercher à sortir de l'obscurité qui domine à la fois ses épreuves sensibles, sa vie émotionnelle

---

[8] Bachelard, *L'Eau et les rêves,* Corti, 1942-1971, p.155.
[9] Bachelard, *Le Nouvel esprit scientifique*, PUF, 1934, pp.1, 60, 82.

et son intelligence. [10] Pour le dire autrement, chaque être humain commencerait par aimer inconsciemment ce monde et cette vie qui lui échappent, et pas seulement parce qu'ils lui échappent. Puis, il lui semblerait possible de sortir de cette nuit qui ne serait ni absolue, ni peut-être aux confins de l'absolu.

En conséquence, le fait de ne pas *savoir pourquoi* on aime ceci ou cela permettrait de situer l'épreuve inouïe de l'amour en tenant compte de toutes les limites intellectuelles, sans pour autant mettre complètement sa pensée à l'intérieur de ce qui lui échappe. En effet, si un être humain pouvait comprendre immédiatement pourquoi il aime, il parviendrait en même temps à circonscrire son amour dans le champ d'une pensée qui serait abusivement contrainte d'ignorer les profondeurs inconscientes des instincts, des tendances, des appétits, des besoins et des désirs contradictoires qui ne sont pourtant pas encore corrélés avec les multiples intuitions que nous pouvons imaginer sur l'amour, notamment sur l'amour de soi ou de l'autre, sur l'amour refoulé ou sublimé, sur l'amour du possible ou de l'impossible...

Au reste, le fait d'ignorer ces profondeurs ne détourne pas nécessairement chacun de ce qui est nécessaire à une conceptualisation, car chaque épreuve sensible n'est peut-être pas sans raison, même si nous ignorons d'abord si raison il y a vraiment. En conséquence, afin de sortir de cette impasse où domine l'improbable et l'irrationnel, il sera nécessaire de penser au bord de ce gouffre sans pour autant se laisser fasciner par lui. Mais comment un ***contact*** sensible avec les profondeurs du réel sera-t-il alors possible, notamment pour aller au delà des instincts qui défient la pensée consciente ? En tout cas, les concepts de l'amour ici recherchés ne sont pas tout de suite donnés par l'amour de la nature [11] qui les détermine pourtant, car les expressions inconscientes de l'amour échappent à la pensée réflexive qui interprète ses fondements les plus obscurs, informes et sans passé identifiable.

---

[10] Notamment dans son sens étymologique (*intus legere* : lire de l'intérieur).
[11] Au sens d'un monde fini qui peut aussi être pensé dans son ouverture sur l'infinité de la Nature.

- *De la puissance infinie et irrationnelle de l'amour vers des concepts probables*

Conformément au sens général donné par les dictionnaires, l'amour est l'expression d'un élan vital du cœur. En fait, deux métaphores dialoguent dans cette brève définition, celle du cœur qui bat pour quelque chose ou pour quelqu'un, et celle d'une tendance d'attachement à l'égard d'êtres, familiers ou non, qui se dépassent ainsi, tout en étant affectés, c'est-à-dire tout en étant mystérieusement attirés par un ou plusieurs êtres. Associées, ces deux images évoquent un battement intime et un élan externe qui ne sauraient inspirer un concept simple de l'amour, c'est-à-dire une seule représentation intellectuelle, claire et distincte, qui serait susceptible de rassembler toutes les déterminations suffisamment communes pour produire une ébauche générale, voire complète de son objet.

Plus précisément, dans son lien sensible et intellectuel avec le devenir des choses terrestres, l'amour possède une dimension humaine qui oscille entre égoïsme et altruisme, et cette dimension est une tendance d'attachement ou d'attraction qui semble plutôt floue. En effet, une intuition globale de l'amour est d'abord impossible, car nul ne saurait rassembler d'une manière cohérente et claire de nombreuses épreuves subjectives et sensibles qui attachent un être humain à une valeur (respect, liberté, dignité, courage), à une réalité matérielle comme le monde, un lieu, un pays, une nation, un objet, un animal, à de l'argent, à un être humain (parent, enfant, ami, partenaire, compagnon, camarade...), ou à une réalité culturelle (un savoir, une œuvre)... À ces diverses intuitions manque le concept qui pourrait les rassembler en distinguant clairement un besoin, une tension, une attirance, une envie, un désir, une passion, une création, un partage...

En fait, chaque acte d'amour, sans doute inspirateur de multiples concepts, est mû par la *puissance* créatrice et évolutive de la vie des organismes naturels qui ne peut être réduite à un seul concept général ou générique, parce que tout ce qui est dans la nature agit ou subit. De plus, ce qui agit exerce une puissance afin d'effectuer un passage à l'acte, et cette puissance de développement, concentrée sur un but, est un pouvoir dont nul ne sait s'il est une propriété permanente, occasionnelle, créatrice ou destructrice de la nature. D'où la difficulté de définir le pouvoir, *a fortiori* la puissance mystérieuse et extraordinaire de l'amour, sachant qu'il n'y a pas en elle d'apparentes structures permanentes de ses pouvoirs. Certes, dans son sens absolu, le pouvoir c'est la puissance du Tout ; et dans son sens relatif, c'est l'affirmation d'une puissance (d'abord d'une force potentielle) qui peut être tournée vers soi-même (pour une maîtrise de soi), vers autrui (pour dominer), vers la nature (pour sa destruction, sa protection ou son entretien). En tout cas, l'ubiquité et la permanence des rapports de pouvoir renvoient mythiquement à l'idée de la puissance divine capable de s'actualiser conformément à des nécessités naturelles, voire à des forces culturelles qui, lorsqu'elles sont fictives et mensongères, pervertissent les forces initiales.

Dans cette réalité ouverte et tendue, chaque acte d'amour perpétue pourtant instinctivement, et plutôt simplement, les espèces vivantes en visant d'abord ce qui leur est utile, puis, au delà, il inspire aux êtres humains de possibles dépassements estimables, admirables, positifs ou plaisants. Ces dépassements révèlent que les actes d'amour sont d'abord des faits objectifs et en devenir qui produisent ensuite des sentiments porteurs de contradictions plus ou moins reconnues, puis qui impliquent une conséquence méthodologique importante : la primauté d'un non-savoir et d'une absence de règles les concernant.

L'amour paraît ainsi renvoyer à une réalité trop puissante et trop vaste pour permettre sa totale compréhension, voire sa régulation. Alors, comme Socrate,[12] il faudra d'abord comprendre qu'on ne peut pas comprendre. Puis il faudra sortir de cet embarras, sortir des gouffres insondables de la pensée, se concentrer sur les effets objectifs de l'amour ainsi que sur la possible atténuation de ses contradictions. En tout cas, c'est l'intensité aveuglante, voire transgressive[13] de l'amour, qui détermine les premiers échecs de la pensée et qui fait que, dans

---

[12] Platon fait pourtant dire à Socrate : *"Moi qui fais profession de ne savoir que l'amour."* (*Le Banquet*, 212 b).
[13] Par le désir de s'approprier l'autre.

un premier temps, ce qui est donné à penser de l'amour c'est le mystère de sa puissance infinie, laquelle crée de grandes extensions et de mystérieuses attractions qui empêchent de la comprendre, c'est-à-dire de la rendre assimilable, contenue, enveloppée, saisie ou embrassée par une pensée pertinente.

Le projet d'une réflexion claire et distincte n'est ainsi pas aisé à mettre au jour, sans doute parce qu'amour et raison parfois se contredisent, ou bien parce qu'ils se perdent dans des liens mythiques ou religieux qui, du reste pour Nietzsche, dérivaient, par delà le bien et le mal, vers un paganisme antique qui était aussi bien la cause des plus belles actions que des crimes les plus cruels. La raison ne saurait en effet s'imposer d'abord pour fixer de clairs repères à ce qui agit et à ce qui pâtit, à l'amour de soi et à celui d'autrui, voire à l'amour des animaux, des choses de ce monde, du jeu, du travail, de la science, de la justice, d'une patrie, de l'art, de Dieu ou bien de la Nature...

Dans cette perspective incertaine, l'amour de la Vérité paraît difficile à penser eu égard aux multiples vérités qui sont possibles, par delà tous les mensonges et par delà toutes les illusions. Pourtant, l'histoire de la philosophie a distingué deux méthodes bien différentes pour penser, l'une globalement intuitive et intellectualisée (comme pour Spinoza)[14], l'autre conceptualisée (comme pour Aristote, Freud ou Bachelard). En conséquence, l'amour ne pourrait-il pas être pertinemment interprété en fonction de ces deux méthodes ?

En fait, dans la première méthode, l'amour a été pensé dans sa vérité la plus générale, donc dans la vérité métaphysique qui apparaît dans une vision à la fois intellectuelle et sensible. Au cœur d'une intuition intime, directe, spontanée et présente à l'esprit, a pu apparaître alors un amour éternel de Dieu, en attente de rien et sans aucun projet, notamment parce que, singulièrement, des êtres finis s'étaient affectivement accordés avec l'infinité de la Nature.

Dans une seconde méthode de la pensée de l'amour, dominée par le désir de vérités seulement empiriques, des concepts ont pu instaurer des interprétations plutôt claires en gravitant autour de multiples manifestations affectives, par exemple lorsqu'une vive

---

[14] Concernant l'amour intellectuel de Dieu.

émergence de l'amour s'ouvrait sur son imprévisible avenir en faisant intervenir les concepts psychanalytiques suivants : impulsion, investissement, surinvestissement, incorporation, projection, introjection, extension, refoulement, régression, repli narcissique, transfert, dessaisissement...

Est-il possible ensuite d'accorder ces deux points de vue ? Il faudrait pouvoir comprendre comment les élans, les attractions et les accords libres ou déterminés de l'amour se déploient d'une manière claire à partir de la conscience de leurs effets limités, sans extravagance, mais d'une manière avant tout soucieuse de correspondre à quelques raisons. Comment ? Dans ce contexte, il importe de répondre à l'exigence majeure qu'impose le devenir historique du philosophème de l'amour : comment penser l'amour, aujourd'hui, sans se référer aussi aux interprétations des philosophes qui ont précédé cette recherche ? La tâche semble considérable ! Pourtant, elle devient moins ardue lorsque l'orientation de la recherche se veut plus proche de l'amour de la sagesse de Spinoza que de la folie de l'amour créatif de Nietzsche.

Néanmoins, parce qu'il y a sans doute toujours un peu de folie dans une sagesse, il sera nécessaire de faire prévaloir les hypothèses les plus conformes aux exigences de cohérence et de clarté du raisonnable ; ces exigences invitant à penser que toutes les vérités relèvent d'hypothèses singulières et humaines qui devront d'abord répondre à la nécessité d'une rigoureuse et constante *probité* intellectuelle. Ensuite, ces vérités probables pourront toujours être dépassées par de nouvelles interprétations. Et cela sera possible, car l'histoire de la philosophie a produit de nombreux concepts dont on peut voir d'intéressants prolongements, comme lorsque les concepts très assurés de Spinoza renvoient à ceux créatifs, probables et distants de Nietzsche, puis à ceux provisoires et rectifiés de Bachelard...

En conséquence, l'amour ne devra pas être interprété à partir de la seule expression d'un simple élan vital qui contiendrait en lui un germe d'universalisation (une idée par exemple). Et il ne devra pas être davantage interprété à partir d'un penchant ou d'un attachement possessif et englobant qui concernerait indifféremment aussi bien l'amour de soi, d'autrui, que celui de ce monde, notamment lorsque se mêlent mystérieusement et obscurément instincts de vie, de domination, de conservation, d'expansion, de mort, ou bien lorsque se mêlent aussi des sensations, des pulsions, des désirs, des passions ou de tendres partages...

En tout cas, plus précisément, le processus méthodologique sera surtout ***transcendantal***. Il s'agira en effet d'interroger les conditions nécessaires à la réalisation d'un amour véritable, durable et humain. Ensuite, dans cette perspective ouverte, chaque contradiction devra ***dialectiquement*** être dépassée par la raison supérieure qui inspire à la fois la nature et celui qui veut l'interpréter en accordant l'objectif et le subjectif. Cela signifie qu'en décidant de penser par soi-même, il faudra aussi vouloir penser contre soi-même et avec les autres, non pour se retrouver dans l'autre, mais pour penser avec l'autre et au delà de chacun, car l'amour de la vérité invite d'épouser les fluctuations et les contradictions des réalités pensées dans une ***constellation*** de concepts, même usés ou altérés.

Les épreuves contagieuses, fantasmées, sublimées, idéalisées ou purifiées de l'amour seront alors problématisées d'une manière ***perspectiviste*** en fonction de leurs capacités, diversement fortes, à pouvoir devenir raisonnables, c'est-à-dire en fonction de leurs capacités à se rassembler et à s'unifier clairement d'une manière à la fois singulièrement humaine et objectivement naturelle. Dès lors, à cause de ces diverses ouvertures possibles, puisqu'il n'y a pas un seul concept de l'amour, c'est-à-dire une claire compréhension à partir d'un seul point de vue, il faudra distinguer très précisément trois ***perspectives*** dont chacune rassemblera divers concepts concernant les épreuves multiples, sauvages ou sereines de l'amour.

Pour commencer, au plus loin des exigences du raisonnable, c'est dans une ***première perspective*** que l'expression de l'amour ***fusionnel***, concupiscent et non maîtrisé, fera intervenir de multiples mythes de l'amour vulgaire, et d'abord celui de l'amour terrestre d'Aphrodite (Αφροδιτη πανδημος). Or cet amour ***en clair-obscur***, voué à sa chute et à la mort, n'a un sens possible qu'à partir d'une déconstruction de ses images, notamment lorsque l'amour de la vérité et les multiples manifestations du réel ne convergent pas, ou bien lorsque l'amour de la vérité est dépourvu de repères dans un monde en devenir qui est tendu entre le hasard et la nécessité, donc privé de centre. Et les pensées provisoires et changeantes qui interpréteront cette forme d'amour engendreront surtout des erreurs, des illusions ou des convictions, c'est-à-dire des pensées conformes au mythe d'Éros qui n'exprime que les excès débordants, insatiables, impudiques, puérils, impersonnels et changeants de désirs toujours infidèles à eux-mêmes, car leur paroxysme et leur visée d'un objet unique (même différent) les condamnent à leur propre perte. Plus précisément, il faudra dépasser, d'une manière critique, les plus violentes expressions de l'amour, et certainement celles de cet obscur besoin d'aimer, instinctif ou pulsionnel, qui conduit vers une monstrueuse et vaine *fusion* avec l'autre que soi. En effet, cette fusion est toujours l'expression d'un amour incontrôlé qui est mû par des instincts de domination ou d'autodestruction qui cherchent vainement à annexer, à assimiler ou à s'incorporer l'objet désiré. Alors, ces épreuves rendront possibles les concepts suivants : *instinct, appétit, besoin, pulsion, désir* (*pothos*) et *passion* (*mania*)... En tout cas, ces divers concepts de l'amour éclaireront, à ce niveau très brutal, des épreuves distinctes, voire opposées, qui errent entre passivité et activité, manque et plénitude...

Cependant, dans une *deuxième perspective*, à un niveau *créatif* qui prolonge néanmoins le précédent, c'est l'amour lui-même qui, pour les êtres humains, fera naître une relation entre l'un et l'autre, de l'un pour l'autre, comme l'exprimait par exemple Swedenborg : *"C'est l'amour qui fait le prochain, et chacun est le prochain selon la qualité de son amour."* [15] Alors, de singulières manifestations affectives pourront faire intervenir les forces intelligibles de l'Aphrodite céleste ($A\varphi\rho o\delta\iota\tau\eta$ $o\upsilon\rho\alpha\nu\iota\alpha$), puis de multiples forces religieuses comme dans le concept chrétien d'*Agapè*. Ce dernier recouvre d'abord l'amour spontané, bienveillant et descendant de Dieu qui crée ainsi une

---

[15] Swedenborg (Emmanuel), *La Nouvelle Jérusalem et sa Doctrine céleste*, § 86 à 89.

communion universelle avec ses créatures, puis qui désigne un amour de ***partage***, uniquement humain, lequel est une sorte de transmutation ou de refus[16] des valeurs érotiques de l'antiquité. Dans ces conditions, l'amour pour l'autre naîtra dans l'accueil des différences qui impliquent la reconnaissance de son inaliénable altérité, et cet accueil permettra, en ses multiples ***rayonnements transversaux***, de réaliser l'amour de l'un pour l'autre en des actes désintéressés et *oblatifs,* [17] puis en une tendre affection pour son prochain ou pour son ennemi,[18] y compris avec la grâce (*charis*) naturelle d'une miséricorde ou d'une sympathie pour les réprouvés.[19] Dès lors, dans ces épreuves diverses, l'amour ne sera pas une simple affection qui naîtrait d'une attraction ou d'un élan ardent vers un objet intéressant, car même si cet objet est susceptible de disparaître, l'amour sera vécu et pensé intensément en appréciant toutes ses multiples manifestations polyphoniques et entrelacées, à la fois visibles et ouvertes sur l'invisible, à la fois présentes et transversales, notamment lorsque des reprises et des résurgences l'animent différemment dans une commune volonté de reconnaître l'autre et de l'aimer. C'est ainsi que des concepts, même probables, devraient parvenir à clarifier l'extension de l'amour de l'un pour l'autre, et réciproquement, en fonction de l'amour lui-même qui prend sa source dans la profusion de la vie parce qu'il est une création de la vie, donc parce qu'il est, par exemple pour Georg Simmel, *"une catégorie fondamentale".* [20]

Puis, dans une ***troisième perspective***, cet amour créatif et partagé sera transfiguré par la claire ***raison*** qui, comme chez Aristote, ouvre l'amour sur des repères clairs, en fondant une ***éthique*** animée par la vertu[21] de ***probité***, laquelle implique

---

[16] Notamment pour l'apôtre Paul, sachant que la *caritas*, au Moyen-âge, réunira parfois *Éros* et *Agapè*.
[17] L'amour possessif (*amor concupiscentiae*) s'oppose à l'amour oblatif (*amor benevolentiae*).
[18] Bien avant Nietzsche, l'apôtre Matthieu avait dit : *"Aimez vos ennemis..."* (5, 43).
[19] Qui sont au demeurant porteurs de valeurs nobles.
[20] Simmel (Georg), *Philosophie de l'amour*, Petite Bibliothèque Rivages, 1988, pp.120, 172.
[21] Le mot vertu vient du latin *virtus* (force virile).

fidélité, attention respectueuse et courage, selon un processus qui rend les êtres translucides, donc hors de toute appropriation possible de leur altérité, dans un amour intellectualisé où le raisonnable traverse le sensible tout en l'éclairant. Cependant, cet accueil affectif de l'autre être humain manquerait de sens, y compris dans sa bienfaisance amicale, s'il n'était pas rattaché à ce qui l'anime, c'est-à-dire au mystère de l'infinité de la *Nature* dont chacun reçoit un peu de puissance ; ce don plus ou moins partagé rendant possibles quelques vérités métaphysiques plutôt certaines, dès lors que l'âme raisonnable d'un être humain participe à l'âme de la Nature qui est en réalité infinie. Certes, ces vérités ne sont que probables pour Nietzsche, notamment lorsque le philosophe approche le mystère du réel en son fier et ardent amour de la Nature qui est très éloigné de ses prochains : *"Des lointains les plus éloignés descend vers moi, lentement, une constellation étincelante..."* [22] Dans cette affirmation poétique, les forces concentrées de l'esprit rassemblent réellement les données sensibles, même très partiellement, avant de créer d'autres multiplicités nouvelles et imprévisibles. En tout cas, l'ouverture d'un amour terrestre sur l'infinité de la Nature devrait permettre à chacun, comme pour Nietzsche, de se renforcer ou de purifier ses excès : *"O ciel au-dessus de moi, ciel pur, ciel profond ! Abîme de lumière ! En te contemplant, je frissonne de désirs divins."* [23]

Enfin, ce sera en fonction d'une possible vision joyeuse, désintéressée, attentive et rationnelle de la nature que l'amour paraîtra véritablement *lumineux*, très précisément lorsqu'il sera nourri par la *contemplation* des réalités naturelles, pendant que la raison de ces dernières rassemblera, en des concepts intégratifs et unificateurs, les savoirs limités de la nature d'une manière claire et cohérente, même en des vérités seulement probables. En effet, comme déjà chez Aristote, la plus grande extension de l'amour règne dans le monde naturel qui est mû par l'action divine du suprême désirable. Dans ces conditions, inspirée par l'amour de cette perfection, chaque interprétation devra chercher

---

[22] Nietzsche (Friedrich), *Dithyrambes de Dionysos*, 1888, traduit par Michel Haar, Poésie / Gallimard, 2006, Gloire et éternité, 3.
[23] Nietzsche, *Ainsi parlait Zarathoustra*, Avant le lever du soleil.

à sortir d'elle-même et ainsi à dépasser un peu ses limites, notamment afin de produire quelques concepts pertinents de l'amour, sans pour autant réduire la puissance de son extension naturelle. Et toujours, pour ne pas en rester à ses premières incertitudes, il faudra persévérer dans la volonté de penser une ouverture fructueuse sur le monde afin de le connaître, de l'aimer davantage et de créer une orientation plutôt raisonnable vers lui ainsi que vers les êtres humains.

B. L'amour fusionnel

a) Le besoin d'aimer

- *L'altérité dans l'Être*

Affirmer une très probable altérité dans l'Être ne pose pas de difficulté à la pensée qui, eu égard au principe logique d'identité, distingue aisément la passivité d'un être dans sa relation avec un autre être, et, eu égard au principe de non-contradiction, distingue sa propre activité et celle qui ne le concerne pas. Le principe de non-contradiction est en effet fondé sur l'activité de la pensée qui est et qui n'est pas encore complètement réalisée. Cela signifie, chez Platon qui a refusé la fascination parménidienne de l'identité de l'Être avec lui-même, que le *non-être participe à l'Être* dans la mesure où il n'est pas l'Être, bien qu'il soit en relation avec l'Être, car, sans ce non-être, nul ne saurait accéder à la connaissance qu'il n'y a «rien» entre le *mouvement* et le *repos*, et néanmoins du non-être entre le *même* et *l'autre*.

Toutefois, un éventuel Être transcendant, en soi, n'a pas de réalité pour la pensée puisqu'il ne saurait être connu. Il serait plutôt un non-être total pour la connaissance, même si chacun peut l'imaginer en tant qu'il n'est pas connu, comme une hypothèse. Mais parce que la pensée pouvait maîtriser chez Platon les attributs généraux de l'Être (le *mouvement*, le *repos*, le *même* et l'*autre*), elle pouvait aussi s'appuyer sur le couple qui oppose le *même* à l'*autre* et énoncer que l'Être est soit ce qu'il est, soit ce qu'il n'est pas. L'Être n'est en effet ni une réalité absolue *en soi,* comme un paradigme, ni un objet pur de la pensée qui s'opposerait au *néant,* [24] car il est plutôt ce qui donne nécessairement et suffisamment à la pensée *l'un **et** l'autre, l'un **ou** l'autre, le mouvement **et** le repos, le mouvement **ou** le repos*. En tout cas, l'Être possède en lui-même le principe

---

[24] Ce mot de trop qui désigne l'impossible absolu du négatif.

de cette division grâce au *non-être* qui, en lui, participe à l'être qui n'est pas l'être, mais qui est dans l'être. Il s'agit ainsi de l'attribut qui n'est pas un pur néant, puisque le néant conduirait à une totale destruction de l'Être, mais une privation, celle de l'*autre*. De plus, le non-être «est» d'une certaine manière, parce qu'il participe à l'Être, mais l'inverse ne saurait être vrai, car *ce qui n'est pas* relève d'une fiction qui ne possède aucune existence.

Cependant, le concept de l'altérité a deux propriétés : il exprime un *manque* ontologique qui accompagnera le besoin et le désir amoureux, et il permet à l'*erreur* d'être explicable dans la mesure où l'autre est un attribut gnoséologique qui distingue des genres différents, lesquels n'ont aucune relation entre eux comme le mouvement avec le repos. Dès lors, parce que le non-être est sans être l'Être, un discours sur le non-être est inséparable de l'Être, ce dernier n'étant pas nécessairement transcendant (extérieur et supérieur), mais distinctement à côté. En tout cas, pour Platon, il y avait cinq concepts nécessaires au savoir, irréductibles l'un à l'autre, et ces cinq concepts étaient suffisants pour concevoir les relations les plus générales entre les êtres, sans situer le non-être au même niveau que l'Être (il y aurait deux êtres) et sans les séparer, car le non-être est dans l'Être, subordonné à l'Être, c'est-à-dire subordonné à une réalité générique qui comprend les attributs de l'être d'une chose et le non-être de cette chose.

Du reste, cette subordination du non-être à l'Être empêche la réfutation dite du *"troisième homme"* qui dépasserait l'un et l'autre. Par exemple, un homme est lui-même sans être tous les hommes, mais l'unité générique de l'homme rassemble l'homme individuel et tous les hommes, car chaque existant se compose d'unité et de pluralité, de limites et d'illimité. En conséquence, dans notre perspective qui sera plus proche de celle d'Aristote que de celle de Platon, le non-être n'est pas le néant qui serait l'impossible contraire absolu de l'être, mais un être autre que l'Être qui est un peu dans l'être à la manière de l'alphabet et de la grammaire qui déterminent les rapports entre les lettres. De plus, si l'Être contient en lui du non-être (et non du néant), si l'être est à la fois ce qu'il est (le même) et ce qu'il n'est pas encore (l'autre), le concept de non-être est nécessaire pour penser l'hypothèse de l'Être et le mouvement vers l'Être. Et, ce non-être n'est pas un rien absolu, mais une simple privation qui rend possible le passage de ce qui est vers son autre en modifiant l'être sans être lui-même l'Être. Le non-être n'est pas l'Être, mais il est au cœur du devenir de l'Être.

Afin de penser le passage de l'être au non-être, faudrait-il alors faire intervenir le concept du vide ? Ce dernier serait le non-être impensable qui permettrait une modification de l'Être, puisqu'il serait dans l'Être en rendant possible le devenir de la pensée des choses, dans et par leur altération (accroissement, diminution). En tout cas, ce non-être n'est ni une forme anonyme et figée de l'être, ni la rumeur neutre d'un *il y a* qui serait réduit à son obscure et brute matérialité, ni un gluant clapotis existentiel, mais l'altérité qui rend possible une ouverture de l'être sur ce qui le dépasse. C'est donc dans un inconnaissable vide qui *est* sans être l'Être, que l'Être, qui ne saurait participer au non-être, se déploie, se modifie et peut être pensé sous un autre vocable : celui de Nature. En effet, l'idée générique de la Nature [25] est éclairante à ce sujet dès lors que cette idée n'est pas limitée au sens grec de φύσις (qui signifie naissance, génération, croissance, puis altération), car cette idée désigne surtout le devenir éternel de l'Être qui rassemble tous les êtres dans une totalisation indéfiniment créatrice, recommencée et continuée.

Pour comprendre cette assimilation de l'Être à l'inconnaissable puissance infinie et éternelle de la Nature, tout en rendant possible l'action des forces unificatrices de l'amour, il faudra donc aussi penser, en nous éloignant de Spinoza, qu'il y a du non-être dans notre rapport à l'Être, voire, comme pour Nietzsche, des erreurs et des illusions dans tout être qui dépend de la finitude du monde terrestre, sans pour autant faire intervenir la fiction absurde du néant qui n'est qu'un mot en trop, qu'une fiction mensongère et étrangère au réel, même si cette fiction peut inspirer parfois les étonnants sursauts créatifs ou réactifs des forces vitales qui la dépassent.

---

[25] Dans cette hypothèse, la Nature, infinie sans être transcendante, anime tous les mondes finis, mais ne s'y réduit pas en les créant.

- *Instincts, besoins et pulsions*

Il paraît très probable que la puissance obscure de l'amour relève des profondeurs d'une *tendance* des êtres vivants à affirmer, avec un peu d'appétit,[26] leur amour de la vie, puis leur effort pour vivre ou pour survivre en se conservant, en se protégeant, en se reproduisant, en dominant ou en supprimant ce qui les empêche de se réaliser. Or, cette tendance souvent *tyrannique* qui consiste à nier le manque inconscient qu'expriment les *besoins*, est celle de l'instinct qui est l'instrument de surveillance des corps vivants, lesquels agissent ainsi intelligemment pour la survie de la nature en se reposant, en se nourrissant et en se reproduisant, parfois en supprimant ou bien en assimilant les contradictions inhérentes aux nécessités vitales, tout en sachant que l'intelligence ou l'aptitude inhérente à ces instincts pourra ensuite être accrue en maîtrisant et en dépassant ses très utiles déterminations, en s'adaptant à ses mécanismes, voire en concentrant ou en allégeant sa vitalité qui est primitivement trop sensible.

Le sens qui prévaut dans ce qui est désigné par ce mode de l'intelligence naturelle et innée qu'est l'*instinct* (du latin *instinctus*) est celui d'une force vitale qui rattache les êtres vivants au monde extérieur, c'est-à-dire une inclination ou une impulsion physique inéluctable qui détermine de multiples réactions contraintes, stimulantes, positives (vitales) ou négatives (inorganiques). Or, de ce point de vue, chaque être vivant est conçu comme un système sensori-moteur qui applique un programme inconnu, d'une manière mécanique ou vitale, et très différemment selon les besoins de conservation, de domination ou de reproduction qui sont en réalité inséparables d'autres besoins aussi fondamentaux ou radicaux, tels que ceux qui poussent à fuir la souffrance et à rechercher le plaisir. Pour sa part, l'instinct de *conservation* est sans doute doublement déterminé : d'abord par l'amour des forces naturelles de la vie et du monde, notamment dans le constant devenir intellectuel et

---

[26] Par exemple, pour Spinoza, *"L'appétit n'est donc rien d'autre que l'essence même de l'homme, et de la nature de cette essence suivent nécessairement les choses qui servent à sa conservation."* (*Éthique*, III, IX).

sensible où un être vivant cherche à s'adapter à son milieu naturel pour survivre, puis par le refus de la mort qui accroît les forces de l'instinct en répondant à la faim ou à la soif par une tendance à manger ou à boire qui varie selon les âges des êtres vivants, ainsi que selon le milieu où ils se trouvent, et même si la soif, en tant que phénomène organique, en tant que besoin physiologique, n'implique pas uniquement de boire ceci ou cela. En effet, il n'y a pas de besoin *en soi* qui indiquerait le manque d'un objet précis, mais un besoin concret qui est ignorant de sa fin, puisqu'il n'apparaît à une conscience que comme un vague manque actuel tendu vers une chose (un être indéterminé).

En conséquence, le ***manque*** inhérent à un besoin n'est pas éprouvé à partir du manque d'un objet précis et particulier, comme le prouve l'instinct de ***protection***, puisque, même satisfait, il demeure impossible de savoir quelle était la nature de ce manque. Il s'agit sans doute d'un vague manque qui n'était pas réductible à un seul objet pour le satisfaire ; et cette hypothèse est avérée dans l'épreuve d'un *dénuement* extrême. En effet, lorsque des êtres vivants ont uniquement besoin de manger pour survivre, voire pour ne pas mourir de faim, c'est ici et maintenant que l'instinct se rapporte à une chose finie et indéterminée. L'amour de la vie, dans ce cas, se réduit au besoin de vivre, quelle que soit la chose qui satisfera ce besoin et quelle que soit la souffrance qui se rattache à un manque. Pour cela, le besoin de vivre ainsi que le besoin d'aimer vivre ne sont pas déterminés par une cause extérieure au seul fait de vivre. En effet, l'amour de la vie se manifeste à un niveau uniquement corporel et fondamental comme un obscur *appétit* de vivre inconscient de ses fins, c'est-à-dire en tant que ***besoin vital*** à la recherche d'une satisfaction simple qui consiste à se protéger en se conservant.

D'une manière aussi déterminée et inconsciente, l'instinct de ***reproduction***, inséparable de l'instinct ***sexuel***, rapproche le comportement des êtres humains de celui des animaux, certes, selon Remy de Gourmont, avec des différences remarquables pour les insectes : *"L'éphémère naît le soir, s'accouple ; la femelle pond pendant la nuit : tous deux sont morts au matin, sans même avoir vu le soleil. Ces petites bêtes sont si peu* *destinées à autre chose qu'à l'amour qu'elles n'ont pas de bouche. Elles ne mangent ni ne boivent."* [27] En fait, l'amour qui obéit à un instinct ne saurait échapper au destin d'un corps mortel qui se tourne vers d'autres corps, car en se propulsant hors de lui-même vers la chair partiellement pénétrable de l'autre, dans le bruissement d'un vain corps à corps, l'acte d'amour ne réalise aucune autre finalité que celle de perpétuer une espèce vivante, tout en cherchant ainsi à s'immortaliser. Dans cet esprit, la figure de la femme paraît exemplaire, voire un symbole très pertinent de l'amour de la vie selon Lou Andreas-Salomé : *"Chez la femme, on dirait que tout doit imploser pour se fondre dans la vie, au lieu d'exploser hors d'elle : il semble qu'en elle la vie tournoie sur elle-même, comme captive de sa propre perfection dans la sphéricité, comme s'il lui était aussi impossible d'en sortir..."* [28] En revanche, lorsqu'il ne s'agit pas d'engendrer des enfants, le besoin qui s'exprime dans les actes sexuels des êtres humains,[29] à la manière des désirs naturels et non nécessaires des épicuriens, ne cherche plus qu'à éprouver la plus forte sensation, c'est-à-dire le plaisir violent de l'orgasme.

Afin de dépasser cette chute des besoins instinctifs dans d'intenses et pourtant vaines jouissances instantanées, il est utile de faire intervenir le concept freudien de ***pulsion***.[30] Ce dernier permet en effet de dépasser les finalités répétitives de la nature ainsi que les expansions inhérentes aux instincts, en faisant intervenir les représentations de forces vitales inséparables de leurs intentions, c'est-à-dire à la fois biologiques et psychiques. Dans cet esprit, Freud a du reste défini la pulsion comme un *"concept limite entre le psychique et le somatique"*. [31] Cela signifie que, dans son extension vitale, variable et polymorphe, la pulsion se manifeste en des poussées ***partielles*** qui, inhibées ou non, se fixent sensuellement et uniquement sur quelques parties d'un corps. Ou bien, en des poussées ***synthétiques***,

---

[27] Gourmont (Remy de), *Physique de l'amour*, Mercure de France, 1947, p.17.
[28] Andreas-Salomé (Lou), *Éros*, Minuit 1984, p.24.
[29] Chaque corps étant déterminé à attendre un autre corps qui dépendra du sien.
[30] Pulsions du moi, sexuelles, de vie (de nouveauté) ou de mort (de répétition).
[31] Freud (Sigmund), *Métapsychologie*, Folio/Essais n°30, 1997, p.17.

survient la satisfaction directe et commune d'un corps qui s'est mis au service de la reproduction de son espèce. Dans ce dernier cas, le besoin d'aimer rapporte dynamiquement un corps à un autre corps en répondant aux exigences d'un *moi* qui espère retrouver, découvrir ou inventer un objet à aimer, un objet parfois fantasmé, pourtant susceptible de le satisfaire ***globalement***. En revanche, la pulsion peut représenter et faire aimer des objets sexuels ***partiels***, indépendants et non génitaux, qui sont des substituts pathogènes et parfois pervers pour des satisfactions uniquement locales (plaisir d'organe) ou bien pour des plaisirs entrecroisés (clitoris et vagin), sachant que, pour Freud, *"toutes les pulsions partielles jouissant des mêmes droits, chacune cherche le plaisir pour son propre compte."* [32]

En tout cas, chaque pulsion est indissociable des ***affects*** qui l'anticipent ou qui l'épanouissent, soit complètement d'une manière génitale pour reproduire son espèce, soit ***partiellement*** à partir de quelques zones érogènes dans une sexualité qui sera alors dite ***perverse***, parce qu'elle sera partielle, solitaire, altérée et fantasmée : narcissique (phallique ou vaginale), sadique anale (destructrice) ou orale (régressive, c'est-à-dire substitutive). Ainsi chaque pulsion ignore-t-elle toujours qu'une synthèse des pulsions partielles est nécessaire pour satisfaire un *moi* !

- L'extension des affects (du plaisir vers la jouissance)

Les affects du plaisir et de la souffrance, d'abord inhérents aux sensations, relèvent de la ***réaction*** psychique d'un organisme vivant à l'égard des excitations matérielles. Cette réaction, qui accumule forcément plusieurs sensations, résulte d'un rapport de force entre une réalité psychosomatique et le fait extérieur (bruit, chaleur, odeur...) qui domine cette réalité. Un affect peut certes être plus complexe et coordonner plusieurs faits, voire des événements, en étant parfois rythmé, comme dans la musique, et en se rattachant au centre de contrôle conscient d'un organisme. Du reste, lorsque plaisir il y a, la conscience de ce plaisir ignore quel a été l'objet de la satisfaction et par quel processus il a répondu à un manque. En effet, le plaisir de vivre est sans objet

---

[32] Freud, *Introduction à la Psychanalyse,* Payot, p.303.

précis. Cela signifie que les sensations, plaisantes ou non, qui accompagnent un besoin, ne témoignent que des variations d'intensité d'un besoin et non de la réelle nature de ce besoin, au demeurant indifférente à ses effets, c'est-à-dire indifférente aux *affects* plaisants ou non qui l'accompagnent. Dès lors, faire prévaloir le plaisir inhérent au fait de vivre physiquement, voire le plaisir d'être en bonne santé, sur tous les manques et sur tous les excès, conduit bien à satisfaire le besoin d'aimer la vie, même si cet état est insuffisant pour réaliser une vie humaine authentique et féconde, c'est-à-dire raisonnable. Manque alors un nécessaire dépassement des besoins par une orientation du besoin de vivre vers ce qui permettra de contrôler toutes les privations ou toutes les déficiences, sans pour autant chercher à différer un plaisir d'excitation ou de décharge pour obtenir davantage de satisfaction.

Dans tous les cas simples ou complexes, un affect prouve, en fait, la supériorité de la réalité des forces sur celle des formes. Mais surtout, ce qu'un affect ignore, c'est d'abord son destin imprévisible entre plaisir et souffrance, ensuite sa réalité très éphémère, comme l'a poétiquement exprimé Vladimir Jankélévitch : *"Le plaisir n'est que ce qu'il est, rien que soi-même, c'est-à-dire en somme zéro et demi, mousse brillante et arc-en-ciel. De près, l'écharpe d'iris n'est plus rien."* [33] Très bref, le plaisir est, plus précisément, la sensation agréable qui résulte de l'effet proportionné [34] d'un objet sur un organisme vivant, lequel est parvenu à satisfaire un besoin vital en supprimant une tension inhérente à un manque obscur ou à un déficit douloureux. Et ce plaisir naît soit en accumulant de l'énergie (plaisir de manger, de boire), soit en supprimant une fatigue, par exemple en se reposant ou en dormant d'une manière impassible et solitaire, soit en dépensant un excès, un trop-plein d'énergie par un débordement comme dans un sport, soit en se protégeant pour conserver son corps en bonne santé, [35] c'est-à-dire en le

---

[33] Jankélévitch, *Traité des vertus*, Le sérieux de l'intention, 1, Bordas/Mouton, 1968, p.63.
[34] Pour Nietzsche *"tout plaisir repose sur la proportion, tout déplaisir sur une disproportion."* (§ 155 du *Livre du philosophe*).
[35] Un ventre en bonne santé : Épicure, *Lettre à Ménécée*.

maintenant dans un état d'équilibre et d'absence de trouble (l'*ataraxie*). Concernant les affects inhérents à l'amour, ceux-ci ne sont jamais longtemps équilibrés ou proportionnés, car ils provoquent très vite une chute imprévisible et inéluctable de la conscience qui cherche à les saisir ; et le plaisir d'aimer devient, lors de l'éloignement de ses objets, une souffrance parfois atténuée par l'imagination qui aide à se mentir sur la vérité du plaisir, lequel, pour Platon, n'était d'ailleurs qu'un imposteur.[36] Ou bien, l'affect, rivé à des excitations pulsionnelles polymorphes qui modifient constamment leurs investissements partiels ou globaux, qu'il soit plaisant ou non, a été plus précisément conçu, par exemple par Christian David, comme *"un mixte indissociable et à la limite impensable"*.[37] Pourquoi ? Sans doute parce que l'affect est qualitativement ambigu dans sa contribution au fonctionnement de la vie psychique. Il se situe entre une conscience variablement objective et la dynamique autonome des fantasmes. Mais, peut-être est-ce aussi parce que les effets quantitatifs d'un affect sur la vie psychique défient toute mesure : ils peuvent sembler exaltés ou atténués, paisibles ou insupportables, joyeux ou ivres, voire sereins ou extatiques…

Par ailleurs, afin de conserver son être, afin de persévérer concrètement dans son existence d'une manière vive et maîtrisée, un affect plaisant peut aussi se prolonger, au mieux, en une ***jouissance*** heureuse. Naturelle, cette dernière est alors une réponse positive à un besoin d'aimer plus intensément, sans chercher pour autant à accomplir la fusion de ses propres forces vitales avec celles d'autrui, mais seulement, comme pour Spinoza, en éprouvant *"la jouissance infinie de l'exister – existendi - par l'infinie jouissance de l'être (infinitam essendi fruitionem)"*.[38] Alors, ce contentement intellectuel et spirituel naît vaguement d'un attachement impersonnel de l'âme à son désir de vivre un égoïsme sans *ego*, c'est-à-dire de vivre un

---

[36] Platon, *Philèbe*, 65 c : "*Il n'y a rien qui soit imposteur autant que le plaisir* - ηδονη απαντων αλαζονεστατον."
[37] David (Christian), *L'État amoureux*, Essais psychanalytiques, Petite Bibliothèque Payot, n° 175, 1971, p.295.
[38] Spinoza, *Correspondance*, lettre XII – À Louis Mayer, NRF. Pléiade, 1954, p. 1097.

attachement désintéressé. Cette transformation du moi en fonction des forces vitales qui le dépassent implique en fait, comme pour Robert Misrahi, une merveilleuse réussite lorsque *"la jouissance de soi comme vie a atteint une certaine perfection."* [39]

Pourtant, un obscur ***appétit*** des êtres humains pour leur jouissance seulement individuelle peut parfois entraver le vouloir-vivre de la nature. En effet, pour Schopenhauer, le besoin d'aimer se laisserait pervertir par une tendance négative à jouir quelques instants inhérents à son propre imaginaire, lequel avait impérieusement fantasmé quelques images de la beauté d'un corps susceptible d'être aimé. Par exemple, fantasmées, la rondeur et la très douce harmonie des apparences d'un corps de femme plairaient d'abord sans attiser le désir naturel de le posséder pour se reproduire. Et la beauté de ce corps, même dénudé, le rendrait en quelque sorte à la fois étrange et diaphane. Mais, pour Schopenhauer, ces images de la beauté ne feraient que transfigurer le caractère répugnant de l'instinct sexuel qui s'éteindrait ensuite très brutalement *"à la grande surprise des amants",* [40] notamment lorsque ceux-ci auraient enfin découvert qu'il leur était impossible de fusionner totalement en l'autre, voire avec l'autre.

En fait, l'***instinct de reproduction*** qui détermine la perpétuation des espèces terrestres peut être prolongé d'une manière intense par un plaisir spécifique d'aimer la vie, tout en répondant à une *envie* et à une *attirance* au demeurant limitées à l'intervention des seuls organes sexuels. Considéré par Schopenhauer comme un vouloir-vivre destiné à la reproduction d'une espèce, l'instinct *sexuel* serait alors la cause d'une considérable *illusion*, car il tendrait à réaliser ce qui est profitable à la nature sans avoir le concept de sa fin, c'est-à-dire en remplaçant le vouloir-vivre des êtres vivants pour la ***procréation*** par le mirage voluptueux d'une jouissance extrême qui ne serait éprouvée que par et pour soi-même : *"C'est en effet*

---

[39] Misrahi, *Le Désir et la réflexion dans la philosophie de Spinoza,* Gramma, 1972, p.103.
[40] Schopenhauer, *Métaphysique de l'amour-Métaphysique de la mort*, 10/18, 1964, p.71.

une illusion voluptueuse qui abuse l'homme en lui faisant croire qu'il trouvera dans les bras d'une femme dont la beauté le séduit une plus grande jouissance que dans ceux d'une autre, ou en lui inspirant la ferme conviction que tel individu déterminé est le seul dont la possession puisse lui procurer la suprême félicité." [41] Le besoin d'aimer la vie réalise ainsi de multiples affects, et d'abord celui de la conserver et d'exister intensément afin de satisfaire, comme Épicure, des besoins naturels et nécessaires : *"Parmi les désirs, les uns sont naturels et nécessaires, les autres naturels et non nécessaires, et les autres ni naturels ni nécessaires, mais l'effet d'opinions creuses."* [42]

Ensuite, ce besoin naturel rendra possibles d'autres sortes de satisfactions, notamment lorsque, par peur de la solitude ou de la mort, s'imposera un besoin d'aimer qui disparaîtra dans la ***jouissance***, c'est-à-dire lorsque l'instinct sera allé au bout de lui-même. Cependant, la peur du danger ou de la mort aidant, les êtres humains pourront aussi être la proie de l'instinct de ***domination*** qui, opposé à ce qui est susceptible de lui nuire, luttera et fera l'épreuve d'une autre sorte de jouissance, *"la plus grande jouissance de l'existence"* pour Nietzsche, celle qui consiste à vivre très *"dangereusement"*.[43] Ou bien, la lutte naturelle du besoin pour combler un manque pourra aussi s'ouvrir sur un impossible besoin de triompher qui fera en sorte que, comme dans les jeux antiques du cirque, la démesure (*hybris*) de l'instinct engendrera des délires et des dérèglements voluptueux, hyperesthésiques, pitoyables et violents.

Dans toutes ses manifestations, l'instinct pourra aussi inspirer de transgresser les lois les plus humaines de la société en pratiquant l'inceste (Musil) ou l'amour démoniaque des enfants (Lolita), voire en se détruisant dans l'ivresse procurée par l'alcool, l'orgie ou la drogue... au pire en jouissant de ses propres actions meurtrières. Toutes ces jouissances sans retenue, bestiales, voire perverses, détournent chacun de l'humain en

---

[41] Schopenhauer, *Métaphysique de l'amour – Métaphysique de la mort*, op.cit., p.53.
[42] Épicure, *Lettre à Ménécée*.
[43] Nietzsche, *Le Gai savoir*, § 283.

prenant le parti de l'impitoyable souveraineté du Mal, comme c'était le cas pour Bataille, certes d'un point de vue seulement littéraire, lorsqu'il désirait instantanément se perdre dans une fusion dépravée et souveraine avec la mort, cette fusion supprimant toute répression possible et toute intention durable du bien.[44] Pour le dire autrement, d'une manière excessive, le plaisir d'aimer la vie et d'en dépasser les limites en les transgressant fortement peut produire divers états de *jouissance* extrême de la chair, notamment dans les *"vapeurs infernales de la débauche"* [45] lorsque Saint Augustin se laissait séduire par d'intenses jouissances : *"Mon âme était malade et, rongée d'ulcères, se jetait hors d'elle-même, avec une misérable et ardente envie de se frotter aux créatures sensibles."*

Ces diverses sortes de jouissance sont en tout cas inséparables d'une *ivresse* qui ouvre alors sur un ailleurs *extatique* (du grec *extasis* : être hors de soi), c'est-à-dire sur une fusion mystique avec un absolu qui serait ici illusoirement celui du néant, y compris dans des *fêtes* exceptionnelles, voire dionysiaques, où des émotions et des sensations mimétiques, incontrôlables et vives sont exaltées.

- *Tendresse naturelle et latence de la sexualité infantile*

Pour chaque être humain, le besoin d'aimer est sans doute d'abord éprouvé dès l'enfance au plus près du giron maternel et d'une manière plutôt instinctive que pulsionnelle. En fait, il est possible d'imaginer que le bébé humain ressent, certes inconsciemment, la réalité secrète et obscure de son lien pénétrant avec la vie, ce lien mêlant, sans qu'il le sache, l'instinct de conservation, qui satisfaisant ses besoins primaires par la tétée, avec l'instinct de protection auquel répond sa mère. Cette dernière est le premier objet d'amour qui apporte au bébé la tendresse odorante de ses caresses, et cette tendresse est associée à d'intenses contacts intimes qui, pour Bachelard, déterminent *"une douce chaleur obscure, inscrite dans toutes les fibres de*

---

[44] Bataille (Georges), *La Littérature et le mal*, Idées / Gallimard, n°128, 1980, pp.24 et 166.
[45] Augustin, *Les Confessions*, III, 1.

l'être." ⁴⁶ C'est du reste dans cet esprit que Novalis avait écrit : *"La Nuit te porte maternellement et tu lui dois toute ta magnificence. Tu t'évanouirais dans l'espace infini si elle ne te retenait pas, si elle ne t'emprisonnait pas pour que tu aies chaud (pour devenir chaleur) et engendres le monde dans une flamme."* ⁴⁷ Cette nuit de l'***amour maternel*** contient deux métaphores, celle du monde qui réchauffe un corps et celle d'une nuit énigmatique qui berce, qui protège et qui nourrit comme une mère.

Cependant, cet accord entre deux métaphores crée non seulement *"le symbole profond d'un pouvoir étranger"*,⁴⁸ mais surtout un concept primitif très réducteur de l'amour qui préfigure un peu cette affirmation de Freud : *"L'acte de téter le sein maternel devient le point de départ de toute la vie sexuelle, le prototype jamais atteint de toute satisfaction sexuelle ultérieure."*⁴⁹ Rien ne saurait certes prouver la vérité de ce fondement sexuel du sensuel, mais ce prototype transcendantal, même virtuel et sans doute mythique, a toutefois l'intérêt de montrer comment le principe de plaisir s'applique pour Freud sur une réalité difficile à saisir, puisqu'il s'agit de celle de besoins qui renvoient à une instinctive source inconnue. Néanmoins, il serait sans doute préférable de considérer qu'il s'agit de la période de latence qui précède la sexualité du futur adulte, donc d'une sexualité seulement virtuelle, prégénitale, et qui n'est pas forcément celle d'un pervers polymorphe immature et frustré. De plus, le stade oral de la succion qui précède celui des baisers n'implique pas davantage de parler d'une sexualité infantile autrement que latente.

En réalité, la dyade mère-enfant instaure la tendre tonalité affective d'une union solidaire qui associe, lors d'un doux contact avec le sein maternel, la sensualité désérotisée et inachevée d'une succion à un contact fusionnel qui les satisfait ensemble, puis qui inspirera une nostalgie à l'adulte, celle de

---

[46] Bachelard, *La Psychanalyse du feu*, op.cit., p.72.
[47] Novalis, *Les Hymnes à la nuit*, Ed. Stock, p. 81.
[48] Novalis, *Hymnes à la Nuit*, Œuvres complètes, I, Gallimard, p.261.
[49] Freud, *Leçons d'introduction à la psychanalyse*, Œuvres complètes, PUF, XIV, p.324.

désirer revivre d'une autre manière *"le paradis perdu de la tétée".* ⁵⁰ Ce lointain paradis compenserait peut-être l'obscur et angoissant silence inhérent à la solitude du bébé, même s'il ne sera jamais possible de revivre l'épreuve chaleureuse de cette toute première protection maternelle. Mais, pour Freud, la nostalgie des traces de l'image maternelle, qui ne disparaîtrait jamais chez la plupart des hommes, déterminerait tous leurs développements à venir. Cependant, cette nostalgie n'est peut-être réalisée que par ceux qui, comme Freud, désirent régresser vers l'objet partiel maternel, voire vers la vie intra-utérine du giron maternel : *"Aussi nous replongeons-nous de temps à autre dans l'état où nous nous trouvions avant de venir au monde, lors de notre existence intra-utérine. Nous nous créons du moins des conditions tout à fait analogues à celles de cette existence : chaleur, obscurité, absence d'excitations."* ⁵¹

D'un point de vue éthique, cette régression de la vie psychique vers une épreuve intra-utérine semble surtout aléatoire, anarchique, improbable et non désirable, car elle dépossède l'homme de toute conscience de soi, d'autrui et du réel quotidien, en produisant l'oubli ou le déni de l'intention d'aimer humainement et véritablement l'autre. Le besoin d'amour est ainsi absorbé par l'instinct le plus primaire qui soit, celui, narcissique, qui supprime ou qui ignore toutes les différences en cherchant à s'approprier l'amour que l'autre nous donne ou qu'il pourrait nous donner. Le cercle complaisant du narcissisme enferme en fait le nourrisson dans le monde de ses seuls besoins qui ne permettent pas de distinguer les qualités de sa propre mère ni les autres réalités…

- Les illusions de l'accouplement

Le besoin d'aimer sexuellement un être humain n'exprime que des tendances instinctives qui se perdent du reste nécessairement dans la vaine ***répétition*** insistante des mêmes pulsions libidinales, lesquelles prolongent l'instinct de conservation, mais en privilégiant un dérisoire retour mécanique des actes sexuels

---

[50] David (Christian), *L'État amoureux*, op.cit., p.44.
[51] Freud, *Introduction à la Psychanalyse,* Payot, p.100.

plutôt qu'une ouverture sur des sentiments accordés avec les différences singulières de l'autre que soi. Plus largement, la répétition physique de la copulation est l'expression d'un don indifférent, inconscient, indéfini et provisoire, voire violent de la nature, qui pousse les forces vitales jusqu'à leur épuisement, sans autre demande et sans autre but que de propulser des tendances libidinales, lesquelles ne sont jamais complètement satisfaites, sans doute parce que ces tendances automatiques débouchent sur un inéluctable et mortel retour de l'inorganique, en faisant triompher le retour identique d'une relation avec un rien de précis, avec un presque-rien, ou bien avec l'image lointaine d'un vague état de mort.

Pour Freud, cette compulsion de répétition inhérente à une libido autodestructrice, cette compulsion dite ***pulsion de mort***, était inséparable de la novatrice pulsion de vie qui fait fi de cette contradiction, à la manière des liens explosifs qui s'instauraient mythiquement entre Éros et Thanatos. En tout cas, cette jouissance répétitive du rien coïncide avec la violence du pouvoir absolu de la mort, [52] lequel détermine le morcellement progressif et inéluctable de toutes les formes vivantes, ainsi que l'agressivité des pulsions dans certains accouplements sadiques. Par exemple, pour Grimaldi : *"L'amour n'est en ce sens que l'ivresse saccageuse de sentir la faiblesse d'une autre chair céder sous la fureur dominatrice de la nôtre."* [53]

Dans ces comportements violents de l'amour physique, l'instinct de ***reproduction*** et l'instinct ***sexuel*** produisent alors deux ***illusions*** bien distinctes qui accompagnent les diverses phases de la libido (narcissique ou non) : - soit en instaurant le primat de l'instinct de reproduction du *moi* sur le sexuel dans une tendance à la procréation qui obéit au ***principe de réalité*** en engendrant un être vivant par copulation, fécondation, puis accouchement, - soit en faisant prévaloir l'instinct sexuel qui obéit au ***principe de plaisir*** selon le processus commun où deux êtres accomplissent les déterminations de la nature qui tendent égoïstement vers leur satisfaction. Pour le dire autrement, dans

---

[52] Pour Georges Bataille, *La Littérature et le mal*, Idées / Gallimard, 1980, n° 128, p.13.
[53] Grimaldi (Nicolas), *Métamorphoses de l'amour,* Grasset, 2011, p.171.

la première phase de l'instinct sexuel, l'illusion provient du développement libidinal qui accomplit l'instinct de ***reproduction*** en ignorant les réalités qui le déterminent, même brièvement, car son processus est l'effet du destin de la procréation, laquelle est l'affirmation de la puissance de la nature qui pousse des corps à se reproduire dans et par la répétition d'un très grossier instinct sexuel qui ne produit que l'union ou la fusion complète de deux organismes monocellulaires. En effet, comme dans la métaphysique de Schopenhauer, l'instinct de reproduction exprime moins le désir amoureux de réciprocité d'un individu concerné par son rapport à l'autre que la tendance universelle et primitive de la perpétuation de l'espèce humaine, notamment à partir de la jouissance charnelle des individus qui ignorent la réelle finalité de leurs actes, c'est-à-dire que le *"vouloir"* de la nature utilise le *"stratagème"* de faire aimer des formes vivantes érotisées pour arriver à ses propres fins.

 La seconde sorte d'***illusion*** inhérente au comportement sexuel est nourrie par la croyance en un rêve d'union charnelle totale qui n'est rien d'autre que le prolongement d'un amour ***narcissique***, ce sentiment étant du reste considéré par Freud comme l'unique réservoir de l'amour.[54] Dans cette forme d'illusion, la libido détermine en fait la croyance selon laquelle un dépassement du narcissisme serait possible en produisant une jouissance réciproque, alors qu'en réalité la relation amoureuse s'effectue entre deux *égoïsmes sans ego*, uniquement dominés par la recherche voluptueuse de l'orgasme, de cette intense jouissance lubrique qui précède la petite mort de la libido, laquelle est au demeurant révélatrice du destin tragique de la chair. D'une manière imagée, dans sa brève et violente culmination, l'orgasme fait penser à l'instant où l'ardente vitalité d'un feu a atteint son but : supprimer son excès d'énergie en sortant de soi et en assimilant ce qu'il dévore. En effet, la sensation inhérente à un orgasme naît d'un bref contact frénétique et fusionnel avec la chair de n'importe quel autre corps, en croyant dominer cette chair dans un instant concentré qui est vidé de toute représentation, y compris de souvenirs ou de rêves. Cela signifie que le plaisir de l'orgasme est brutal,

---

[54] David (Christian), *L'État amoureux*, op.cit., p.44.

impersonnel, démesuré, bas, en tout cas animal, et qu'il ne révèle que la bêtise d'un corps qui a auparavant erré dans le marécage lubrique de sa libido, cette dernière dépendant de surprenantes ignorances, donc bien loin des simples affects qui pourraient être contrôlés par la raison.

Dans cette ignorance de l'humain, comme Ibn'Arabi a pu l'écrire, le désir d'aimer l'autre d'une manière uniquement physique ne conduit qu'à des jouissances solitaires et égocentriques : *"Dans l'amour naturel ou physique l'amant n'aime que pour soi-même le bien-aimé."* [55] De plus, la jouissance sexuelle est alors réduite à des organes précis et solitaires, même si l'orgasme crée l'illusion d'une sortie de soi. Pour cela, ainsi que Lacan en a souligné le paradoxe, un rapport sexuel serait tout à fait impossible à réaliser, sans doute parce qu'une relation uniquement sexuelle n'est jamais une relation complète puisqu'elle ne concerne que les pulsions partielles de deux partenaires qui ont l'illusion de pouvoir trouver leur *chez-soi* dans l'autre, voire qui font comme si un *tout autre* leur était offert, alors que leur jouissance ne concerne qu'une partie de leur propre corps.

Peut-on alors ajouter, comme l'a fait Lacan, que *"la jouissance, en tant que sexuelle, est phallique, c'est-à-dire qu'elle ne se rapporte pas à l'Autre comme tel"* [56] ? Cette affirmation est en fait incomplète puisqu'elle ne concerne que la sexualité masculine. Elle doit donc être complétée si l'on pense, comme Freud, que tous les êtres humains sont bisexuels par nature, c'est-à-dire ambivalents, y compris dans le choix des objets de leurs pulsions ; il y aurait donc, en fait, quatre figures présentes au lieu de deux. De plus, pour Christian David, l'ignorance de ces figures serait totale : *"Il est impossible de préciser en termes psychanalytiques la nature intrinsèque du masculin et du féminin."* [57] Quoi qu'il en soit, les tendances sexuelles sont ordinairement l'expression d'un besoin de vivre où chacun imagine pouvoir aller plus loin que lui-même, tout en

---

[55] Ibn'Arabi, *Traité de l'amour*, Albin Michel, 1986-2007, p.95.
[56] Lacan (Jacques), *Le Séminaire. Livre XX. Encore, 1972-1973*. Texte établi par Jacques-Alain Miller. Seuil, 1975, p. 14.
[57] David (Christian), *L'État amoureux*, op.cit., p.152.

espérant aussi traverser la chair du monde, notamment afin d'en découvrir un sens. Ce qui est impossible, car les tendances sexuelles se heurtent toujours à leurs propres limites avant de disparaître. Cela signifie que la satisfaction éprouvée est beaucoup trop brève pour être partagée. Alors, pour compenser cet échec, elle fait intervenir des fantasmes qui leurrent chaque satisfaction, c'est-à-dire ce que Freud considérait comme des *"nègres-blancs"*, c'est-à-dire comme les images de quelques pulsions refoulées depuis l'enfance, en tout cas produites par une surcharge de frustrations. Ne se manifestent en fait dans ces fantasmes que de brèves sensations évanescentes et obscures qui préfigurent sans doute la disparition totale de toutes les sensations, c'est-à-dire leur inéluctable et très mystérieux processus d'affaiblissement qui est inséparable de la vaine répétition des actes sexuels. De plus, cette répétition est étrange, et son étrangeté nourrit sa propre répétition : pourquoi les organes sexuels sont-ils toujours inconsciemment déterminés par des forces naturelles qui demeurent mystérieuses, et pourquoi le mystère de leurs répétitions nourrit-il ces forces déterminantes ? Comme l'a indiqué Bachelard, personne ne sait vraiment pourquoi le ***mystère*** de l'amour précède l'amour du mystère : *"Puisque la libido est mystérieuse, tout ce qui est mystérieux éveille la libido. Aussitôt on aime le mystère, on a besoin du mystère."*[58]

Ainsi, par delà l'épreuve éphémère et instable des sensations, le besoin sexuel est-il destiné à disparaître dans chaque épanchement brutal, dans chaque ***extase*** où la sortie hors de soi dépasse un simple épanouissement qui dépendrait seulement de la dépense d'une surcharge libidinale ! Pourquoi ? En recherchant un plaisir qui serait donné par le corps de l'autre, mais sans pour autant reconnaître la dimension singulière de cet autre, donc en agissant dans le seul but de satisfaire un organe sexuel incapable de s'ouvrir sur la totalité singulière d'un autre corps, l'amour physique ne produit en réalité que des actes solitaires et impersonnels qui sombrent nécessairement dans le précipice d'un très amer plaisir charnel. Pour le dire d'une manière un peu crue, d'un point de vue seulement masculin, après les

---

[58] Bachelard, *La Formation de l'esprit scientifique*, Vrin, 1970, p.185.

préliminaires de l'excitation clitoridienne, et après l'ardente pénétration vaginale, *l'acmé orgastique* finit par vider les canaux spermatiques dans un ovule. Et le feu de la sexualité dure très peu ! Il s'épuise vite et il ne renaît qu'en fonction d'autres manques profonds, toujours aussi impossibles à satisfaire. En effet, lorsque l'instinct sexuel est dominé par la tendance d'une pulsion indifférente à toute valeur humaine susceptible de faire prévaloir la singularité des partenaires concernés, il finit par s'enfermer dans la sensation triste ou dans la dépression morbide qui succède à la jouissance intense d'un orgasme. Au pire, l'intensité du plaisir disparaît dans l'ennui qui succède au *coït* dont l'extase est trop violente pour se prolonger.

Certes, des *caresses* peuvent retarder cette chute des sensations dans leurs propres vides, notamment lorsqu'elles découvrent tactilement et tendrement le corps de l'autre. Cependant, le charme des caresses ne dure pas, et l'amour de la seule chair conduit surtout à raviver la tendance bestiale à posséder le corps de l'autre, en faisant un peu penser aux gestes d'un sculpteur qui façonnerait de la matière sans l'empâter. Ou bien, le remplacement de la douceur des caresses par quelques baisers pourrait être le prélude pour d'autres intenses voluptés. Mais, en définitive, le seul contact de deux épidermes ne peut faire prévaloir que les plus obscures déterminations des instincts sexuels, tout en ne réalisant qu'un banal, immédiat et brutal appétit qui ne dépasse jamais sa première passivité à l'égard des forces de la nature.

Du reste, concernant l'approfondissement des inéluctables dérives d'un plaisir simple vers une jouissance mortifère, l'interprétation de Lacan est originale. Pour ce psychanalyste, la jouissance serait une fusion primordiale avec la nature qui impliquerait une régression vers un seul objet, originellement maternel, et cette fusion exclurait tout de ce qui empêche la jouissance. Dans ces conditions très particulières qui complètent celles de Freud, le besoin d'aimer physiquement l'autre serait en fait commandé par une transgression œdipienne qui ignorerait toutes les limites et qui ferait fi de la réalité complète des corps concernés : *"Le rapport sexuel, il n'y en a pas, mais cela ne va pas de soi. Il n'y en a pas, sauf incestueux. C'est très exactement* ça qu'a avancé Freud - il n'y en a pas, sauf incestueux, ou meurtrier. Le mythe d'Œdipe désigne ceci, que la seule personne avec laquelle on ait envie de coucher, c'est sa mère, et que pour le père, on le tue." [59] Dès lors, dans la violence de cette transgression, le rapport sexuel ferait intervenir le pouvoir de la mort qui imposerait un rapport non direct avec lui, c'est-à-dire un rapport fantasmé. En fait, pour Lacan, l'ensemble vide inhérent au pouvoir que la mort exerce dans l'amour produirait une sorte de réalité intermédiaire très floue, c'est-à-dire une sorte de *fantôme phallique* qui serait l'objet d'une pulsion fantasmée (anamorphique ou non), c'est-à-dire un substitut fictif qui, dans la donation du phallus à son partenaire, ne serait que symbolique et virtuel : chacun donnant paradoxalement ce qu'il n'a pas.

Mais, dans ces conditions, comment un *fantôme phallique* pourrait-il *"redéfaire ou trancher"* le nœud imaginaire qu'il avait lui-même produit ? Et comment ce nœud, *"originellement malvenu"* pourrait-il entrer en rapport avec *"l'étrangeté de la disparition et de la réapparition du pénis"*[60] ? En réalité, il manque à ces délires symboliques les schèmes qui pourraient les structurer secrètement. Et il leur manque surtout l'idée qu'un corps pourrait aussi être aimé, comme pour Sartre, dans la forme totale de sa présence entière et en situation. [61] Cette forme sensible et sociale permettrait d'échapper à la domination de l'ensemble vide d'un non-rapport entre deux corps, voire au manque fantomatique de la mort qui absorbe la vitalité de toute activité sexuelle.

Une autre interprétation, celle de Badiou, prolonge cependant celle de Lacan. Elle en reprend d'abord la dimension *narcissique* qui rend impossible toute relation épanouie avec un autre corps, notamment lorsqu'un rapport sexuel sacralise une jouissance solitaire qui rend tout autre lien imaginaire : *"La jouissance sera toujours votre jouissance. Le sexuel ne conjoint pas, il sépare (...) La jouissance vous emporte loin, très loin de*

---

[59] Lacan, *L'Escroquerie psychanalytique*, Ornicar ? Bulletin périodique du champ freudien, 1979, n° 17, p. 9.
[60] Lacan, *Le Séminaire*, op.cit., pp. 67, 82, 85 et 97.
[61] Sartre (Jean-Paul), *L'Être et le néant*, Gallimard, 1943-1963, p.454.

l'autre." [62] Ensuite, dans ce contexte, la non-relation sexuelle qui, chez Lacan, cédait la place à *"un ensemble vide",* [63] devient pour Badiou ce qui rend possible une autre sorte de réalité, celle qui actualise une forme d'amour spirituelle et élevée : *"L'amour est ce qui vient suppléer au manque de rapport sexuel (...) L'amour est ce qui vient à la place de ce non-rapport."* [64] Thanatos est ainsi dépassé... Du reste, ce dépassement rejoint celui des épicuriens et surtout celui de Spinoza pour lequel l'intervention de la pensée de la mort dans la pensée de la vie était considérée comme absurde.

En conséquence, l'acte sexuel est certes vital, mais s'il est surtout naturellement contradictoire (un égoïsme sans *ego*) et s'il ignore bien sa fin véritable, il peut aussi se mettre au service d'un amour qui l'humanisera ou bien d'une activité psychique qui le sublimera, sans se laisser pervertir par des influences occasionnelles et fantasmées qui le rendraient obscur et violent. L'acte sexuel n'est donc pas nécessairement ***lubrique***, c'est-à-dire seulement emporté par un appétit sexuel effréné. Il peut aussi, comme pour Hegel, rendre un accouplement capable de raison garder, par exemple afin *"de trouver la conscience de soi-même dans un autre individu de son espèce, de s'intégrer en s'unissant à lui et à travers cette médiation d'enfermer le genre en lui et de l'amener à l'existence."*[65] Dans ce cas, une *satisfaction* (*Befriedigung*) sublimée triomphe sur le *manque* inhérent au *besoin* (*Bedürfnis*), ainsi que sur la *pulsion* (*Trieb*) qui tend à se dépasser, sans que le *sentiment de soi* (*Selbstgefühl*) ainsi réalisé puisse nier l'altérité qui rend des médiations intellectuelles possibles, notamment celles de la raison qui sont présentes dans un *dépassement dialectique* (*Aufhebung*) ou dans une sublimation. Ainsi, un acte sexuel, transfiguré par la conscience qui en éprouve des effets sensoriels réussis, peut-il être réellement soumis à une ***régulation*** qui le renforce ou qui le

---

[62] Alain Badiou avec Nicolas Truong, *Éloge de l'amour*, Champs essais n°993, 2009, p.27.
[63] Lacan, *Une pratique de bavardage,* op.cit., p. 6.
[64] Alain Badiou avec Nicolas Truong, *Éloge de l'amour*, op.cit., p.27.
[65] Hegel (G.W.F.) *Précis de l'encyclopédie des sciences philosophiques*, Philosophie de la nature, β) Le rapport des sexes, § 369, Vrin, 1967, p. 211.

diminue, selon la nature de ses possibles extravagances irrépressibles ou contrôlées, ou bien selon sa capacité très variable de s'associer à l'instinct de domination en quelques dérives sadomasochistes possibles. En tout cas, l'être humain n'est pas seulement déterminé par l'instinct sexuel, car il peut préférer le plaisir d'une communion affective avec l'autre au seul plaisir physique, et il peut s'inventer des réponses culturelles et sociales au delà de l'instinct grégaire, notamment en dévalorisant ses actes lubriques. Il y a en effet un passage possible à partir d'une jouissance égoïste, asociale ou antisociale la plus élémentaire, vers des tendances non sexuelles, humaines et sociales plus larges et plus sereines. Ce passage requiert alors une double détermination naturelle et culturelle, celle d'un besoin corporel instinctif et celle d'une représentation nécessairement liée à des habitudes sociales (éducation, commerce). En définitive, afin de sublimer l'instinct de domination au delà de l'*orgueil* et afin de sublimer le besoin d'appropriation au delà de la *vanité*, aucun être humain ne devrait en rester à la satisfaction des seuls besoins naturels de reproduction et de propagation de son espèce.

b) L'amour-désir

- *Les fondements des désirs : dépasser un manque désastreux*

Le débordement ardent de la vie par elle-même s'effectue en exprimant, par delà toute situation tristement solitaire et dérisoire, un besoin incandescent d'aimer qui devient ensuite un désir d'aimer lorsque la conscience de cet amour s'interroge sur elle-même, c'est-à-dire, comme le suggère Blanchot, lorsque la conscience se déborde elle-même : *"La pensée qui pense plus qu'elle ne pense est désir."* [66] Être corporellement fini, l'être humain aspire en effet à se dépasser de deux manières : l'une intellectuelle, l'autre sensible ; sachant que, dans les deux cas, il s'agira de supprimer un *manque* à partir d'un désir tendu entre

---

[66] Blanchot (Maurice), *L'Entretien infini*, Gallimard, 1969, p.76.

deux réalités absentes : celle d'une totale conscience de soi (des autres et du monde) et celle d'une plénitude physique. Ainsi, pour épanouir son corps, l'être humain peut d'abord chercher à se dépasser en attisant l'élan aveugle d'un désir qui est à la recherche d'une étoile, celle qu'il croit avoir perdue ou bien celle qu'il devra inventer, c'est-à-dire celle d'un astre (*sidus*) qui, selon l'étymologie latine de désirer (*desiderare*), signifie aussi aspirer, regretter, donc tendre vers la suppression d'un manque fantasmé... En revanche, du point de vue de la conscience lucide que l'être humain a de ce manque, le désir tend plutôt vers un accroissement de la capacité de penser ce manque, avant d'atteindre une certaine plénitude lorsqu'il se transformera en ***volonté*** libre et raisonnable. Or, dans les deux cas de quel manque s'agit-il vraiment ? Certainement pas de celui d'un besoin qui serait provisoirement et trop facilement satisfait. Et ce manque n'est pas davantage celui d'un souhait *(ὄρεξις)* d'une passion *(ἐπίθυμία)* ou d'une volonté *(βούλησις)*, mais, il est soit un manque provisoire qu'une ardeur de l'âme *(θυμός)* réalisera en se réalisant elle-même,[67] soit, pour Sartre, un manque ontologique complexe et irrémédiable : *"Le désir est manque d'être, il est hanté en son être le plus intime par l'être dont il est désir. Ainsi témoigne-t-il de l'existence du manque dans l'être de la réalité humaine."* [68] Dans ce second cas, il s'agit d'un manque douloureux, voire tragique, celui d'une inaccessible perfection que Sartre considérait comme transcendante (comme le néant pour la vie), sans doute afin d'instaurer une très lointaine distance entre l'impuissante fiction d'un désir [69] et la réalité des actions hésitantes des êtres humains.

- *L'inquiétude de l'amour-désir*

Seulement rivé à la finitude et à l'impuissance humaine, le désir est *sans perspective*. Il est donc impossible de le saisir en lui-même, car il anime indéfiniment son propre inachèvement, tout en hésitant entre le superflu et l'absolu, dans l'attente de sa

---

[67] Dans ce cas, l'amour-désir deviendra l'amour-raison porté par un vouloir.
[68] Sartre, *L'Être et le néant*, Gallimard, 1943-1963, p.130.
[69] Sartre, *L'Être et le néant*, op.cit., p.454.

réalisation. Ainsi ne vise-t-il que le mauvais infini, c'est-à-dire l'indéfini des ambitieux, des curieux, des collectionneurs et des avares qui ne sont jamais satisfaits ! En conséquence, lorsque les fantaisies de l'imagination nourrissent la sensibilité de leurs excès, l'amour est déterminé par un désir agité, voire violent, qui erre entre le possible et l'impossible, entre un manque et un rêve de plénitude, entre la fadeur d'une existence solitaire et le besoin de vaincre son ennui, selon le devenir différent de chaque *libido dominandi*. Privé de guide, le désir se caractérise alors par son inquiétude en éprouvant deux sortes de souffrance. La première forme, inévitable, n'est que corporelle : une douleur physique toujours trop intense et sans fin que la pensée peut relativiser. Mais le désir est aussi inséparable de la souffrance qui provient de son incapacité à se satisfaire d'un objet attrayant, y compris fictif et illusoire, sans sombrer ensuite dans l'ennui.

Privé de projet et toujours extérieur à lui-même, le désir erre donc pour Leibniz, il oscille sans aucun repos comme le balancier d'une horloge : *"L'inquiétude qu'un homme ressent en lui-même par l'absence d'une chose qui lui donnerait du plaisir si elle était présente, c'est ce qu'on nomme* désir *(...) On appelle* Unruhe *en allemand, c'est-à-dire* inquiétude, *le balancier d'une horloge"*. [70] Leibniz précise, tout en restant optimiste, que ce mouvement ininterrompu est très supportable : *"C'est pourquoi l'on peut considérer et envisager un bien absent sans douleur, mais à proportion qu'il y a du désir quelque part, autant y a-t-il d'inquiétude."* [71]

Au mieux, l'inquiétude inhérente au désir se transformera ensuite en volonté. Alors, le ressac des désirs-volontés sera probablement moins régulier que le mouvement d'une pendule, mais Leibniz pense que l'imperfection relative de cette expérience rend tout de même possible *"un progrès continuel"* et non interrompu *"comme fait l'appétit d'un homme qui se porte bien, lorsqu'il ne va pas jusqu'à cette incommodité, qui nous rend impatients et nous tourmente par un trop grand*

---

[70] Leibniz (Gottfried Wilhelm), *Nouveaux essais sur l'entendement humain*, II, 20 et 21.

[71] Leibniz, *Nouveaux essais sur l'entendement humain*, Ibidem.

attachement à l'idée de ce qui nous manque." ⁷² En tout cas, concernant le seul affect de la souffrance, concernant cet affect réactif qui ne peut conduire qu'au malheur, il n'y a pas d'autre choix possible que celui de moins désirer en ne voulant que ce qui est réellement possible.

- *Le désir comme tension entre le superflu et l'infini*

Comme l'a déjà pensé Platon d'un point de vue métaphysique, il y a bien une double postulation du désir, celle où une âme vise l'immortalité (donc l'infini) et celle où un corps tend vers la réalisation des plaisirs sensibles du moment (donc superflus). En s'incarnant, l'âme se serait perdue dans un support sensible, changeant et mortel ; et en se détournant du corps, elle rechercherait les structures parfaites et éternelles de ses origines qui la spiritualiseraient. Puis, pour Platon, cette tension du désir s'affaiblirait lorsque l'amour dépasserait à la fois son attirance pour les beaux corps et pour les belles âmes, en n'étant plus l'amour de quelque chose ou de quelqu'un, mais un processus qui la conduirait au sommet d'une ascension rationnelle et spirituelle, notamment dialectique, qui irait du superflu vers la perfection de l'infini.

En fait, c'est le désir qui, transporté par les ailes de l'inspiration et de l'enthousiasme, agit alors d'une manière positive pour réaliser l'amour du Bien (de l'infini spirituel). Et, dans cette élévation du désir, comme pour Levinas par exemple, le désir est ainsi transporté par la présence de l'idée de l'infini qui était déjà en lui : *"Le Désir est comme une pensée qui pense plus qu'elle ne pense, ou plus que ce qu'elle pense. Structure paradoxale sans doute, mais qui ne l'est pas plus que cette présence de l'Infini dans un acte fini."* ⁷³

Mais ce n'est pas toujours le cas. En effet, d'une manière moins noble, ce sont le plus souvent des réalités artificielles qui sont visées afin de satisfaire des penchants singuliers. Des réalités transformées par l'imagination font naître alors d'autres désirs, notamment lorsque pour Bachelard, des forces

---

⁷² Leibniz, *Nouveaux essais sur l'entendement humain*, Ibidem.
⁷³ Levinas (Emmanuel), *Éthique et infini*, Livre de poche n°4018, 2007, p.87.

matérielles finies l'emportent sur celles de l'infini : *"La conquête du superflu donne une excitation spirituelle plus grande que la conquête du nécessaire. L'homme est une création du désir, non pas une création du besoin."* [74] C'est au demeurant ce désir du superflu qui motive le collectionneur à ne jamais cesser de désirer de nouveaux objets, assurément parce qu'il ne vise pas un objet défini et complet, mais l'accumulation indéfinie de nouveaux objets. Pourquoi ? Sans doute parce qu'il fuit la réalité et privilégie ses fantasmes. Tendu vers l'impossible, vers un indéfini quantitatif, il est condamné à l'échec.

C'est dans le même esprit que Don Juan est un séducteur qui risque le désastre de son âme afin de faire rayonner l'astre de son corps. Or, pour Blanchot, ce collectionneur de femmes n'aime vraiment personne : *"Don Juan sait bien qu'il accueille l'impossibilité avec le désir, mais il affirme que l'impossibilité n'est rien d'autre que la somme des possibles, qu'elle peut ainsi être maîtrisée comme nombre (...) Don Juan pourrait fort bien s'en tenir à une seule femme qu'il pourrait fort bien ne posséder qu'une seule fois, à condition de la désirer, non comme l'unique, mais comme l'unité qui engage l'infini de la répétition."*[75] Don Juan ne cesse donc jamais de désirer, mais en refusant de se satisfaire d'un accord complet avec ce qui est seulement possible, ici et maintenant, il échoue complètement : son âme se perd dans son propre miroir et son corps se retrouve enfermé définitivement dans sa totale solitude.

- L'amour-désir et l'intensité de l'imaginaire

Dans le champ de l'*amour-désir* qui manque de mesure en cherchant à combler un manque irrémédiable, les interprétations de l'amour sont plutôt confuses et fictives que totalement obscures, car la conscience du manque subsiste, y compris en tant que manque de conscience, donc bien loin de la plénitude d'une âme qui serait épanouie. L'amour-désir semble préférer assumer l'inquiétude ou les souffrances d'un corps mortel qui se perd dans ses fictions et dans ses illusions. Ainsi l'amour-désir

---

[74] Bachelard, *La Psychanalyse du feu*, op.cit., p.34.
[75] Blanchot, *L'Entretien infini*, op.cit., p.282.

apparaît-il en clair-obscur, puisqu'il instaure un pont fictif entre la conscience et l'inconscience ! Alors, plus rien ne vit vraiment, hormis le désir qui se déplace dans le vide de ses manques, dans une dispersion indéfinie et sans aucun repère, sans contrariété, sans opposition, sans véritable altérité de ses forces, donc sans un réel devenir. Et, pour un être humain *sans horizon* qui est uniquement défini par l'élan ou par la poussée son seul désir, il ne reste plus qu'à inventer l'objet imaginaire qui lui manque. Cela signifie que la conscience d'un manque ne renvoie plus à un objet réel (le désir s'identifierait à un besoin), mais à un objet fantasmé, même superflu, qui est considéré comme absolu (seul et séparé), car il pousse le désir du manque à l'extrême vers une lointaine et fictive source parfaite, voire, pour Platon, vers un non-être, c'est-à-dire vers *"ce qu'on n'a pas et ce qu'on n'est pas"*. [76]

Le désir est cependant formellement pensable à partir de multiples métaphores qui n'ont aucun fondement et qui se perdent vite dans un espace totalement étranger où ne règne que l'absence inquiétante de toute demeure sécurisante. Dans une forme imagée, l'amour-désir exprime en fait aveuglément ce qui lui manque, c'est-à-dire ne vise qu'une réalité fantasmée, multiple, divisée, et surtout inaccessible. Dans cette situation complexe, le désir est alors, notamment pour Sartre, *"une conduite d'envoûtement"*, [77] une conduite qui se nourrit de sa propre négativité en exprimant toujours un manque d'être par des images morbides, comme celles où Novalis confondait sa fiancée défunte avec une image de l'éternité : *"La tombe devint nuage de poussière et dans ce nuage je vis les traits transfigurés de la Fiancée. Au fond de ses yeux reposait l'Éternité. (...) Je la tins contre moi et je me mis à pleurer aux délices de la nouvelle vie. C'était le premier, c'était le seul rêve - et depuis lors, à jamais j'éprouve une foi éternelle dans le Ciel de la Nuit et sa Lumière : la Bien-Aimée."* [78] En fait, cette évocation imaginaire et très symbolique répondait à une perte

---

[76] Platon, *Le Banquet,* 200 e.
[77] Sartre, *L'Être et le néant,* op.cit., p.462.
[78] Novalis, *Les Hymnes à la nuit, III,* cité p.118 de *Novalis* par Pierre Garnier, Seghers, 1962.

qui provoquait des émotions et des sensations trop violentes pour qu'elles soient supportables. Comme pour Pascal, c'est du reste toujours dans l'effroi que s'imposent au désir deux sortes d'abîme qui se contredisent vainement, celui d'une improbable et absurde transcendance qui engloberait à la fois l'infinité de la Nature et l'infinité d'un pur néant... Ou bien, les mouvements de l'amour-désir pourront aussi se déployer au delà du vide, au delà d'un dehors ou du gouffre totalement obscur qui pourrait les absorber. En effet, pour les êtres humains qui font prévaloir la mort sur la vie, le *rien* ne saurait inspirer que des désirs passivement dépourvus de vitalité, voire la mystérieuse tentation d'un nihilisme qui serait au demeurant plutôt fictif que fondé. Dans ce cas, les désirs humains ne se nourrissent que de leurs propres images avant de chercher vainement à dominer tous les intervalles vides, tous les riens et tous les presque-rien du monde terrestre, par exemple en créant ou en se reproduisant.[79]

C'est ainsi que dans l'amour-désir l'imagination impose des rêves qui suppriment la souffrance d'une attente, car, au delà de ce qui est perçu, ces rêves, transportés par de fortes poussées du désir, attisent la fureur d'aimer le plus intensément possible en des moments qui accroissent un ressenti qui sera certes trop diffus pour être partagé... Pourtant, en dépit des interstices vides qui sont inhérents à la précarité des choses et aux limites d'une existence humaine, subsistent parfois des désirs non fascinés par leur proche disparition qui sauront dépasser les tragiques mouvements et changements terrestres sans se complaire dans leurs faiblesses.

- *Paroles et images mythiques du désir*

Un mythe, du grec *muthos* (parole, fable, récit, légende) ou du grec *muthein* (parler, converser), est l'expression d'un discours fabuleux, sur les origines, les fins, les recommencements (l'éternel retour) ou les prolongements. Cependant, ce discours collectif est en réalité mensonger, car il prétend saisir un commencement parfait là où rien n'a commencé, et là où personne n'a pu se trouver pour y participer. Dans ces

---

[79] *Aut libri aut liberi (ou des livres ou des enfants).*

conditions, indifférent à sa présence dans l'éternité, le désir naît pour nier un manque et sans pour autant surgir clairement à partir de la pointe claire d'une décision qui serait accordée avec une réalité saisissable par une conscience. Pour cela, la parole fictive d'un mythe est une parole *en plus* qui dépasse les réalités de la vie quotidienne et qui impose la souveraineté d'un imaginaire, c'est-à-dire une fiction du Tout qui fait étrangement fusionner images et sens. Ainsi les divers élans irrationnels de l'amour-désir inspira-t-il pour Jankélévitch une *"fabrication de mythes"*, [80] ou bien des ensembles d'images capables d'associer immédiatement et sans raison apparente ce qui était séparé, tout en faisant prévaloir la pseudo unité d'images en clair-obscur qui seront répétées sous de multiples formes sans parvenir à une fin, et sans savoir pourquoi ni comment la poussée du désir qui les inspirait avait pu commencer !

Le langage mythique du désir parle en effet à partir d'images qui traduisent métaphoriquement une coupure ou une totalité insaisissable parce que ce qui est visé chaque fois par un désir est soit trop lointain, soit à la jonction du possible et de l'impossible, et toujours l'expression d'une réalité seulement symbolique (allégorique ou tautégorique) qui ne cherche pas une satisfaction dans le monde vécu, mais qui cherche soit à unir ce qui ne peut pas l'être, comme l'eau et le feu, soit à tout réduire à un élan vital incandescent qui pourtant ne détruirait pas.

C'est du reste dans cette perspective que Nietzsche, poussé par les débordements de son imagination, a pu survoler son vécu avec des paroles excessives, voire transgressives, tout en rêvant à un entrelacement amoureux de la lumière avec les ténèbres : *"Quel est en moi cet inapaisé, quel est en moi cet inapaisable qui demande à élever la voix ? Un désir d'amour est en moi qui parle le langage de l'amour. Je suis lumière : ah, que ne suis-je nuit ! Mais c'est ma solitude, qu'être de lumière encerclé (...) Ah ! Que ne suis-je ombre et ténèbres ! Comme je téterais le sein de la lumière ! (...) Il est nuit : comme une source mon désir éclate en moi, - mon désir demande la parole."* [81] En fait, même si le discours mythique a été pertinemment considéré par

---

[80] Jankélévitch, *Les Vertus et l'amour*, 2, Champs/Flammarion, 1986, p.218.
[81] Nietzsche, *Ainsi parlait Zarathoustra*, Le chant de la nuit.

Nietzsche comme *"le lit de paresse de la pensée"*, [82] ce discours chimérique lui était nécessaire pour nommer la part de fiction qui se trouve dans toute réalité. Mais il n'a pas fait *comme si* les besoins primitifs qui précèdent les désirs pouvaient être compris ainsi que tout ce qui les nie : le vide, voire le néant. Sa probité intellectuelle l'empêchait de considérer le discours mythique autrement que comme une réponse à un manque qui masque une béance, comme celle qui se situe entre les mots et choses. Et, hormis d'une manière ironique, il n'a pas métaphorisé au delà de cette béance en faisant *comme si* un être humain pouvait être au centre de lui-même et en même temps complet (à l'image de Narcisse), ou bien comme s'il pouvait être un sujet souverain et puissant (à l'image de Prométhée), ou bien comme s'il pouvait être le sujet de lui-même ou l'auteur de la providence d'autrui, ou encore comme s'il pouvait être totalement savant ou sage, voire annonciateur de temps nouveaux, ou bien enfin comme s'il pouvait être le prophète d'une *uchronique* fin de l'histoire, comme Hegel ou Marx.

En tout cas, de nombreux mythes incarnent particulièrement diverses formes de l'amour-désir dans leur rapport à un manque surtout fictif, voire à ce qui détermine un manque absolu (la mort) : celui du sage (Épicure pour Lucrèce) qui s'isole dans sa souveraine indépendance pour jouir de sa vie, celui des Danaïdes condamnées à remplir éternellement un tonneau percé, celui de Don Juan qui vibre au sein des constants détours de ses propres désirs afin d'attirer les désirs des autres par de multiples transgressions sociales qui fuient et qui défient la mort en espérant sans doute la séduire.

De plus, le sens qu'un mythe révèle est uniquement celui du fait qu'il prédit, peu importe ce qu'il prédit. Pour cela, son discours est intemporel, irrationnel, fabuleux, voire merveilleux.[83] Un mythe crée ainsi la fiction d'une totalité exprimable, alors qu'il ne s'agit que des vibrations éphémères d'images agréables ou sublimes, comme celle du vert paradis

---

[82] Nietzsche, *Le Livre du philosophe*, § 192.
[83] *"Le mythe est un assemblage de merveilleux ."* (Aristote, *Métaphysique*, A2, 982 b13).

des amours enfantines [84] de Baudelaire, ou bien comme celle *"du jardin bleu de la félicité primitive"* [85] de Vladimir Jankélévitch. D'autres fictions mythiques ont du reste accompagné l'histoire de l'humanité : celle de temps héroïques, celle d'une paix perpétuelle, celle d'une sorte d'Âge d'or de l'innocence... Mais, concernant l'amour-désir, il faut surtout retenir l'image d'*Érôs* (έρως) qui associait symboliquement la vulgarité de l'appétit sexuel avec les joies d'un amour céleste qui sublimait l'amour physique. En tout cas, la figure mythique la plus révélatrice de l'amour-désir est bien celle du divin, voire du très céleste Éros [86] qui était considéré, dans la mythologie grecque, comme le fils du Chaos.

Cette figure a d'ailleurs inspiré Platon pour lequel Éros était plutôt un démon, c'est-à-dire un être intermédiaire, notamment parce qu'il était né, lors des fêtes de la naissance d'Aphrodite, [87] de l'accouplement de deux divinités aux qualités opposées : *Pôros* (Πόρος), dieu de l'Expédient, de l'abondance, de la richesse, et *Pénia* (Πανια), déesse de la Pauvreté, du manque. Au reste, le désir était, pour Platon, non seulement contradictoire (entre manque et plénitude), mais aussi capable de nier une privation, d'abord en réalisant un mythique désir nostalgique de l'unité perdue, puis en un mouvement de retour vers le divin, surtout vers Aphrodite qui était la figure supérieure du Beau et qui inspirait l'Amour du divin.

Dans cette situation rêvée, les fondements de l'amour-désir renvoient tous à un commencement sans origine claire, c'est-à-dire à un commencement mythique qui se dissimule dans des images, comme dans la représentation d'Éros puis de Cupidon (du latin *cupere* : désirer) qui est son nom pour les Romains. Être ailé, malin et cruel, Cupidon a très souvent été représenté comme un ange-enfant dénudé aux ailes diversement colorées et en train de voltiger autour de Vénus. En tout cas, avec son bandeau sur les yeux et la flèche de son arc visant quelques proies à l'aveugle, il symbolise un besoin général d'aimer qui se

---

[84] Baudelaire (Charles), *Les Fleurs du mal,* Moesta et errabunda.
[85] Jankélévitch, *Le Pur et l'Impur*, Champs Flammarion, 1960, p.28.
[86] *Ερως, Cupidon* pour les Romains.
[87] *Aphros* désigne l'écume et le sperme du dieu mutilé.

perd dans de cruels désirs de pénétration ; ses flèches faisant en effet penser aux pointes du désir. Or, parce que les objets qu'il vise ne sont pas vraiment des objets, mais un rêve d'objet, il répond vaguement à un manque tout en nourrissant de nouveaux manques, sans nul doute parce qu'il obéit davantage aux extravagances de l'imagination qu'à une expression rigoureuse du réel. Dès lors, que le langage symbolique soit inspiré par la plénitude illusoire d'une totalité parfaite ou par le manque constitutif de l'amour-désir, ses images relèvent parfois des mécanismes freudiens de la condensation, du transfert et de l'inversion, mais ce langage ne requiert pas globalement la méthode du psychanalyste, car la conceptualisation de l'amour-désir ne saurait passer par les seuls concepts de refoulement ou de transfert qui la réduisent à des déterminations objectives (libidinales) et subjectives (rapportées à une mythique scène primitive).

En effet, la conceptualisation de l'amour nécessite de traverser tout langage métaphorique, sans oublier que le devenir des images est nécessaire sans être suffisant pour interpréter le bruissement des désirs qui se transforment chaque fois en rencontrant de nouvelles pensées sublimées. Alors, par delà les mots qui accompagnent poétiquement le réel en l'enchantant, ou bien par delà les mots qui neutralisent les choses en les nommant sans affect, ou bien encore par delà les mots qui figent les sentiments dans une forme stable, sans pour autant clarifier les différences entre les mots et les choses, c'est néanmoins à partir des images mythiques que des métaphores de métaphores sont toujours nécessaires pour faire surgir à partir d'elles des concepts de l'amour-désir capables de faire rayonner, en deçà des sentiments de manque et de plénitude, la discrète lumière d'une conscience qui distingue un peu et assez clairement des manques ou des sublimations.

- *Les sublimations de l'amour-désir*

Il y a deux conceptions opposées concernant le désir. Ce dernier est-il l'essence de l'homme qui persévère éternellement dans son être, comme pour Spinoza, ou bien est-il l'expression d'un manque ontologique, comme pour Platon ou pour Sartre ? Dans le premier cas, le désir devient un vouloir raisonnable, dans le second, pour les êtres humains, impossible à satisfaire dans le monde terrestre, il dérive vers la passion de l'absolu, c'est-à-dire vers l'amour de l'impossible, même si l'amour est néanmoins dit *philosophe* [88] par Platon puisqu'il erre entre un savoir et un non-savoir. En fait, ces deux modalités très différentes du désir correspondent à deux épreuves opposées, soit à celle d'un sentiment de plénitude où le désir-raison ne disparaît pas, car il est éternel, soit à celle d'une frustration relative à des objets manquants ou disparus qui étaient pourtant visés. Sachant que chaque jugement de réalité, c'est-à-dire portant sur ce qui est donné, est la cause de vérités seulement probables qui peuvent du reste empêcher d'agir, il est nécessaire de faire intervenir des jugements de valeur qui permettront de choisir entre l'une ou l'autre de ces deux possibilités.

Alors, un désir raisonnable aura une valeur positive puisqu'il pourra satisfaire celui qui vit dans la joie de se savoir éternel et de se sentir aimé, tandis qu'un désir insatisfait, toujours à la recherche de nouveaux objets, aura une valeur négative, même s'il pourra ensuite être jugé différemment en fonction du niveau de ses multiples manières d'être affectés (par amertume, déception ou désespoir), et même si, par la concentration des forces psychiques qui l'animent, le désir pourra aussi se transformer en un vouloir capable de nier sa négativité, voire de la dépasser en la sublimant. Dans le premier cas, le désir éprouve un état suprême, dans le second il élève, selon divers degrés, des épreuves sensibles vers des sentiments opposés aux besoins instinctifs en produisant un plaisir psychique supérieur aux sensations, par exemple celui d'approcher le plus grand amour possible. Et, dans les deux cas, le désir est dit **sublimé** soit parce qu'il échappe à toutes les mesures, soit parce qu'il croit échapper à toutes les mesures, et il est impossible de séparer le sentiment grandiose du sublime de ses doubles effets : sur l'imagination qui s'y reconnaît ou non, et sur la capacité de raisonner qui peut s'y perdre ou non. Chaque désir sublimé est ainsi déterminé soit par sa perfection (Spinoza), soit par un

---

[88] Platon, *Le Banquet*, 204 b.

dépassement qui, pour Platon, réconcilie dialectiquement les contraires, par exemple en aimant l'idée de la beauté, voire le principe éternel et immuable de toutes les déterminations formelles et particulières possibles, tout en désirant satisfaire la partie manquante de l'être humain (sa partie spirituelle), notamment en allant raisonnablement de l'amour des beaux corps vers celui des belles formes, en une ascension du désir vers le divin.

Cependant, dans un désir sublimé qui ne se perd pas dans la violence d'une extase, sa tension vers l'infini peut néanmoins être en partie raisonnable, même si le désir renvoie d'abord à quelques objets grandioses du monde qui seraient susceptibles de le terrifier : éclairs, coups de tonnerre, volcans, ouragans, océans... comme chez le peintre Turner. Mais, dès lors que la crainte du vide est dominée par l'amour de l'inconnu, le sentiment du sublime surmonte la peur de la puissante Nature dont nous n'avons aucune représentation. Pour cela, il suffit que le désir sublimé ne se perde pas dans un monde imaginaire qui serait du reste complètement idéalisé, comme dans cette image aérienne d'une femme sans voile qui inspirait agréablement Senancourt : *"Ce n'est que grâce, élégance, abandon, volupté naïve : ce sont les formes les plus pures, les poses les plus libres, les fantaisies les plus heureuses."* [89]

En définitive, l'être humain peut se sublimer en se ***purifiant*** de ses pesanteurs matérielles et en s'éloignant de tout angélisme ou de tout puritanisme, notamment lorsque son désir de transparence n'implique aucun refus de l'incarnation, mais oriente la complexité de ses multiples désirs vers une perspective éthique. Alors, comme pour Jankélévitch, cette sublimation pourra vraiment rendre possible un maximum d'amour dans la précaire finitude d'un être humain : *"L'amour, à force d'aimer, spiritualise à l'extrême notre substance ontique ; l'être, par la vertu de l'amour, se fait de plus en plus transparent ; l'amant devient tout entier amour.(...) La sublimation débouche non pas sur le néant, mais sur une*

---

[89] Senancourt (Étienne Pivert de), *De l'amour*, Club français du livre, 1955, p.50.

espérance." [90] En se sublimant, en s'élevant bien au-dessus d'elles-mêmes vers le plus grand possible, ou bien en vivant des réalités spirituelles supérieures, les épreuves sublimées de l'amour vont en effet bien au delà des affections intenses, égocentrées et instinctives des êtres vivants qui n'aiment que dans et par leur désir de posséder ou de réussir ! Certes, chaque amour sublimé n'est sans doute que l'expression la plus simple d'un acte du cœur et de la pensée, mais c'est pour leur meilleure réalisation possible ou par une véritable union de l'un et de l'autre.

c) L'amour-passion

- Les deux pôles de l'amour-passion

Au sens primitif de πάσχειν, πάθος, la passion est l'une des dix catégories d'Aristote : ce qui arrive à un sujet ou à un patient. D'où les sens de ***passif***, de pâtir, de souffrance, [91] voire d'impuissance. Plus précisément, le mot passion désigne tous les phénomènes passifs de l'âme dans lesquels un être humain se trouve lorsqu'il est le fruit d'une émotion et d'une imagination nuisibles, ce qui a conduit de nombreux philosophes à définir la passion négativement comme une vaine *"agitation de l'âme"* (Descartes),[92] ou bien comme *"un mode primitif d'existence"* (Hume),[93] ou bien comme *"une maladie qui exècre toute médication"* (Kant),[94] ou bien enfin comme *"une passion inutile"* (Sartre).[95] Certes, d'autres expériences de la passion sont possibles, et notamment celles qui consistent uniquement à concentrer de l'énergie pour se réaliser. Ainsi, le concept de la passion n'est-il pas simple, car il oscille entre deux pôles

---

[90] Jankélévitch, *Le Paradoxe de la morale*, Seuil, 1981, p.82.
[91] Emprunté au latin impérial *passio* signifiait souffrance jusqu'au XVIe siècle.
[92] Descartes, *Les Passions de l'âme*, art. LXXXVI.
[93] Hume (David), *Traité de la nature humaine*, livre II, 3° partie, sec III, t.II, Aubier-Montaigne, p.525.
[94] Kant, *Anthropologie du point de vue pragmatique*, Vrin, p.119.
[95] Sartre, *L'Être et le néant*, op. cit., pp. 654, 708.

contradictoires, soit vers celui d'une cruelle passivité, soit vers celui d'une intense activité ! Dans ce second cas, une passion ***positive***, bien que profane, oriente les états affectifs des êtres humains en fonction d'intérêts concentrés, particuliers, voire égoïstes, qui ne requièrent pas des sacrifices, mais souvent un intense désir de dominer la mort.

Mais comment s'élever alors au-dessus de la mort qui conditionne un peu la vie en la rendant prisonnière ? L'impossibilité de supprimer la mort a, chez Hegel, été remplacée par un impossible relatif : transfigurer la vie qui contient la mort du sensible en une vie de l'esprit. L'affirmation de la vie était certes entravée par la mort, mais cette disparition du possible a aussi créé le devenir de la conscience humaine, donc le devenir de la vie de l'esprit. Ou bien à la manière d'un sage qui ne se préoccupe pas de la mort, pour Spinoza par exemple, le principe de raison domine les passions sans s'appliquer pour autant dans la réalité empirique, source de pensées inadéquates et illusoires, mais en orientant l'amour vers un élargissement de l'âme qui s'élève alors vers l'éternité de la Nature en se clarifiant intellectuellement.

Ou bien, sur son autre pôle, l'amour-passion accentue ses contradictions en ***transgressant*** les possibles, c'est-à-dire en créant une ***fusion primordiale*** de l'amour avec ***l'impossible***, comme lors des *"noces clandestines"* de Lou Andreas Salomé avec Rilke : *"Ce n'étaient pas deux moitiés qui se cherchaient en nous : notre unité surprise se reconnaissait, tremblante, dans une unité insondable. Ainsi nous étions frère et sœur - mais comme dans un passé lointain, avant que l'inceste devînt sacrilège."* [96]

L'impossible, l'interdit, l'insondable, l'absence de limites et d'horizon se rejoignaient conformément à l'essence négative du désir qui, en tant que tendance naturelle *et* culturelle, détermine une contradiction impossible à résoudre à partir d'une transgression, même si cette dernière se rêve innocente, alors qu'elle ne fait que s'enfoncer dans le *pathos* d'une épreuve de l'Impossible tentant vainement de saisir l'insaisissable. De plus, dans cette forme exaltée de l'amour-passion, ce qui se manifeste

---

[96] Andreas-Salomé (Lou), *Ma vie*, 1951-1968, PUF, 1977, p.140.

relève d'un envoûtant rêve paradisiaque de fusion impossible à réaliser, par delà tous les repères qui permettraient d'accorder le relatif avec quelques échos de l'absolu, même si le passionné ne cherche pas à convoiter des objets superflus pour les posséder. Cependant, pourquoi désirer et aimer l'impossible, voire le totalement impossible qui dépasse tous les firmaments et toutes les utopies ?

La réponse intéressante de Blanchot est complexe : *"Désir de ce qui ne peut s'atteindre et désir qui refuse tout ce qui le comblerait, désir donc de ce manque infini qu'est le désir, de cette indifférence qu'est le désir, désir de l'impossibilité du désir, portant l'impossible..."*[97] Le rêve d'une fusion primordiale du désir et de l'impossible révèle ainsi que l'impossible est l'essence du désir-passion, lequel, en tant que tendance de l'âme et du corps, instaure un *pont* contradictoire impossible à harmoniser entre la chair et l'esprit, l'instinct et la volonté, la réalité sociale et le plaisir... Le désastre du désir passionnel est ainsi prévisible. C'est le désastre qui accompagne l'émiettement ou l'éclatement de soi-même, c'est-à-dire le désastre qui est provoqué par le plaisir de se détruire en sa propre humanité.

En fait, lorsque le débordement extravagant, intense, obsessionnel, ardent, voire douloureux de l'amour-passion, se manifeste, il accomplit un désir immodéré de posséder l'absolu. Transporté par son imagination, le passionné n'a pas d'autre but que de réaliser l'idée fixe d'un amour parfait. Certes, l'intensité de sa passion compense un peu son manque de réalité, comme dans le mythe romantique de Tristan et Yseult. Alors, dépossédés d'eux-mêmes et dispersés par le destin, ces deux héros symboliques de l'amour courtois étaient condamnés, dès l'intervention d'un philtre magique, à une impossible unification de leurs désirs, puis à leur tragique séparation.

La fin visée par leur passion était en effet l'Impossible, c'est-à-dire un amour absolu, un amour fatal qui n'a pas d'être, de réalité, de valeur ou de puissance en ce monde, donc qui n'est pas un simple contraire provisoire du possible. Ce mythe exprimait l'impossibilité de vivre un amour absolu dans un monde fini, l'impossibilité de faire venir le dehors de ses rêves

---

[97] Blanchot, *L'Entretien infini*, Gallimard, 1969, p.312.

dans une vie terrestre. Ce mythe n'exprimait donc qu'une passion pour le Néant ou pour le Dehors de la mort conçue par Blanchot comme le champ de l'impossible : *"L'impossibilité, ni négation ni affirmation, n'indique pas ce qui, dans l'être, a toujours déjà précédé l'être et ne se rend à aucune ontologie."*[98]

- **L'amour-passion peut créer l'espace imaginaire d'un amour délirant**

L'impossibilité d'un amour absolu ouvre en réalité sur la béance inhérente à tout désir qui se vit douloureusement dans l'horizon de l'*impossible*, de l'irréalisable, du totalement impossible. Et toujours cette forme de l'amour passionnel naît en niant le réel, donc sur le mode où un ***imaginaire*** est la cause de tous les excès, tout en n'exprimant que la fiction d'un *moi* écartelé entre le vide de sa solitude et la fausse plénitude de ses rêves qui, pour Spinoza, sont polarisés par un seul objet : *"Nous pensons aussi de ces amoureux qui ne songent nuit et jour qu'à la maîtresse, ou à la courtisane dont ils sont épris, qu'ils sont en délire, parce que leur passion nous amuse ; mais quand nous voyons un avare ne penser qu'à l'argent ou au gain, un ambitieux à la gloire, etc., nous ne disons pas qu'ils soient en délire, parce qu'ils sont en général insupportables à leurs semblables et que nous les jugeons dignes de haine. Cependant l'avarice, l'ambition, le libertinage, sont au fond des espèces de délires, quoiqu'on ne les compte pas au nombre des maladies."*[99]

Pourquoi l'amour-passion fait-il alors prévaloir l'imagination, cette faculté de l'irréel, sur toute autre faculté ? Sans doute pour posséder l'autre en l'aimant comme un trophée ou comme une œuvre d'art dont on adore le style, par exemple à partir de son tempo, de sa lumière ou de sa couleur. Ou bien ce serait tout banalement pour s'approprier un corps afin de supprimer son secret, voire pour mettre de l'infini ou de l'indéfini dans du fini. En tout cas, l'amour ainsi vécu n'est qu'un rêve d'amour absolu qui ne peut s'incarner que dans des objets symboliques qui sont

---

[98] Blanchot, *L'Entretien infini,* op.cit., p.66.
[99] Spinoza, *Éthique,* IV, prop. XLIV.

néanmoins incapables de faire entrer l'infini dans la finitude d'une brève existence sans dériver vers quelques fictions délirantes ou mensongères. En effet, le dépassement extravagant de sa propre réalité humaine ne peut qu'inspirer des images oniriques, voire agressives et tranchantes, qui traduisent une vaine et dérisoire révolte contre un manque fantasmé, tout en sachant que l'Impossible conduit l'amour-passion vers deux échecs : soit perdre son âme dans le gouffre de l'érotisme, soit perdre son corps dans une illusoire fusion avec l'infini. Dans ces conditions, lorsque les communes passions amoureuses des êtres humains s'aliènent dans la complexité, dans la brutalité ou dans la passivité de leurs affects, elles sont complètement dépourvues de représentations intellectuelles claires, et leur aveuglement est sans doute produit par l'incapacité de leur corps à se rapporter à ce qui pourrait le spiritualiser, en tout cas à lui permettre de se réaliser complètement à partir de lui-même.

Pourtant, l'amour-passion n'est pas foncièrement négatif. Il peut en effet inspirer également la création de remarquables espaces imaginaires, par exemple un espace musical [100] capable d'attiser la concentration passionnelle des énergies vitales, tout en luttant, certes plutôt vainement, contre les faiblesses humaines. L'absolu qui est alors rêvé n'est certes qu'un fantasme, mais il a néanmoins le mérite de nous révéler nos plus cruelles illusions et nos pires contradictions. Par exemple, dans le *Don Giovanni* de Mozart, la puissance infinie de l'amour y est magnifiquement exprimée dans la vérité tragique et mythique où l'intense désir démoniaque et égoïste du séducteur cherche à dépasser toutes les singularités. Ou bien, pour Kierkegaard,[101] sa passion pour Régine l'avait enfermé dans une situation paradoxale très originale, celle où le désir de l'impossible (aimer absolument sa fiancée) devait lutter contre une situation impossible à changer ou à vaincre : épouser ladite fiancée tout en en conservant la pureté virginale.

---

[100] Pour Nietzsche, *"Par la musique, les passions jouissent d'elles-mêmes."* (*Par delà le bien et le mal*, § 106).
[101] Kierkegaard (Søren), *Ou bien... ou bien* (troisième stade).

- La passivité d'un amour excessif de soi-même répond uniquement à la peur de la mort

La prime passion amoureuse, qui détermine sans doute de multiples prolongements imprévisibles, est celle d'un excessif *amour de l'amour*, c'est-à-dire d'un amour concernant la puissance mystérieuse que l'amour peut inspirer à tous les êtres humains, voire à toute la nature. Dans cette situation excessive, Saint Augustin se disait ainsi dévoré par le désir de l'amour : *"Je n'aimais pas encore, et j'aimais à aimer ; dévoré du désir secret de l'amour, je m'en voulais de ne pas l'être plus encore (...) Je me ruais à l'amour où je souhaitais être pris."* [102] Le plaisir d'aimer avait ainsi conduit Saint Augustin à subir le secret de son *Amare amabam*, lequel signifiait aimer pour aimer, aimer l'amour pour le plaisir d'aimer. Être amoureux du fait d'être amoureux, et ne pas être amoureux d'un être singulier, concentrait en fait le sentiment de sa propre présence sur une idée fixe qui n'avait pas d'autre réalité que celle qu'apporte le plaisir d'aimer, pendant que le sentiment de sa présence se laissait dévorer par le désir de nouveaux plaisirs. En conséquence, ce désir passionnel était bien négatif puisqu'il était d'abord trop secret, trop bref et pas assez déterminé pour être satisfait, ensuite, parce qu'il était un plaisir d'autiste, c'est-à-dire un plaisir refermé sur lui-même.

Dominé par la crainte de perdre son moi, ou bien frustré par l'impossibilité de s'aimer complètement lui-même, l'autiste est en effet mû par un plaisir inséparable de cris mêlés à des larmes. Pour cela, comme l'a écrit Jankélévitch, il est surtout contraint de faire seulement semblant d'aimer : *"L'autiste, pour donner le change, essayera d'entrer avec soi dans un pseudo-rapport de philautie ; or qui s'aime lui-même aime pour faire semblant : car se conserver par instinct et s'aimer d'amour sont deux choses bien différentes !"*[103] En fait, cet amour passionnel de soi, indifférent à d'autres objets qui seraient susceptibles d'être aimés, n'est qu'un étrange amour narcissique qui enferme, sans fin et sans vraiment commencer, dans un solipsiste face à face

---

[102] Augustin (Saint), *Les Confessions*, III, 1.
[103] Jankélévitch, *Les Vertus et l'amour,* 2, Champs/Flammarion, 1986, p.193.

avec sa propre image. En effet, lorsque l'amour de son propre *moi* prévaut exclusivement, comme dans le mythe de *Narcisse*, le dédoublement de sa propre réalité en une image de soi fige le devenir d'un *moi* dans la répétition du *même*, c'est-à-dire dans sa propre image qui lui apparaît bêtement dans sa plus dérisoire apparence et qui détermine indéfiniment le fol retour de la même image. De plus, cette dernière est la cause d'une étrange fascination à l'égard des reflets de ses propres apparences ainsi figées et enfermées dans le cercle de leur répétition. Un amour exclusif de soi enferme ainsi dans le non-sens de sa propre identité définitive, et ce non-sens pourrait se perdre selon Nietzsche dans la folie circulaire du mystique religieux qui va des convulsions de la pénitence à l'hystérie de la rédemption.[104] La passion narcissique donne ainsi la preuve de la folie d'une conscience de soi qui a cru pouvoir se saisir au centre de son propre cercle, alors qu'elle n'éprouvait qu'un très étrange et très lointain sentiment d'elle-même. Ainsi, prisonnier de son reflet qui lui impose une mystérieuse symétrie avec sa propre réalité, le face à face de Narcisse avec lui-même se répète-t-il en tournant inconsciemment dans le cercle de sa propre fascination, tout en étant incapable de saisir sa singularité alors réduite à une seule image fictive ! N'apparaît que le masque psychologique et physique (en latin, *persona* signifie masque), et jamais la personne qui serait un sujet raisonnable et libre, donc ouverte sur la complexité de son caractère.[105]

Plus précisément, entre Narcisse et son double, la négation de l'altérité a créé une inéluctable exposition au vide que produisait ce dédoublement : ce n'est donc pas le réel (un être en chair et en os), ni tout à fait un autre être possible en face de lui, qui a créé le sentiment ***étrange*** de cette fascinante répétition. Et ce sentiment n'est pas né seulement de la sortie du réel ou d'une perte de réalité, mais surtout de la béance du vide, de cet entre-deux qui ne relie pas vraiment Narcisse à ses apparences condamnées à disparaître, leur non-être étant l'essence de toutes les images. En fait, Narcisse, le premier amateur d'autoportrait, a été piégé,

---

[104] Nietzsche, *Ecce Homo*, 8. Pourquoi je suis un destin.
[105] En grec *charaktèr* veut dire signe gravé, empreinte, caractère d'une personne.

jusqu'à en mourir, par son désir de s'identifier définitivement à l'idole de son propre reflet. En conséquence, le désir de se sentir en soi et chez soi ne requiert pas de s'enfermer dans son propre monde et de se laisser fasciner par ses propres apparences, au demeurant toutes condamnées à sombrer dans l'impensable et angoissante étrangeté du vide qui accompagne la perte de toute familiarité.

Par ailleurs, si le désir d'être *sujet* renvoie étymologiquement à ce qui git au fond de soi (en grec ὑποχείμενον), ce fond mystérieux ne pourra jamais être vraiment mis au jour, même si son opacité est parfois éclairée par quelques décisions libres ou par quelques créations originales. En effet, c'est à partir de l'heureuse création d'une lumière commune à l'autre et à soi-même que des vérités positives concernant l'amour pourront apparaître, notamment lorsque la proximité avec soi-même se donnera le recul nécessaire à un amour partagé avec l'autre. Ce qui impliquait du reste, pour Bachelard, de renoncer à la tentation narcissique de figer le devenir de son propre *Je* dans la répétition du même : *"Quand nous nous tournons vers nous-mêmes, nous nous détournons de la vérité."* [106] Sur cette voie, un retour positif vers soi reste néanmoins possible dès lors que son *moi* a été vraiment sublimé par un idéal qui, pour Bachelard, diffère de l'idéal du *moi* de Freud : *"La sublimation n'est pas toujours la négation d'un désir ; elle ne se présente pas toujours comme une sublimation* contre *des instincts. Elle peut être une sublimation* pour *un idéal. Alors Narcisse ne dit plus : «Je m'aime tel que je suis», il dit : «Je suis tel que je m'aime.» Je suis avec effervescence parce que je m'aime avec ferveur. Je veux paraître, donc je dois augmenter ma parure."* [107]

Pour interpréter le processus complet de la formation des passions passives, il faudrait également penser comment la passion naissante d'un amour exclusif de soi-même produit d'autres déterminations, et d'abord et surtout la passion de la *peur*. Cette dernière est une émotion violente, immédiate, irrépressible, voire "*étranglée*" (pour Alain), qui précède et qui fonde d'autres émotions comme la *"courte folie"* (Lagneau) de la

---

[106] Bachelard, *La Psychanalyse du feu,* op.cit., p.17.
[107] Bachelard, *L'Eau et les rêves,* Corti, 1942-1971, p.34-35.

colère. Ou bien la peur engendre d'autres sentiments comme la haine, la jalousie et l'ambition, notamment par peur de ne pas être aimé assez ou pas du tout. Et toujours, la passion de la peur est la plus forte ! Elle peut du reste paralyser lors de l'irruption instantanée d'un danger, car la violente souffrance engendrée par l'étranglement de la peur détruit la conscience de soi qui se sent trop faible pour résister. Hélas ! cette émotion violente, à la fois physique et mentale, peut se répéter en produisant le souvenir de la peur, la peur de la peur, voire la panique qui naît de l'impossibilité de supprimer la violence inhérente à la peur suprême, celle de la mort.

Ainsi la peur qui dénature et qui désorganise le réel d'une manière insensée est-elle à l'origine de toutes les émotions qui assujettissent à la fois la conscience de soi et un corps ! Puis, au delà de cette peur fondamentale de la mort, comme l'a analysé Stendhal, lorsque, dans une situation solitaire privée d'objets attirants, un profond ennui a fragilisé l'amour de la vie, à cet ennui de vivre sans aimer un être autre que soi, succède l'élaboration de l'être idéal qui précède sa rencontre. En l'attendant, rêver à cet être sublimé permet de supprimer un peu son profond et triste *ennui*, même s'il fallait plutôt vaincre l'angoissante pensée de la mort, car chaque être humain sait bien que la mort finira par triompher après un vain combat de la vie contre elle.

Cependant, les passions passives pressentent aussi que dans la nécessité de fuir notre trop proche proximité de la mort, elles ne pourront se réaliser, certes d'une manière fictive ou mythique, que dans la *mort*, soit à la fin comme pour Tristan et Yseut, soit en vendant son âme au diable comme Faust.

En tout cas, lorsqu'il est excessivement affecté par l'idée du dehors absolu de sa fin, l'être humain n'échappe pas à l'image de la mort. Pour cela, il cherche à oublier ce maître absolu en se tournant vers d'autres corps et en espérant que sa passion pourra le mettre provisoirement à l'abri de certains sentiments apeurés ou angoissés. Mais, alors, l'amoureux n'est plus vraiment lui-même, car sa passion ne lui a permis que de fuir la peur de sa solitude, de l'ennui et de la mort dans des fictions parfois délirantes.

- *Les dérèglements de l'amour-passion*

La réalité du devenir des choses inspire à chacun d'interpréter la temporalité en fonction du caractère éphémère de toute présence : le présent actuel devient un présent passé et il sera remplacé par un présent à venir. Accepter les déterminations de la temporalité permet de dominer un peu sa peur du devenir, notamment en consentant de ne plus être présent ; les refuser, c'est, pour l'ambitieux par exemple, se cacher la fatalité de la mort, ou bien, pour l'avare, c'est conserver toutes les miettes de ses présents en les accumulant. Et, si l'on admet que l'exagération de la valeur que l'on attribue à un objet est inversement proportionnelle à la valeur que l'on accorde à son propre *moi*, alors, dans sa rupture de communication avec autrui, l'avare ne trouve du plaisir que dans un rapport déshumanisé avec un objet artificiel et abstrait : l'argent. Il n'aime donc ni les autres ni lui-même. Très différemment, le rapport de l'amoureux au temps est d'abord déterminé par son amour du passé. Pour cela, il désire toujours retrouver celle qu'il aime comme il l'a aimée jadis. Puis, lorsque son passé pèse trop sur son présent, notamment à cause des sédimentations de l'habitude ou des souffrances de la nostalgie, ***il refuse la temporalité*** en donnant à ses souvenirs la capacité de constituer le sens de son propre destin. Il fait alors comme si sa passion avait préexisté depuis toujours à son présent.

Ou bien, mais toujours en valorisant son passé, un sentiment instantané et violent, nommé ***coup de foudre***, se produit lors de la rencontre d'un être qui ressemble à une lointaine image rêvée, fantasmée et floue, qui avait jadis été élaborée, puis transformée par son imagination. Le désir de posséder l'idole de ses rêves paraît ainsi brutalement réalisé et, comme l'a écrit Shakespeare, l'image fantasmée de l'autre ne peut alors être aimée que dans un premier regard : *"Aima-t-il jamais, qui n'aima pas au premier regard ?"* [108] Sans doute, mais cette forme de l'amour-passion finit souvent au moment même où elle a commencé.

---

[108] Shakespeare (William), *You like it*, III, 5 : *Who ever lov'd, that lov'd not at first sight ?*

Puis, pour les mêmes raisons, la passion resurgit sous d'autres formes qui la prolongent. À nouveau, le passionné crée encore un lien heureux entre son passé transformé (idéalisé, en grande partie oublié, voire censuré) et son présent qui ne sera jamais tout à fait vécu puisqu'il est plutôt imaginé que perçu. Et ce lien flou, mais tenace, avec un passé différent de celui qui a jadis été vécu, ne tire sa force que d'une *interversion* de la causalité qui consiste à faire prévaloir un passé fictif sur le présent. Alors qu'en fait nous nous souvenons à partir d'un présent réellement vécu, c'est, dans la passion, le souvenir qui recrée ce présent, ce *presque présent*, en décolorant la perception de chaque chose présente et en donnant surtout aux souvenirs le pouvoir de créer l'illusion d'une permanence de la conscience de ses propres souvenirs, lesquels peuvent recréer à chaque instant le retour de la présence mémorisée de l'autre.

Le passionné pourra ensuite croire qu'il aime une personne parce qu'elle possède actuellement des qualités aimables, mais, en réalité, c'est parce qu'il a jadis imaginé les qualités qu'il désirait aimer qu'il lui a attribué ces qualités. Ainsi pourra-t-il croire aussi que l'autre lui était destiné ! De Rousseau à Stendhal, le processus de formation de la passion amoureuse est du reste le même. À l'ennui de vivre sans aimer un être cher a succédé l'élaboration de l'image d'un modèle idéal, voire d'une idole. Puis la présence d'un individu "*aimable*" a permis d'ajouter aux qualités qu'il possède réellement une sorte de rayonnement, d'auréole ou de halo magnétique, qui rassemble toutes les perfections imaginées et désirées.

Plus fondamentalement, en faisant prévaloir le passé sur le présent, l'amour-passion dérègle la causalité ordinaire des choses. Ce n'est pas parce que je vis que je me souviens, c'est parce que je me souviens que je vis ! En réalité, à partir de cette *interversion* du *"parce que,*[109] le passionné aime d'abord et surtout son passé d'une manière narcissique, notamment *parce que* son passé lui a été nécessaire pour fonder le mythe de son propre *moi*, c'est-à-dire l'heureuse et illusoire continuité de son existence. Puis il attend du seul souvenir de ses présents passés

---

[109] Alors que, pour Simmel, l'amour exclut tout *parce que*. (Georg Simmel, *Philosophie de l'amour*, op.cit.,p.168).

son bonheur d'être au monde, et il rêve de créer son *moi* absolu (seul et séparé de toutes les réalités concrètes) en faisant comme si tout son présent était déjà dans son passé, donc sans aucune nouveauté à venir.

Par la même interversion du *parce que*, la **nostalgie**, ce douloureux retour d'un bonheur passé, est une passion qui fait préférer l'humble image du petit village de son enfance aux splendeurs d'un lieu bien présent. Or ce passé a très bien pu être malheureux ou quelconque, mais le passionné le préfère, sans doute parce qu'il n'a plus de crainte pour son avenir et parce que ses souvenirs sont plus forts que tout. Chaque souvenir renforce en effet des désirs de permanence qui ne sont rien d'autre que le reflet de la persévérance de sa propre activité psychique. Ou bien, à partir de ses souvenirs, le passionné a le plaisir de donner à ses rêves tous les pouvoirs, puis de recueillir les fruits de l'activité réussie de son imagination. Dès lors, son intime créativité échappe à tout contrôle et elle peut aisément se satisfaire de ses productions rêvées les plus fictives.

En tout cas, cette activité délirante est surtout celle de l'imagination du passionné qui crée des images fantasmées de la réalité, notamment parce que ladite réalité a été vécue pour être transformée afin de remplacer la peur de la solitude, inséparable du vide de l'ennui, par des rêves de bonheur. Or chaque rêve est le fruit de la souveraineté de l'imagination, de cette faculté de l'irréel qui crée des chimères en effectuant, pour Marc-Aurèle, une *"agitation de pantin"*, ou bien une étrange vision ainsi décrite par Ibn 'Arabi : *"Dés que la passion d'amour s'actualise, une respiration d'agrément réciproque* (tanaffus) *et de profonds soupirs* (tanahhud) *se développent, le souffle s'exhale de façon à former dans l'amant l'image de l'aimé au point même de faire apparaître une forme extérieure qu'il contemple..."* [110]

Cette action délirante de l'imagination fait penser à la ***cristallisation*** qui se produit lorsqu'un corps passe à l'état de cristal, par exemple dans les cristallisations cubiques ou pyramidales du sel marin. Pourtant, cette analogie avec des réductions, des évaporations, des refroidissements ou des condensations chimiques masque l'essentiel : que l'intervention

---

[110] Ibn'Arabi, *Traité de l'amour*, Albin Michel, 1986-2007, p.97.

supérieure de l'imagination sur toutes les métamorphoses physiques fait naître l'action d'un désir de sublimation qui s'élève bien au-dessus de tous les dépôts matériels et de toutes les vapeurs en dépassant toutes les cristallisations. C'est donc avec justesse que Stendhal a écrit : *"La cristallisation est une opération de l'esprit qui tire de tout ce qui se présente la découverte que l'objet aimé a de nouvelles perfections."* [111]

Esuite, les dérèglements de l'amour-passion se creusent davantage lorsque les contradictions inhérentes aux sentiments semblent unir ce qui ne saurait l'être, comme en un oxymore, comme en un clair-obscur. Par exemple, souvent lié à un désir de vengeance, le sentiment malveillant de la ***haine*** est une perversion de l'amour qui, par un changement de but, ne se déploie pas sans un peu de violence dans son intention de réduire ou de supprimer la valeur de l'autre, comme dans cette affirmation de Rilke : *"Je te hais comme quelque chose de trop grand."*[112]

Certes, l'amour est parfois inséparable de la haine, [113] notamment lorsque les faiblesses humaines sont insupportables, voire honteuses, eu égard à un désir excessif d'amour réellement partagé. En tout cas, ce sentiment réactif est le fruit d'une folle animosité, bien loin du désir d'un ***"grand amour"*** qui, pour Nietzsche, *"refuse vengeances et représailles."*[114] Quoi qu'il en soit, deux perspectives positives sont pourtant possibles, celle qui a permis au prophète de Zarathoustra de vaincre la haine et le ressentiment par l'oubli, ou bien celle où Spinoza a fait triompher la toute-puissance de l'amour sur la haine: *"La haine qui est entièrement vaincue par l'amour se change en amour, et pour cette raison, l'amour est plus grand que si la haine ne l'avait pas précédé."*[115] Certes, la fusion de la haine et de l'amour est parfois tenace. Et c'est surtout le cas dans cette forme malheureuse du sentiment qu'est la ***jalousie***.

---

[111] Stendhal, *De l'Amour*, I, II.

[112] Rilke (Rainer Maria), *Journal florentin,* Correspondance, pp.32-33.

[113] Shakespeare (William), *Cymb,* III, 5 : *"Je l'aime et je la hais."*(I love and hate her).

[114] Nietzsche, *Poèmes*, Poésie/Gallimard, 1997-2006, L'Enchanteur, p.132.

[115] Spinoza, *Éthique*, III, De l'origine et de la nature des affections, proposition XLIV.

Alors, l'amant est véritablement possédé par ce qu'il désirait posséder, y compris par l'absolu, ce qui fait naître en lui de douloureux soupçons[116] qui ne suppriment pas pour autant l'envie constante et paradoxale d'être encore aimé, d'être malgré tout aimé ; cette envie étant liée au désir de retenir ce qui pourrait échapper au jaloux et qui lui échappe déjà.

Ce rêve de possession s'effondrera néanmoins tragiquement. Auparavant, en dépit de cette méprise concernant l'objet aimé, l'imagination erre dans l'univers tronqué où dominent les pires frustrations ainsi évoquées par Spinoza : *"Qui imagine en effet la femme qu'il aime se livrant à un autre sera attristé, non seulement parce que son propre appétit est contrarié, mais aussi parce qu'il est contraint de joindre l'image de la chose* (rei) *aimée aux parties honteuses et aux excrétions de l'autre, il l'a alors en horreur ; à quoi s'ajoute enfin que le jaloux n'est pas accueilli par l'être aimé avec le même visage qu'il avait l'habitude de lui présenter..."*[117] Dans cette plongée au sein des délirantes fluctuations de la jalousie, il est cependant possible, comme l'a fait Freud, d'en distinguer trois formes.

La première, rapportée à une cause familiale et indépendamment de toute considération ontologique, est dite ***normale***. Elle est provoquée par la douleur d'une humiliation narcissique lors de la perte d'un amour ou dans la croyance douloureuse de l'avoir perdu. Cette jalousie, par manque d'amour, est inévitable puisque, selon les concepts opératoires de la psychanalyse de Freud, elle naît dans le cercle familial où, pour chaque enfant, l'un de ses parents est l'objet de son désir, et l'autre un obstacle à la réalisation de ce désir. Sur la scène étroite de ce théâtre, cette interprétation est sans doute pertinente...

La deuxième forme de jalousie est pour Freud inhérente à la puissance d'une passion qui crée un mécanisme de défense contre l'angoisse en leurrant tous les sentiments. Cette forme de jalousie est alors dite ***projetée***. L'infidélité d'un individu, ou bien ses impulsions à l'infidélité, produirait un désir inconscient d'acquittement (par déculpabilisation) en projetant ses propres

---

[116] Comme Saint Augustin dans ses *Confessions*, III, 1.

[117] Spinoza, *Éthique*, III, De l'origine et de la nature des affections, scolie de la proposition XXXV.

impulsions à l'infidélité sur celui ou sur celle à qui l'on doit fidélité. La situation du passionné s'aggraverait ensuite, selon Freud, avec la troisième forme de jalousie dite ***délirante***.

Cette forme extrême de la jalousie se produirait lorsque des tendances refoulées à l'infidélité ont pour objet une personne du même sexe que soi. Dans la tragédie de Shakespeare (*Othello*), la jalousie ne serait donc pas seulement *"ce monstre engendré par soi-même, né de soi-même"*, car, au lieu d'aimer Desdémone, sans pour autant se l'avouer, Othello aurait plutôt aimé Iago... En tout cas, lorsque l'amour possessif, la jalousie, les preuves de la trahison, l'ambition et la peur de ne pas être aimé ou préféré s'assemblent, la passion peut sans doute conduire vers de délirants meurtres passionnels...

- *Les dilemmes, la mauvaise foi et les exigences du raisonnable*

Est-il en réalité possible d'échapper aux folies de l'amour-passion ? Sans doute, mais comment ? Les tendances passionnelles aveugleraient-elles uniquement à cause d'une défaillance de la raison et de la volonté ? En fait, un jugement global sur le caractère pathologique des passions semble d'abord impossible. En effet, par exemple pour Nietzsche, les passions sont mystérieusement changeantes et en clair-obscur : *"Il y a toujours un peu de folie dans l'amour. Mais il y a toujours un peu de raison dans la folie."* [118]

Ou bien, pour Arnauld et Nicole, dans *la Logique ou l'art de penser* (1662), certaines passions relèveraient plutôt d'un raisonnement incomplet que d'une folie. Alors la passion serait en fait de l'ordre d'un ***dilemme***, c'est-à-dire le fruit d'un raisonnement dont la conclusion hâtive produirait des sophismes ou des paralogismes.

En tout cas, le passionné n'écoute pas les raisons des autres, car il a transformé ses opinions en vérités, ses hypothèses en certitudes. Sa propre autorité lui suffit puisqu'elle lui permet de renforcer la croyance en sa propre valeur : si j'avais tort, je ne serais pas vraiment intelligent, or je le suis, donc j'ai raison. Il

---

[118] Nietzsche, *Ainsi parlait Zarathoustra*, Lire et écrire.

entre ainsi de la passion dans les arguments logiques proposés sur les passions. Le passionné n'admet du reste pas que ce qui est vrai ici puisse être faux ailleurs, vrai pour les uns et faux pour les autres. Il juge uniquement selon son avantage et son intérêt. Il manque donc de raisonnements et il ne voit pas (ou bien il ne peut pas voir) toute la complexité du réel.

Dans cet esprit, pour Sartre qui juge du point de vue de la suprématie de sa conscience des phénomènes (source pour lui de toute signification conceptualisée), ce dilemme serait plutôt un acte de ***mauvaise foi*** ainsi défini : *"Un art de former des concepts contradictoires, c'est-à-dire qui unissent en eux une idée et la négation de cette idée."* [119] Sur le terrain de l'ambiguïté, la dissimulation serait de mise. Et se mentir à soi-même serait une preuve de mauvaise foi qui supposerait une bonne opinion sur soi-même que seule une critique de l'opinion pourrait faire disparaître. Dès lors, comment échapper au dilemme, à la mauvaise foi, voire aux ***contradictions*** qui animent toutes les passions ? Cela semble difficile. Les passions, d'une extrême complexité, inconscientes de certaines activités et pourtant capables de petites lucidités, éloignent en effet de toute cohérence. De plus, comme les désirs, à la fois elles cherchent et elles ne cherchent pas à être totalement satisfaites ; probablement parce qu'un manque subsiste toujours en elles, et parce que toute réussite définitive conduirait à une vie uniforme qui les supprimerait. Quoi qu'il en soit, si la raison peut nous donner la valeur plutôt juste d'un bien, la conscience exaltée du passionné, confrontée à des principes, ne parvient pas vraiment à faire disparaître les excès aberrants de l'intérêt *non moral* que chacun peut rapporter égoïstement à lui-même. Pour cela, Kant a comparé les passions à un torrent qui creuse son lit avec de plus en plus de profondeur. En tout cas, les tendances passionnelles entravent ou rendent difficiles les actions morales, c'est-à-dire la détermination de la volonté par des principes, tout en paralysant l'action normale de la raison sur une conduite.

Cependant, des résurgences du raisonnable sont parfois possibles. Par exemple, en rapportant tout à sa passion, en agissant d'une manière concentrée, le passionné peut alors construire un

---

[119] Sartre, *L'Être et le néant,* op.cit., p.95.

pont entre ses désirs personnels et un intérêt plus général. Ainsi, pour Hegel, la raison peut ruser en laissant les passions agir à sa place, notamment afin de réaliser par leur intermédiaire la chaîne rationnelle de l'Histoire universelle, c'est-à-dire afin de rendre conscientes et claires les contradictions du réel et les supprimer progressivement ! Ou bien, ayant compris, par exemple, que la colère excite en nous d'imaginaires désirs de vengeance liés à l'idée d'une fausse supériorité sur l'autre, l'homme d'honneur maîtrise sa colère en prenant l'habitude de transformer ses excès incontrôlés en des indignations argumentées. Ou bien, enfin, pour Spinoza, une compréhension claire et distincte de sa propre passion permet de faire triompher la joie inhérente à cette compréhension en dépassant ainsi toutes les idées confuses, donc inadéquates, et en échappant au désir de possession d'objets changeants et pourtant uniques qui, au demeurant, n'intéressent que la moindre partie d'une âme qui devrait plutôt se savoir et se sentir unie clairement et distinctement à la divine Nature, en un amour capable de *"devenir de plus en plus grand et d'occuper la plus grande partie de l'Âme"* [120] ; cette dernière étant éternelle.

---

[120] Spinoza, *Éthique*, V, 20.

C. L'amour créateur de l'un et de l'autre

"L'amour est à réinventer, on le sait." (Rimbaud) [121]

a) La grâce de l'amour

- *Un imprévisible don de l'infini*

Si l'on suppose que l'amour est l'expression de la Nature qui unit en elle momentanément ce qu'elle différencie ensuite, l'*un* pourra s'accorder avec le *multiple*, le *même* avec l'*autre*, et fonder ainsi le devenir affectif de toute relation positive et constructive. Dans ce cas, l'amour coordonne, sans les unifier définitivement, trois perspectives complexes, celle d'une présence de l'altérité qui ne se réduit pas à la réalité *physique* qui n'obéit qu'à des besoins naturels, voire sexuels, celle d'une possible relation affective et intellectuelle qui s'épanouit dans la volonté d'*accueillir les différences* de chaque être aimé, et celle du devenir du monde terrestre et social qui englobe les deux perspectives précédentes, soit malheureusement parfois d'une manière *passionnelle*, soit positivement en des relations affectives qui impliquent des *sublimations* éthiques, des actions *raisonnables*, voire un amour *contemplatif* de la nature.

En tout cas, dans la perspective créatrice qui est nécessaire pour accueillir toutes les différences, il ne faudra pas, même si cela est d'abord difficile, se laisser fasciner par l'apparence globale de l'autre que soi. En effet, l'amour des seules qualités particulières d'une personne n'inspire que des sentiments tronqués qui deviennent ensuite la cause des pires illusions. En conséquence, l'amour d'un être humain ne saurait être réduit à ses couleurs, à ses gestes, à un sourire, à un regard, ou à sa

---

[121] Rimbaud (Arthur), *Une Saison en enfer, Délires*, 1. Vierge folle, L'époux infernal, LDP n°498, 1963, p.117.

situation dans un beau paysage... Néanmoins, par delà sa seule présence physique, nul ne saurait être aimé à partir du seul mystère inaliénable et incomparable de son invisible singularité intellectuelle et affective. En effet, réduire l'amour de l'autre, comme Jankélévitch l'envisageait, à la découverte d'une unique et muette image centrale de sa personne, sous-estime le fait que l'amour entre les êtres humains dépend avant tout du mystère de la Nature et non de celui de l'incomparable et unique ipséité de chacun : *"L'amour est indifférent aux menus détails et aux particularités matérielles. L'amour ne veut rien savoir sur ce qu'il aime ; ce qu'il aime c'est le centre de la personne vivante, parce que cette personne est pour lui fin en soi (...) un mystère unique au monde."*[122]

Cette perspective étonnante, voire merveilleuse, est trop indéterminée et indifférenciée pour fonder un amour authentique de l'autre, notamment à partir de la rencontre de celui qui rendra possible une relation amoureuse sensible et intellectuelle avec soi dans un monde certes mystérieux, mais dont l'unicité décentrée peut créer du multiple, et inversement, comme Vladimir Jankélévitch le reconnaît d'ailleurs dans un autre texte : *"En réalité l'ego n'aime d'amour ni ce qu'il devient ni ce qu'il est, il n'aime ni ce qu'il n'a pas ni ce qu'il a : il n'aime que l'autre, et même s'il n'a pas besoin de cet autre ; oui, l'amant aime son autre parce que cet autre est indocile, contesté et décevant, parce que cet autre est à la fois proche et immensément lointain ; il aime dans l'inquiétude et il interroge anxieusement l'aimé..."* [123]

Manque pourtant à ces propos le fondement essentiel de l'amour, celui d'un don de la Nature qui dépasse chacun et qui domine chacun, celui d'un imprévisible ***contact avec l'infini*** qui est donné par la Nature comme une grâce pour les êtres finis et décentrés qui vivent dans l'éphémère sans être pour autant complètement séparés de l'éternité. Comme pour Spinoza, ce don de l'amour provient en fait de la Nature qui s'aime ainsi elle-même, tout en se donnant dans et par la ***grâce*** infinie de son amour. Et l'idée de cette grâce exprime bien l'infinité de la

---

[122] Jankélévitch, *Quelque part dans l'inachevé*, Nrf, Gallimard, 1987, p.15.
[123] Jankélévitch, *Les Vertus et l'amour,* 2, Champs/Flammarion, 1986, p.193.

Nature en ses dons indicibles et imprévisibles lorsqu'elle s'abandonne sans se perdre pour autant eu égard aux formes qu'elle crée éternellement et inconditionnellement. Cette grâce de l'infini est ainsi fondatrice, inconditionnelle, continuée et sans doute indifférente à ses effets.

Certes, le sens *religieux* de cette grâce, de ce don généreux de la Nature, pourrait faire croire que l'infini se situe dans l'au-delà de tous les mondes, voire hors de toute réalité naturelle. Mais pour l'être humain qui vit malheureusement au cœur de sa finitude mortelle, et même si la grâce de l'infini ne lui donne ses faveurs que rarement et que provisoirement, il serait absurde de faire dépendre cette grâce d'une métaphysique de la séparation, c'est-à-dire d'un don sacré qui manquerait finalement d'amour, de bonté, voire de miséricorde, puisqu'il ignorerait la valeur irremplaçable de la finitude. La grâce de l'amour est en tout cas pour nous étrangère à l'idée obscure d'un Dieu transcendant qui serait séparé de ses créations. La vérité de l'amour serait donc plutôt dans la présence ponctuelle et immanente de l'infini dans le fini, même si l'infini est ni connaissable ni représentable, car il entrelacerait toutes les réalités en faisant *naître* chacun non pour lui-même, mais pour l'amour de l'un et de l'autre, dans un mouvement fulgurant où chacun naîtrait en même temps à lui-même et avec l'autre, dans et par la grâce de l'infini qui les inspirerait ensemble.

- *La rencontre de l'autre et du monde*

C'est d'abord dans un monde complexe et indifférent que la rencontre de l'autre peut s'effectuer, non dans l'ignorance de cette complexité, mais dans la volonté de faire prévaloir les distances à parcourir et les obstacles à surmonter, par delà le caractère d'abord banal et aléatoire de toute rencontre. Plus précisément, l'amour de l'autre requiert une rencontre qui demeure inséparable de l'horizon parfois violent du monde terrestre. Mais cette rencontre situe ensuite l'autre dans un monde qui dépasse chacun, en inspirant pourtant à l'un et à l'autre de nier les déterminations qui font uniquement prévaloir la présence matérielle et indifférente des choses. Cependant, la brutalité ou la prime *indifférence* des choses du monde est celle d'un "*Cela*" qui ne dépend que d'une expérience objective et pratique, voire utilitaire, laquelle ne peut déterminer qu'un obscur contact immédiat avec la présence impersonnelle des choses. Et, dans cet état d'indifférence, l'autre, quel qu'il soit, n'apparaît que comme un "*il*" qui se trouve dans un monde en sommeil, dans un monde refermé sur lui-même et réduit à l'état de choses, c'est-à-dire au fait de la présence d'êtres totalement indéterminés.

Comment échapper à cette violence de l'indifférence des choses ? Pour Alain Badiou, par exemple, la seule rencontre entre deux êtres humains ne le permet pas vraiment, car elle crée seulement un choc contingent entre des différences étrangères qui "*n'entrent pas dans la loi immédiate des choses.*" [124] En effet, chaque rencontre de l'autre semble d'abord mystérieuse, intense, fulgurante, étonnante et imprévisible, donc "*de l'ordre du miracle*".[125] Romantique, cette rencontre est donc seulement extatique, fusionnelle. Elle n'a ni passé ni avenir. Et dans son surgissement brutal, elle ne cherche pas à reconnaître les différences entre l'un et l'autre, elle les supprime plutôt en créant une unité absolue, donc sacrée, c'est-à-dire totalement séparée des multiples nuances qui animent chacun.

De plus, cette fusion n'exprime que le triomphe d'une unité vide, fictive et définitive, en tout cas bien loin de l'amour de ce monde et de l'altérité de chaque être humain que Badiou préconise lorsqu'il interprète pertinemment l'amour comme "*une construction durable.*"[126] Alors, cette construction dépasse l'expérience aléatoire de la rencontre de l'autre en rassemblant, dans l'amour à deux du même monde, tout ce qui peut créer l'identité de l'amour comme *Sujet* de toutes les différences : "*L'amour est justement ce paradoxe d'une différence identique, alors l'amour existe, et promet d'exister encore. C'est qu'elle et moi sommes incorporés à cet unique Sujet, le Sujet d'amour, qui traite le déploiement du monde à travers le prisme de notre*

---

[124] Alain Badiou avec Nicolas Truong, *Éloge de l'amour*, Champs essais 2009, p.38.
[125] Badiou, *Éloge de l'amour*, op.cit., p.39.
[126] Badiou, *Éloge de l'amour*, op.cit., p.40.

différence, en sorte que ce monde advient, qu'il naît, au lieu de n'être que ce qui remplit mon regard personnel."[127] En réalité, pour Badiou, la construction d'un amour durable ne dépend pas d'une rencontre hasardeuse qui romprait aveuglément les déterminations de l'utile ou du rentable (y compris dans l'économie des affects), car l'amour ne saurait dépendre d'une *"confiance faite au hasard",* puisqu'il relève plutôt d'une obstination à durer, voire d'une *"aventure obstinée"* [128] qui fait triompher la nécessité sur le hasard. En conséquence, cette interprétation de Badiou refuse celle où, pour Bachelard après Martin Buber, la rencontre de l'autre était requise pour créer les conditions d'un accord positif entre l'un et l'autre à partir du pouvoir de chacun d'éveiller l'autre à l'amour de ses différences ainsi qu'à la reconnaissance des multiples formes indépassables de leur altérité, notamment au sein d'un monde où prolifèrent les différences et qui n'exclut pas le saut d'une rencontre hasardeuse vers la nécessité de la grâce d'un amour.

Dans cet esprit, Bachelard avait du reste merveilleusement évoqué l'instant où un *je* éveille discrètement un *tu* avec beaucoup de grâce : *"Mais qu'un* tu *murmure à notre oreille, et c'est la saccade qui lance les personnes : le moi s'éveille par la grâce du toi."* [129] Un *Je* s'intériorise alors pour accueillir un *Tu*, librement, bien loin de la toute première réalité passive, incomparable, fermée et brutale de la présence physique de l'autre. Et chaque *Je* s'ouvre sur un *Tu* pour lui donner à la fois son abnégation et son étonnement.[130]

Plus précisément, le mystère d'un entrelacement amoureux entre deux personnes devient alors surtout celui de deux consciences qui, pour Bachelard, les libèrent de la pesanteur des choses : *"L'efficacité spirituelle de deux consciences simultanées, réunies dans la conscience de leur rencontre, échappe soudain à la causalité visqueuse et continue des choses. La rencontre nous crée : nous n'étions rien – ou rien*

---

[127] Badiou, *Éloge de l'amour*, op.cit., p.32.
[128] Badiou, *Éloge de l'amour*, op.cit., p.41.
[129] Bachelard, Préface de *Je et tu* de Martin Buber. Ibidem, p.8-9.
[130] Bachelard évoque un mouvement commun et nuancé *"de confiance et d'étonnement."* Préface du livre de Martin Buber : *Je et tu*. Aubier, 1969, p. 8.

que des choses – avant d'être réunis." [131] Dans ces conditions, la rencontre de l'autre n'agit vraiment bien que lorsqu'elle écarte à la fois tout désir de coïncidence et toute pensée de la séparation ; la mort possible de l'autre étant pour ainsi dire suspendue. Sans fusion ni englobement, la rencontre atténue alors les différences, notamment parce que, comme l'a précisé Bachelard, *"c'est aimer profondément que d'aimer des qualités contradictoires."* [132] De plus, cet approfondissement de l'amour peut aussi réconcilier chacun avec le monde qui le contredit très souvent, sachant qu'un amour véritable entre deux êtres humains donne des couleurs et des tonalités aux choses, tout en révélant la présence nécessaire du même dans l'autre et de l'altérité dans le même : *"Que m'importent les fleurs et les arbres, et le feu et la pierre, si je suis sans amour et sans foyer ! Il faut être deux – ou, du moins, hélas ! il faut avoir été deux – pour comprendre un ciel bleu, pour nommer une aurore !"* [133]

Sans évoquer l'idée d'une grâce surnaturelle qui dominerait le réel, cet éveil de l'un par l'autre et de l'un pour l'autre n'est donc possible qu'à partir de la rencontre de l'autre. Mais cette rencontre d'un autre être humain, c'est-à-dire d'un *autre ici présent* (*alterihuic*), ne sera vraiment épanouie que si elle est désintéressée, c'est-à-dire que si elle trouve précisément sa valeur en elle-même, en échappant donc aux déterminations prévisibles de l'utilitarisme ou du pragmatisme. En effet, les conditions pratiques d'une rencontre intéressée sont trop fragiles pour permettre l'épanouissement de la relation ***asymétrique*** qui surviendra ensuite.

C'est dans cet esprit que, pour Bachelard, d'une manière singulière et quotidienne, la construction d'un amour pourra s'épanouir puis se prolonger, y compris à partir de la durée creusée par l'attente de l'autre, d'abord en renforçant cet amour déjà intense par la crainte de le perdre, puis en l'exaltant lorsque le retour de l'être aimé fera naître la joie inhérente au fait de le retrouver en dissipant toutes les craintes antérieures : *"Enivrante joie du rendez-vous ! Il suffit d'aimer assez, de craindre tout,*

---

[131] Bachelard, Ibid., p. 8-9.
[132] Bachelard, *La Formation de l'esprit scientifique*, Vrin, 1970, p.181.
[133] Bachelard, Préface du livre de M. Buber : *Je et tu.* op.cit., p.11.

d'attendre dans la plus folle des inquiétudes, pour que celle qui tarde apparaisse soudain plus belle, plus certaine, plus aimante. L'attente en creusant le temps rend l'amour plus profond. Elle place l'amour le plus constant dans la dialectique des instants et des intervalles. Elle rend à un amour fidèle le charme de la nouveauté. "[134]

Cependant, afin de satisfaire des exigences de clarté qui font fi de l'ivresse des rendez-vous, il serait préférable de produire le concept universel d'une différence bien distincte entre chacun, d'une différence qui requiert d'écarter toute fusion, tout englobement, toute coïncidence, toute réciprocité parfaite, voire toute séparation définitive avec l'autre. Dès lors, c'est à partir d'un *éveil* répété à la différence de l'autre que chacun pourra participer d'une manière asymétrique au même don généreux de l'amour, c'est-à-dire à la grâce d'un don de la Nature qui produit nécessairement dans chaque relation avec l'autre à la fois une distance objective avec lui, un éveil à sa différence singulière et une ouverture sur le monde. En conséquence, la relation asymétrique entre l'autre et soi-même n'est pas la raison véritable de l'amour, car c'est surtout hors de toute réciprocité claire entre un *je* et un *tu* qu'intervient la présence gracieuse de l'infinité de la Nature dans l'amour des distances et des différences.

- *La grâce de la Nature crée l'un et l'autre*

Dans une perspective déterminée par la grâce de la Nature, un *Je* ne naît jamais totalement à partir de lui-même, ni seulement pour lui-même, ni seulement pour l'autre ou à partir de l'autre, mais plutôt pour l'amour de l'un et de l'autre, dans la relation mystérieuse qui est précisément donnée par la ***grâce*** de l'amour, c'est-à-dire par le don imprévisible d'une nécessaire convergence naturelle de l'infini et du fini. Ainsi l'infini peut-il devenir présent en de brefs instants lorsque la simultanéité des contradictions les réduit à l'intuition d'un simple et immédiat point de rencontre fulgurant, sans qu'il soit possible de le connaître ou de le reconnaître ! Cette grâce de l'amour fait alors rayonner le fini, voire donne à ce rayonnement une dimension

---

[134] Bachelard, *La Dialectique de la durée,* PUF, 1972, p.48.

religieuse au sens païen d'une simple ouverture sur l'éternité qui, pour Nietzsche, entrelace toutes les choses à la fois avec tendresse et cruauté, comme du reste en de nombreux textes sacrés, et qui lui avait inspiré cet aphorisme : *"Ce qui est fait par amour, n'est pas moral, mais est religieux."*[135]

Dans cet esprit, la grâce de l'amour relie[136] les êtres à partir de sa propre valeur qui est souveraine puisqu'elle précède toutes les valeurs, y compris celles qui sont théologiques ou athées. Cela signifie que la puissance infinie de la grâce de l'amour peut être vécue d'une manière ***religieuse*** lorsqu'elle accueille la finitude des êtres humains, sachant que cet accueil du monde de l'autre inspire tous les autres accueils possibles, au point même où les différences le permettent, qu'elles soient faibles ou sublimées. En conséquence, l'accueil du monde de l'autre n'est pas vraiment séparé de la Nature qui détermine cet accueil, puisque tout hasard objectif et brutal est alors transfiguré par la dimension infinie, spirituelle et nécessaire de l'amour qui rayonne au sein de tous les êtres finis qui le veulent.

Certes, dans d'autres perspectives, un autre sens religieux et rédempteur pourrait être attribué à cette grâce, à ce don généreux. Alors ce sens séparerait le proche et le lointain en situant l'infinité dans l'au-delà, comme Levinas par exemple lorsqu'il évoque l'énigme d'une incompréhensible transcendance : *"Rencontrer un homme c'est être tenu en éveil par une énigme."*[137] En revanche, pour celui qui vit uniquement et malheureusement en fonction de sa dérisoire finitude mortelle, la grâce de l'infini peut sembler illusoire et vaine. Mais, lorsque ce n'est pas le cas, lorsque le monde qui détermine l'existence des êtres humains ne semble pas aussi brutalement dénudé, refermé sur lui-même, pesant et indifférent, cette ouverture rend possible un véritable pont entre la finitude humaine et la Nature invisible et infinie, et même si ladite Nature est seulement

---

[135] *"Was aus Liebe gethan wird, das ist nicht moralisch, sondern religiös."* (Nietzsche, *Ainsi parlait Zarathoustra,* Notes et aphorismes, n°67, Gallimard, Livre de poche, 1963, n° 987 et 988, p.398).

[136] Du mot latin *religare* lorsqu'il signifie relier.

[137] Levinas, *En découvrant l'existence avec Husserl et Heidegger*, Vrin, 1974, p.125.

intellectuellement pensable.[138] Cependant, la possibilité d'aimer singulièrement un autre être humain requiert toujours d'échapper à tout pragmatisme, car l'amour manifeste une puissance infinie qui ne permet aux êtres humains d'aimer toutes les différences et l'altérité de chacun que d'une manière désintéressée, donc hors de tout désir de se l'approprier. Alors, un amour terrestre pourra devenir sublime en associant chaque don à l'accueil d'un donataire par un donateur, sachant qu'un don ne se réduit pas au fait de donner, puisque de nouveaux dons sont toujours possibles, et tout en sachant qu'un accueil peut aussi impliquer un peu d'abandon de soi pour l'autre.

En fait, le plus simplement possible, dans l'événement de cette libre relation, ce qui est donné par la nature n'est pas seulement le don de quelque chose pour l'un ou pour l'autre, mais surtout la mise en relation de l'un et de l'autre, celle du donateur et du donataire. Certes, le don mystérieux de cette relation n'est jamais complet. Il est en devenir, il tend vers de nouveaux échanges et partages qui pourront le rendre encore plus ouvert. En effet, dans chaque situation, le don crée la présence de l'un et de l'autre, puis celle de l'un pour l'autre à partir d'une absence antérieure où chacun s'ignorait, mais sur un fond naturel complexe qui fait pourtant surgir la possible présence commune de l'un et de l'autre, tout en faisant rayonner chaque finitude au delà d'elle-même.

Cela signifie, par delà toute errance funeste, qu'une relation avec l'autre révèle d'abord cet autre en fonction de son absence antérieure, puisqu'elle ne le fait intervenir ni comme un objet nécessaire pour fonder cette relation ni comme le sujet qui créerait librement et totalement cette présence. Ensuite, en découvrant l'autre au delà de son absence, l'événement de cette relation dépasse les failles inhérentes à la finitude de l'autre, voire à son enfermement dans sa propre finitude ; car cette dernière est niée par la puissance infinie du don qui rend possibles de nouvelles relations, par delà la finitude des êtres que ce don dépasse. Comment ? En réalité, tout ce qui dépasse cette relation avec l'autre après l'avoir fondée n'est ni étranger, ni

---

[138] Comme pour Wittgenstein (Ludwig) : *"Nous ne pouvons nous imaginer l'infinité que dans nos pensées"*, *Le Cahier brun*, Tel Gallimard, 1996, p.156.

extérieur, ni supérieur à cette relation. Et, si transcendance il y avait, rien ne pourrait fonder clairement la nécessité de ce dépassement. Toute affirmation absolue serait en effet à la fois excessive et mythique. Or, lorsque s'instaure une relation entre un donateur et un donataire, rien ne commence absolument, c'est-à-dire d'une manière unique et séparée, parce que cette relation est reliée aux diverses formes d'ouverture que chacun peut effectuer dans ses échanges avec le monde, avec la nature et avec d'autres êtres humains. Rien de plus, rien de moins, mais peut-être toujours la même nécessité naturelle qui manifeste ainsi ses variations un peu partagées au sein de son propre devenir.

b) L'amour-création

- *Les deux concepts de l'amour créateur*

D'un point de vue général, *créer* c'est donner à penser ou à sentir quelque chose de nouveau, soit d'une manière formelle, soit physiquement, en tout cas selon un processus imprévisible et toujours ouvert. Dès lors, l'idée d'une création ($ποίησις$) est-elle séparable de l'amour ? Assurément non, même si les formes créées peuvent être différemment aimées, voire appréciées par les êtres humains, car dans un total état d'indifférence aucune nouveauté n'apparaîtrait. Pour éviter cette situation absurde, il faut donc associer l'amour et la création, c'est-à-dire affirmer qu'il n'y a création que dans l'amour, même s'il peut y avoir de l'amour sans création, par exemple dans le fait de recevoir passivement un don. Or, plus précisément, cet amour créateur est l'action même de l'évolution incessante de la vie, y compris de la vie de l'esprit, car, par exemple pour Simmel, la vie engendre toujours davantage de vie, un excédent de vie, voire *plus que la vie* : *"L'essence la plus profonde de la vie est de se dépasser et de créer à partir de soi ce qui n'est plus soi, de poser son autre..."* [139] Dans cet esprit, comme Vladimir Jan-

---

[139] Simmel (Georg), *Philosophie de l'amour*, op.cit., pp.127-128.

kélévitch l'a souligné, l'amour est *"littéralement une poésie, ποίησις"*,[140] c'est-à-dire un vif sentiment qui exprime un lien fondamental, heureux, stimulant, imprévisible, brut et étrange entre les mots (ou les images) d'un monde fictif et les forces primitives de la vie de ce monde terrestre. Et, inversement, chaque création implique l'amour de ce qui la rend possible, y compris dans ses débordements, puisque comme pour Spinoza *"l'amour et le désir sont sujets à l'excès."* [141]

Cependant, le concept générique de *l'amour créateur* [142] a deux facettes inséparables, l'une objective, l'autre subjective ; chaque être humain faisant prévaloir à sa manière singulière l'une ou l'autre. Dans la première perspective, celle de Bachelard par exemple, *"l'amour n'est qu'un feu à transmettre."*[143] Cela signifie, objectivement, qu'un acte d'amour crée le passage d'une force matérielle vers une autre, en augmentant ou en diminuant sa puissance, mais sans aucune nouveauté possible. L'art fait ainsi aimer un ajout qui, pour Bachelard, *greffe* [144] un morceau de nature sur un autre.

Alors, la chaleur de cet amour brûlera à l'intérieur des choses en une contagieuse *"sympathie thermique"* où chacun pourra partager *"la chaude intimité"* [145] des apparences terrestres. Dans cet esprit, une création n'est plus qu'une production qui permet surtout de *"hausser le réel d'un ton"*, sans inspirer un modèle absolu qui dépasserait toutes les mesures, y compris celles qu'une pensée imagine lorsqu'elle crée des totalités fictives ou qu'elle se contente de rêver. Cependant, cet ajout n'est pas statique, car de ce point de vue matériel, la greffe d'un morceau de nature transforme la perception de son objet en une rêverie qui engendre, pour Bachelard, *"une grande dilatation psychique"*. [146] Puis, d'une manière libre, inattendue et hésitante, un amour créateur de ses nouvelles rêveries les étire ou les

---

[140] Jankélévitch, *Les Vertus et l'amour,* 2, op.cit., p.218.
[141] Spinoza, *Éthique,* IV, prop. XLIV.
[142] Comme l'affirmait Novalis dans *Les Hymnes à la nuit,* IV.
[143] Bachelard, *La Psychanalyse du feu,* op.cit., p.48.
[144] *"L'art est de la nature greffée."* (Bachelard, *L'Eau et les rêves,* Corti, 1971, p.15).
[145] Bachelard, *La Psychanalyse du feu,* op.cit., p.70.
[146] Bachelard, *La Poétique de la rêverie*, PUF, 1960-1971, pp.89-90, 102-103.

resserre : *"La rêverie travaille en étoile. Elle revient à son centre pour lancer de nouveaux rayons."* [147] Les êtres humains aiment en effet l'art qui attise des rêveries capables de les rendre plus créatifs et plus ouverts sur toutes les complexités de ce monde.

De plus, chaque forme rêvée avec amour entraîne une valorisation des choses terrestres qui implique d'apprécier les faiblesses des choses avant de chercher éventuellement à les transfigurer ou à les corriger. En conséquence, si très souvent une forme expressive de l'amour peut faire effectivement penser à un feu à transmettre, ce point de vue n'exclut pas que dans ses échanges les plus ardents, un créateur puisse aussi aimer transmettre des forces moins destructrices et plus contrôlées. Un amour créateur ne serait donc pas uniquement un engendrement qui prolongerait les déterminations d'une existence en les extériorisant, voire en les renforçant, car ce seraient aussi les forces déséquilibrées de ce monde qui auraient rendu possible le surgissement d'une chose nouvelle, laquelle appartenait pourtant déjà, sous une forme certes différente, au don permanent et inconditionnel que la Nature effectue sur elle-même en rassemblant ses multiples créations.

D'un autre côté, plutôt subjectif qu'objectif, l'amour crée d'abord du nouveau dans un sens non absolu, puisqu'il ne s'agit pas de faire mystérieusement naître *ex nihilo* quelque chose à partir de rien, comme l'Éternel dans la Bible, mais surtout de faire surgir de nouvelles relations. L'amour peut être alors conçu dans le sens relatif qui consiste à créer quelque chose à partir d'un premier chaos de **points de vue** possibles, ce *quelque chose* pouvant répondre à un désir de cohérence intime ou à une volonté d'ordonner les choses, soit conformément à une exigence singulière originale, soit à une nécessité plus objective. Dans le premier cas, pour Nietzsche par exemple, l'ardeur de ses propres actes créatifs, animée par son *"propre brasier,"* [148] a pu ensuite faire surgir des étoiles dansantes, car seule l'extension rayonnante de son propre vouloir-vivre créatif était vraiment susceptible d'être aimée. Dans le second cas, pour Kandinsky,

---

[147] Bachelard, *La Psychanalyse du feu,* op.cit., pp. 13, 36, 40, 44, 144, 148.
[148] Nietzsche, *L'Antéchrist,* § 53.

les formes se spiritualisent lorsque l'amour les inspire, c'est-à-dire sans les déterminer par une autre cause que celle de la création de leur propre rayonnement sensible et intellectuel. Et, dans les deux cas, à partir du déséquilibre inhérent à chaque mystérieux et inexplicable changement de perspective, tout créateur sent et sait que son propre vouloir accomplit quelque chose qui le dépasse. Cet amour créatif est ainsi inséparable de l'expression en devenir d'une singularité vers sa mystérieuse, impensable et lointaine perfection, ainsi que vers celle de la Beauté des choses créées.

Au demeurant, dans une perspective subjective, subsiste toujours un déséquilibre important qui provient d'un déficit entre celui qui crée et ce qui est créé. En effet, dans chaque amour créatif, le sujet éprouve un rapport déséquilibré entre sa propre finitude et sa propre création qui la dépasse. L'exprimant est en réalité bien loin d'être contenu dans ce qu'il exprime. Subsistent toujours des manques, des retraits, des distances, des réserves, des déséquilibres, voire des éloignements, du reste comme pour Novalis lorsqu'il affirmait : *"Dans l'éloignement tout est* poésie – poème. *Action à distance. Lointaines montagnes, hommes lointains, lointaines circonstances."* [149] Or ce sont précisément ces *écarts* entre diverses perspectives possibles, entre ce qui est donné et de multiples transformations virtuelles, qui rendent une singularité extraordinairement créatrice. La force de l'amour inspire ainsi très diversement chaque acte créatif, et parfois mystérieusement lorsque le sentiment d'un dépassement prévaut sur la présence objective des formes qui apparaissent dans les divers décors de la terre.

Alors, sans sombrer dans un fétichisme absurde, qui pourrait accepter de se laisser uniquement fasciner par telle ou telle forme particulière déjà réalisée ? Pour échapper à toute fusion illusoire avec le monde objectif, chaque nouvelle création humaine, inspirée par les forces intenses de l'amour, ne peut ensuite que chercher à équilibrer les formes qui expriment sa joie de créer, puis désirer soit un accroissement de ses forces, soit leur renforcement, soit leur maîtrise. Dans ce contexte, un créateur ne cherche plus seulement à participer aux forces

---

[149] Novalis, *L'Encyclopédie*, Minuit, 1966, p. 66.

objectives de ce monde, il désire aussi les rassembler en atténuant leurs déséquilibres ou leurs feux dévorants. Pourtant, c'est toujours dans l'amour de ce monde, d'un monde vraiment habitable avec ses toujours nouvelles formes, qu'un créateur puise réellement l'énergie nécessaire pour rendre possibles ses dépassements, par delà les forces et les faiblesses des choses naturelles. Pour cela, il lui suffit de rapporter, l'amour des formes aidant, les apparences finies du monde terrestre à l'infinité de la Nature qui anime éternellement tous les mondes. En tout cas, l'acte nouveau, indivisible et vital qui pose la présence de chaque pensée *pensante*, en même temps qu'une pensée *pensée*, crée intimement et diversement chacun en le rendant plus créateur, c'est-à-dire en rapportant, par cet amour, le créateur à la puissance parfaite de la Nature.

- *L'amour des multiples perspectives singulières de l'art*

Avant d'être technique, en tant que ***langage*** singulier, plus sensible qu'intellectuel et plus énigmatique qu'univoque, l'art est fondamentalement créatif. En effet, ses formes, ses couleurs, ses sonorités ou ses mots dépassent toutes les réalités naturelles en les rendant non seulement singulières, mais surtout en soulignant un écart considérable avec elles. Or cet ***écart*** que découvre d'abord chaque artiste, entre le vocabulaire de la nature et le sien, est renforcé par les diverses significations qu'il rend possibles pour chaque récepteur. Pourtant, cet écart entre l'art et la nature, le monde singulier d'un artiste et le monde des choses naturelles, est véritablement ce qui suscite un amour créatif et imprévisible de toutes les différences, y compris extrêmes, comme l'amour entre l'un et le multiple, l'identité et l'altérité, l'ancien et le nouveau, la présence et le manque, le temporel et l'intemporel... Ainsi, l'amour des formes de l'art, certes préphilosophique, est-il créatif lorsqu'il relie, certes de manières changeantes, tous ces écarts, toutes ces différences, tout en procurant chaque fois le plaisir désintéressé d'osciller entre deux mondes néanmoins inséparables (visibles et invisibles) ! Et ces écarts permettent à chaque artiste de privilégier l'un ou l'autre, soit en fonction d'un clair désir de vérité supérieur à toutes les illusions (Cézanne), soit en fonction d'un mentir-vrai (Aragon) qui aime ses feintes, même pathétiques, ses envoûtements et ses ambiguïtés, notamment lorsque le doux mensonge de la sonorité des mots, comme le pensait Nietzsche, altère la possibilité de conceptualiser sans empêcher d'aimer ce manque de sens : *"Les sons font danser notre amour sur des arcs-en-ciel diaprés."* [150]

Dans ces conditions, les formes artistiques peuvent entrelacer leurs devenirs incertains en fonction de possibles accords rythmés entre les sons et les couleurs du monde : *"Au bruit des sons, notre amour danse sur des arcs-en-ciel multicolores."* [151] Ainsi les œuvres d'art donnent-elles soit à aimer la nature dans ses vérités à partir de leurs créations de sens, soit à aimer l'absurde épreuve d'un lien avec l'impossible en fonction de maquillages, de vaines parures ou de quelques masques décoratifs !

En effet, lorsque la simulation domine dans l'art, l'amour de ses formes énigmatiques et dérisoires ne concerne que des **simulacres**, que des reflets lointains et affaiblis des êtres naturels, ou que des apparences artificielles qui semblent se jouer de leurs aspects dérisoires dans l'attente éventuelle d'un possible retour de leur valeur perdue. Certes, ce manque d'être n'est pas définitif, il crée ensuite un pont avec la plénitude d'être que la puissance de l'amour lui inspire nécessairement pour le rendre créatif. Alors, le devenir du jeu des formes, comme celui de l'imagination avec l'entendement chez Kant, comme celui de l'amour entre les êtres humains, s'accompagne d'un plaisir sans fin et désintéressé qui requiert alors, pour Jankélévitch, un équilibre entre des forces volontairement dosées et atténuées : *"Plus il y a d'être, moins il y a d'amour. Moins il y a d'être, plus il y a d'amour. L'un compense l'autre. (...) il s'agit de faire tenir le maximum d'amour dans le minimum d'être et de volume ou à l'inverse, de doser le minimum d'être ou de mal nécessaire compatible avec le maximum d'amour."* [152]

En revanche, lorsque l'amour des formes est remplacé par l'amour de sa propre créativité, quel que soit l'objet produit ou exhibé (un *ready-made* par exemple), cette sorte de révolte ne

---

[150] Nietzsche, *Ainsi parlait Zarathoustra,* Le convalescent, 2.
[151] Nietzsche, Ibidem.
[152] Jankélévitch, *Le Paradoxe de la morale,* op.cit, p.150.

cherche pas à imiter un ***modèle*** naturel,[153] car elle refuse spontanément tous les modèles, y compris celui de la remarquable singularité d'un artiste. Et, c'est la seule créativité, même dans ses provocations destructrices et dans ses bizarreries, qui est aimée dans sa toute-puissance débordante, et non les idoles que les historiens de l'art déposeront dans les Musées.

De plus, par delà mensonges, simulacres ou révoltes, l'amour de l'art peut également créer, dans d'autres perspectives, un ***lien*** sensible et heureux avec la nature, sans pour autant chercher à l'imiter, car ladite nature s'exprime elle-même en créant indirectement dans ses formes multiples un jeu indéfini entre ce qui apparaît et ce qui se dérobe, tout en témoignant d'une ***union*** complexe entre des épreuves sensibles et intellectuelles dont chacun ignore les limites. Dans ces conditions, ce qui est perçu dans une œuvre d'art est aussi imaginé, ce qui est imaginé est également perçu, ce qui est présent dans la mémoire s'efface un peu, et ce qui est effacé inspire encore. L'art donne ainsi à penser, à imaginer, à mémoriser et à sentir d'une manière incontrôlée sa très glorieuse réalité, entre superficialité et profondeur, loin de toute fausseté ou de toute simulation mensongère, en permettant à chacun de sauter d'une forme sonore ou imagée à une autre, et sans trouver un possible achèvement dans ce devenir créatif, hormis dans le bref plaisir d'y participer à chaque instant. En effet, l'amour des formes de l'art rapporte joyeusement le propre *moi* de l'artiste à un autre monde, loin de la banale répétition des faits ordinaires qui manquent de force, car c'est bien la puissance des formes nouvelles qui est aimée dans l'art parce qu'elle relie les formes sensibles, dynamiques et complexes de la nature d'une manière singulière, ravissante ou émouvante, par exemple à la manière de Cézanne lorsqu'il pensait pouvoir toucher les profondeurs du monde : *"Ma toile pèse, un poids alourdit mes pinceaux. Tout tombe. Tout retombe sous l'horizon. De mon cerveau sur ma toile, de ma toile vers la terre. Pesamment."* [154] Les images, les sonorités et

---

[153] Comme Diderot, par exemple, dans le Salon de 1765, Œuvres complètes, t.VI, p.16.
[154] Cézanne à Joachim Gasquet, *Conversations avec Cézanne,* Macula, Paris, 2011, p.194.

les mots de l'art font ainsi aimer chaque dépassement créatif où des êtres humains ont ajouté des formes plus vivantes et plus expressives à celles du devenir variable et incertain de ce monde. En tout cas, l'amour entrelace toutes les forces créatrices en les rendant plus intenses, condensées, significatives, voire unifiées, par exemple en des manières expressives et symboliques qui transfigurent l'inachevé et l'éphémère.

Alors chacun peut aimer, comme dans un tableau de Turner, les apparences floues, suggestives, fuyantes, indéterminées, fugaces, insaisissables, vaporeuses ou brumeuses qui vibrent en suspens, entre proche et lointain. Ou bien l'amour créatif de la divine Nature peut rendre possible, comme ce fut le cas pour Cézanne, d'unir les formes condensées des choses à leur fraîche évaporation, précisément *"pour vivre d'une moitié humaine, moitié divine, la vie de l'art."* [155] Dans ces conditions, en une ultime réconciliation, l'amour de l'indéfini est dépassé par l'amour de l'infini qui rend possible de nouer un dialogue secret entre toutes les choses et d'annoncer de nouveaux mondes, sans doute encore plus étranges et plus merveilleux…

- Nietzsche et la création de son propre monde en devenir

Considérée dans son devenir, la Nature a été pensée par Nietzsche comme éternelle, mais son éternité a d'abord été vécue par lui cruellement et subjectivement, car elle lui apparaissait surtout comme *"le plus sévère des tyrans"*.[156] Cela signifie que cet *Être en devenir*, qui est volonté de puissance et éternel retour, n'entrait pas dans les catégories finies qui permettraient à l'homme de le penser simplement et clairement. En fait, l'*Être* éternel de la Nature peut être interprété différemment par chacun, mais, pour Nietzsche, l'Être n'est que le mot qui désigne une fiction impertinente du Tout, le plus souvent la cause d'opinions, d'erreurs ou d'illusions. En tout cas, le mot « *Être* » risque de figer d'une manière abstraite l'interprétation du devenir imprévisible des forces terrestres ainsi que leurs *"fulgurations (…) dont la puissance croît et décroît*

---

[155] Cézanne à Joachim Gasquet, *Conversations avec Cézanne,* op.cit., p.188.
[156] Nietzsche, *Seconde considération intempestive,* p.133.

sans cesse." [157] Le mot « *Être* » ne serait donc pertinent que pour désigner une réalité déjà donnée, établie, instaurée, alors que la Nature accumule des forces sur un point, pour diminuer sur un autre, et sans réaliser un équilibre suffisant pour interrompre son devenir éternel.

Pour ces raisons, Nietzsche a remplacé le mot «Être» par le concept de l'*éternel devenir,* notamment afin de réduire les illusions inhérentes au langage et à la passivité de la pensée. Les mots se situent en effet au-dessus des choses comme des arcs-en-ciel ; ils masquent ainsi la Puissance, sans commencement ni fin, de l'impensable devenir éternel de la Nature dont chaque interprétation sera toujours inachevée. Dire l'être de ce devenir consistera alors à affirmer une réalité qui n'a pas de fin, c'est-à-dire l'impossibilité d'un arrêt sur une essence pure, et non de révéler la présence d'un *"je ne sais quoi"* qui caractériserait une éventuelle *"chose en soi"*.[158] Cette présence instable et incertaine des choses inspire donc au philosophe de la concevoir comme une expression complexe et fondamentale de la réalité du devenir qui divise pour unifier et qui unifie pour diviser, tout en se concentrant chaque fois sur de nouvelles synthèses : *"Je ne puis comprendre qu'un être à la fois un et multiple, changeant et permanent, connaissant, sentant, voulant – cet être est pour moi le fait fondamental."*[159]

En conséquence, sachant qu'un équilibre final entre la coordination et la dispersion est impossible, puisque dans le cas contraire il aurait déjà eu lieu depuis bien longtemps, cette lutte de la création avec ce qui la nie subordonne l'unité au multiple, et inversement, notamment lorsque les forces créatrices ont atteint un niveau suffisamment élevé : *"À une hauteur correcte, tout s'assemble au-dessus de l'un : les pensées du philosophe, les œuvres de l'artiste et les bonnes actions."* [160] Chaque *force*

---

[157] Nietzsche, *La Volonté de puissance*, *(Der Wille zur Macht)* Œuvre posthume, Trad. G. Bianquis. Paris, NRF. Gallimard, 1942, t. I, liv. II, § 58, pp. 218-219.
[158] Nietzsche, *La Volonté de puissance*, t. I, liv. II, § 204, p. 100.
[159] Nietzsche, *La Volonté de puissance*, t. I, liv. II, § 172, p. 253.
[160] Nietzsche, *Le Livre du philosophe,* § 16. - *In einer rechten Höhe kommt alles zusammen und über eins – die Gedanken des Philosophen, die Werke des Künstlers und die guten Taten.*

intellectuelle et sensible, bien qu'elle soit fluide et multiple dans ses qualités, bien qu'elle ne soit pas nécessairement soumise à des quantités préétablies qui tendraient à se conserver, et bien qu'elle soit pourtant mesurable, manifeste toujours une certaine distance à l'égard de multiples autres forces. Et, dans l'espace fini du monde terrestre, la qualité changeante de chaque force échappe à tout constat, se tient à distance d'elle-même ainsi que des autres forces : *"Nous nous interdisons le concept d'une force infinie, comme inconciliable avec le concept de* force.*"* [161] Cette dernière est ainsi le repère d'une réalité finie qui aurait une infinie volonté de puissance comme *complément.* [162]

Plus fondamentalement, pour Nietzsche, la connaissance vraie a deux sources, celle de la logique qui conduit au mensonge, et celle de l'amour, qui est *"la preuve de la force".* [163] Cette seconde source, par lui privilégiée, détermine un amour singulier pour cette terre, pour ce monde-ci, tout en valorisant l'enchevêtrement créatif et joyeux des forces contradictoires de la vie, et même s'il est important de faire parfois prévaloir les plus grandes forces, notamment celles qui sont dionysiaques, en même temps que la capacité du faux qui les exprime en les dépassant. Mais, lorsque cela n'était pas le cas, la vaine recherche des causes a été remplacée par l'amour de l'enchevêtrement de toutes les choses.

Et toujours, c'est l'amour de la vie, y compris dans ses excès, qui rend possibles toutes les créations. Certes, parfois, ce fut d'une manière plutôt effrayante, mais toujours créatrice, que de constants débordements imprévisibles ont conduit Nietzsche à préférer l'amour des lointains à celui du prochain, tout en fuyant ainsi les réalités trop ordinaires de cette terre : *"Plus haut que l'amour du prochain se trouve l'amour du lointain et du futur. Plus haut encore que l'amour de l'homme, je place l'amour des choses et des fantômes."*[164] La force de l'amour embarque en

---

[161] Nietzsche, *La Volonté de puissance*, t. I, liv. II, § 310, p. 293.
[162] Nietzsche, *Ibidem*, t. I, liv. II, § 309, p. 293.
[163] Nietzsche, *Le Livre du philosophe*, § 72.
[164] Nietzsche, *Ainsi parlait Zarathoustra*, De l'amour du prochain. *"Höher als die Liebe zum Nächsten ist die Liebe zum Fernsten und Künftigen ; höher noch als die Liebe zu Menschen ist die Liebe zu Sachen und Gespenstern."*

effet avec elle toutes les forces qui font partie du devenir de la nature, y compris celles qui sont destructrices: *"Toutes choses sont enchaînées, enchevêtrées, unies par l'amour."* [165] Cela signifie que la force de l'amour qui entrelace toutes les réalités le fait d'une manière cruciale en associant la lumière d'Apollon, claire, simple, légère, ensoleillée, c'est-à-dire méridionale, à l'ivresse dionysiaque inhérente à des forces créatrices qui ne sont pas toujours maîtrisées.

Dès lors, la force de l'amour unifie parfois, en une fusion de l'un avec le multiple, création, partage et connaissance : *"Toute création* (Schaffen) *est partage* (Mitteilen). *Celui qui connaît* (Erkennende), *celui qui crée* (Schaffende), *celui qui aime* (Liebende) *ne font qu'un."* [166] L'amour de l'homme pour les forces de la terre ne suffit donc pas. Il requiert également un dépassement, un éloignement ou une transgression de ces forces, ces dernières étant du reste parfois indifférentes, incapables de se conserver et pourtant créatrices. Et toujours, cet amour préfère l'accroissement de la puissance, c'est-à-dire une participation à l'intense affirmation de la Nature qui néglige la dépense de ses forces, sachant que seule l'extension d'un vouloir-vivre créatif est susceptible d'être aimée par le disciple de Dionysos.

Plus précisément, pour Nietzsche, le sentiment de l'amour lui a donné, avec un peu de haine souvent inévitable, le sens de la grandeur, de la hauteur et de la distance, afin d'apprécier son ennemi et lui pardonner ses fautes en le bénissant. Il ne s'agissait pas d'un mouvement altruiste, mais de produire une vertu qui entendait *naturaliser* la morale sans pour autant atténuer l'intensité de ses aspirations : *"La grâce* (Die Anmut) *fait partie de la générosité* (Großmut) *de celui qui a une pensée élevée* (des Großgesinnten).*"*[167] Ainsi, cette générosité, cette patiente indulgence des grands esprits, apportait une preuve importante de l'efficacité de l'amour dans et par de bonnes actions : *"Car*

---

[165] Nietzsche, *Ainsi parlait Zarathoustra*, Le Chant d'ivresse, 10.
[166] Nietzsche, *Notes et aphorismes*, *Ainsi parlait Zarathoustra*, aphorisme n°172, p.419 : *"Alles Schaffen ist Mitteilen. Der Erkennende, der Schaffende, der Liebende sind Eins."*
[167] Nietzsche, *Ainsi parlait Zarathoustra,* Des hommes sublimes.

l'homme ne saurait créer qu'en amour ; abrité par l'illusion de l'amour, il aura la foi absolue en la perfection et la justice. "[168] De plus, la force d'une pensée humaine indulgente pour autrui est naturellement inséparable d'une nécessaire volonté de se réaliser d'abord grandement soi-même, ce vouloir ne devant pas manquer de bienveillance pour l'autre, et même si cette *bienveillance* excluait, pour Nietzsche, toute forme de réciprocité. En conséquence, afin de combler ce manque, il faut d'abord aimer son propre monde en le créant, et le créer en l'aimant, tout comme Zarathoustra dont l'âme avait créé sa propre lumière en voulant *"sauter dans son soleil"*.[169] Alors, l'amour du monde terrestre pourra créer un réel accroissement de ses propres forces, tout en permettant de participer à l'intense affirmation de la Nature, dite Volonté de puissance, qui néglige d'ailleurs la dépense de ses forces, sachant que seule l'extension d'un vouloir-vivre créatif est susceptible d'être aimée.

Dès lors, il faut seulement trouver quelques forces au sein de l'amour de la vie, même avec un peu de haine, et, pour cela, il n'est pas superflu de suivre la pensée du philosophe pas à pas. Or, c'est dans la vigueur de sa pensée authentique et créatrice que son amour du destin de la terre a voulu, pour l'éternité, à la fois le déclin de sa propre vie, sa disparition, mais aussi son retour. Et, pour que ce retour soit possible, il fallut qu'une affirmation de toutes les forces de la vie crée, sur le fond d'un parfait devenir fatal, un *oui* éternel capable de rythmer tout ce qui est donné, et d'aimer tout ce qu'il adviendra ensuite. De plus, cette perfection (en grec *entelecheia*) du destin était inséparable d'un amour efficace pour tout ce qui facilite l'action bienfaisante des forces naturelles. Cela signifie que cette action devra être aussi accomplie que dans l'instant où une rose, totalement éclose, semble participer à la gloire de la Nature naturante, tout sachant que pour Nietzsche, *"c'est la vie, la vie seule, cette puissance obscure qui pousse et qui est insatiable à se désirer*

---

[168] Nietzsche, *Seconde considération intempestive, De l'utilité et de l'inconvénient des études historiques pour la vie,* 1874. Trad. Henri Albert, GF-Flammarion, 1988, n° 483. § 7, p. 133.
[169] Nietzsche, *Ainsi parlait Zarathoustra*, Des hommes sublimes.

elle-même."[170] Néanmoins, pour le prophète de Zarathoustra, l'amour de la vie ne sera suffisant que s'il est créatif, c'est-à-dire l'expression d'une subjectivité qui se dépasse elle-même en *se réalisant* et *en réalisant ainsi les forces vitales de la Nature* qui s'accomplissent innocemment et divinement : *"Au fond de nous-mêmes nous possédons une vie véritable."* [171] Cette vie, une vie exubérante, triomphante ou ivre, nourrit en effet la force de sa propre créativité qui ignore toute limitation éthique en son sein, comme l'ascétisme, le devoir, le bien, le mal. Au delà de ces repères négatifs, l'innocence vivifiante du devenir de toutes les choses pourra alors associer *aimer*, *connaître* et *créer*, tout en entrelaçant et en accordant la nature et le philosophe : *"Car la mer veut être baisée et aspirée par le soleil altéré ; elle veut devenir air et hauteur et sentier de lumière, et lumière elle-même ! En vérité, pareil au soleil, j'aime la vie et toutes les mers profondes. Et ceci est pour moi la connaissance : tout ce qui est profond doit monter à ma hauteur !* "[172]

Pour le dire autrement, l'amour de l'efficacité, voire du débordement parfois mensonger ou illusoire de la vie, a donné à Nietzsche la preuve que toute création devait reconnaître l'importance de l'erreur dans toutes les connaissances finies, notamment pour ne pas faire prévaloir les organes bornés des êtres humains sur la puissance des forces vitales : *"Personne n'aura de doutes, la vie est la puissance supérieure et dominatrice, car la connaissance, en détruisant la vie, se serait en même temps détruite elle-même."*[173] Puis, au delà du *"froid démon de la connaissance"*[174] qui ignore les entrelacements de la création artistique ou intellectuelle avec la puissance de l'amour de la nature, Nietzsche a effectué un déplacement métaphorique du *pathos* de la vérité vers la création de son propre monde : *"Votre raison, votre imagination, votre volonté, votre amour doivent devenir ce monde ! Et, en vérité, ce sera pour*

---

[170] Nietzsche, *Seconde considération intempestive,* op.cit., p. 100.
[171] Nietzsche, *Seconde considération intempestive,* op.cit., p. 173.
[172] Nietzsche, *Ainsi parlait Zarathoustra,* De l'immaculée connaissance.
[173] Nietzsche, *Seconde considération intempestive,* op.cit., p. 175.
[174] Nietzsche, *Seconde considération intempestive,* op.cit., p. 123.

votre félicité, à vous qui cherchez la connaissance !" [175] Le monde ainsi créé par le philosophe lui a ainsi permis de concrétiser la force de son amour de la vie en l'associant à une métaphore de la ***femme*** qui est, en fait, inséparable du devenir de la nature. Pourquoi ? Sans doute parce que la figure du féminin peut symboliser le mélange de douceur et de cruauté que l'on retrouve dans l'expression des forces vitales de ce monde, d'une manière à la fois charmante et rude, attirante et repoussante : *"Eh oui, la vie, la vie est femme !"* [176]

Dans ces conditions, la figure de la femme est un remarquable symbole de la vérité de la vie dont les apparences complexes font éclore l'amour de toujours nouvelles différences à partir de son mystérieux devenir. Plus généralement, la femme évoque, comme la vie elle-même dans ses manifestations les plus communes et les plus secrètes, au delà de la simple *procréation*, d'abord une certaine *complexité* inséparable de cruels combats contre le masculin, ensuite une certaine *cruauté* due à l'innocente fusion de sa spontanéité avec la fatalité, enfin une *distance* jamais vraiment saisissable, mais présente dans chaque apparence rêvée ou dans chaque *dissimulation* ; en effet, par intelligence ou par bêtise, avec un peu de *pudeur*, la femme, même exhibée, demeure toujours partiellement voilée.

Ensuite, les concepts qui associent la femme et la vie sont rassemblés par Nietzsche, à la manière biblique, comme une sorte de don du *"serpent de la connaissance"*[177] dont les concepts évolutifs ne se réduisent pas à la psychologie, ni aux sciences positives du visible, car les figures du féminin échappent à toute détermination rigide en manifestant leurs remarquables métamorphoses et en facilitant de toujours nouvelles adaptations affectives : *"Les femmes deviennent par amour tout à fait ce qu'elles sont dans l'idée des hommes qui les aiment."* [178] En tout cas, le mot de l'énigme de la vie concernant la femme renvoie toujours et surtout à celui de *"grossesse"*. [179]

---

[175] Nietzsche, *Ainsi parlait Zarathoustra,* Sur les Îles bienheureuses.
[176] Nietzsche, *Le Gai savoir*, § 339.
[177] Nietzsche, *Ainsi parlait Zarathoustra*, De la vertu qui donne, 1.
[178] Nietzsche, *Humain trop humain*, t. II, §400.
[179] Nietzsche, *Ainsi parlait Zarathoustra,* «Des femmes, vieilles et jeunes».

Quoi qu'il en soit, Nietzsche, ce philosophe solitaire qui écrivait d'abord pour lui-même,[180] a surtout beaucoup rêvé autour de multiples images de la femme, très probablement parce qu'il ne parvenait pas à transfigurer son désir conjoint de la femme et de la vérité autrement qu'en transgressant les oppositions simplistes des métaphysiques dogmatiques qui ignorent comment la force inhérente à l'amour de la vie peut se transformer en se concrétisant et en créant le charme de la vie, lequel requiert nécessairement la présence de la femme : *"Mais peut-être est-ce là le plus grand charme de la vie ; elle porte sur soi, brodé d'or, un voile prometteur, défensif, pudique, moqueur, compatissant, et tentateur, de belles possibilités."*[181]

Cela signifie que, pour Nietzsche, eu égard à ses apparences changeantes, mystérieuses et prometteuses, le charme de la vie, tout comme celui des femmes, enchante parce qu'il stimule l'imagination qui modifie l'apparence des choses : *"Il lui arrive parfois de voir passer auprès de lui des êtres paisibles et féeriques dont il envie la retraite et le bonheur :* ce sont les femmes. *Il n'est pas loin de songer alors que son meilleur moi demeure là-bas, auprès d'elles."*[182]

En effet, le magnifique devenir des apparences de la femme crée un réel et innocent enchantement qui fait mieux désirer, mieux rêver et mieux apprécier le charme inhérent à toute distance : *"L'enchantement et l'effet le plus puissant des femmes (der Zauber und die mächtigste Wirkung der Frauen), c'est, pour parler le langage des philosophes, une «actio in distans»,* une action à distance *: et cet effet nécessite avant tout précisément – une* distance *!"*[183]

D'une manière plus générale, concernant la Nature, le concept d'*innocence* peut qualifier la vérité de son devenir global parce que cette vérité précède toutes les valeurs éthiques de l'*humain*. En effet, la puissance infinie de la Nature est innocente parce qu'elle est, comme un enfant, indifférente à tous ses effets, qu'ils

---

[180] *"Mihi ipsi scripsi"* (*J'ai écrit pour moi-même*) : Nietzsche, *Lettre à Rohde* du 15/07/1882.
[181] Nietzsche, *Le Gai savoir*, § 339.
[182] Nietzsche, *La Volonté de puissance*, op.ci., t. II, liv. 2, § 122.
[183] Nietzsche, *Le Gai savoir*, § 60.

soient positifs, négatifs ou neutres. Pour cela, le devenir du monde, à image de l'enfance, renvoie à un commencement qui ignore son passé et son futur, c'est-à-dire à un présent qui n'en finit jamais de commencer ou de recommencer, comme dans un jeu amoral, irresponsable, donc sans conscience, sans mémoire : *"L'enfant est innocence et oubli, un nouveau commencement et un jeu, une roue qui roule sur elle-même, un premier mouvement, un «oui» sacré."* [184]

Le sourire de l'humour, de la bonne humeur naissante, même s'il est un peu enfantin, peut du reste préparer joyeusement et librement l'innocence de son détachement. Alors, grâce à la légèreté et à la distance de l'humour, les profondeurs infinies du réel semblent moins menaçantes. En tout cas, le devenir de la Nature paraît bien innocent, c'est-à-dire *"au delà des jugements du bien et du mal",* [185] avant l'instauration humaine des paradigmes, de ces repères abstraits et solitaires qui ont figé les valeurs au lieu de les libérer et de les rattacher au devenir innocent, imprévisible, créatif et épanoui de la Nature : *"On ne peut juger le Tout, ni le mesurer, ni le comparer, ni surtout le nier [...] parce que rien n'existe en dehors de Tout... Et encore une fois, c'est un grand réconfort, en cela consiste l'innocence de tout ce qui est."* [186]

Dès lors, par delà toute résipiscence (regret d'une faute), par delà tous les repères fixes ou rigides des morales humaines, voire trop humaines, par delà la providence superstitieuse qui dévore la lucidité des consciences, le devenir éternel de la Nature ne peut que s'affirmer dans la splendeur de son innocence. Par exemple, c'est dans l'image voluptueuse d'une mer vaste, profonde et indifférente à ses effets négatifs, que le philosophe a éprouvé ses plus innocentes sensations. En effet, l'image d'une mer qui se contredit sans cesse invite tout être humain à multiplier les perspectives et à les aimer en rêvant de l'infini à partir de l'indéfini : *"L'infini bouillonne autour de moi, bien loin de moi scintillent le temps et l'espace."* [187] Le devenir

---

[184] Nietzsche, *Ainsi parlait Zarathoustra*, Les trois métamorphoses.
[185] Nietzsche, *La Volonté de puissance,* t. II, liv. III, § 478, p.148.
[186] Nietzsche, *La Volonté de puissance*, t. II, liv. III, § 458, p. 143.
[187] Nietzsche, *Ainsi parlait Zarathoustra*, Les sept sceaux.

de la Nature a ainsi été vécu objectivement puis subjectivé, en étant accompagné par la volonté de Nietzsche d'en assumer et d'en aimer toutes les contradictions, voire toute la fatalité : *"Nous devons être libres et sans peur, croître et fleurir sur notre propre sève dans l'innocence de notre moi."*[188] Ainsi l'âme du philosophe a-t-elle pu créer sa propre lumière [189] !

De plus, l'innocence du devenir de la Nature lui a permis de réaliser l'amour astral qu'il avait vigoureusement voulu, notamment parce que son *moi* s'était suffisamment concentré pour répondre de tous ses actes qui ont ensuite été transfigurés, voire divinisés ! Mais comment ? D'une part en s'allégeant, en devenant indifférent aux altérités amorphes, à toutes les perversions sociales (par ambition, instinct de domination et cupidité...), et d'autre part en augmentant sa capacité d'exister au plus haut point, donc en renforçant ses propres mœurs. Il a certes fallu, pour cela, aimer, voire épouser, la puissante vitalité innocente de la Nature pour la prendre comme inspiratrice : *"Si l'on pouvait créer les mœurs, des mœurs puissantes ! Avec elles on aurait aussi la moralité."* [190] En attendant, comme une bête puissante, solitaire et innocente, comme son aigle et son serpent, Zarathoustra s'est approché de sa propre perfection qu'il a considérée comme *"son indomptable volonté souveraine, légère, innocente, libre et responsable d'elle-même, uniquement d'elle-même !"* [191]

C'est ainsi que la vie ascendante et déclinante des forces du monde a pu être aimée dans son innocence, par delà le bien et le mal, précisément pour naître, vivre, puis mourir dans cette innocence. Pour cela, il lui a surtout fallu aimer l'éternité de la Nature *"d'un échelon à l'autre",* [192] tout en déployant ses plus grandes forces dans un ciel infiniment ouvert. Alors, le monde a pu s'accomplir totalement et l'amour qu'il suscite être vraiment astral. Un amour mystérieux, volontaire et fatal, des *apparences* insaisissables de la vie a ainsi su tenir compte des profondeurs

---

[188] Nietzsche, *Le Gai savoir,* § 100.
[189] Nietzsche, *Ainsi parlait Zarathoustra*, Des hommes sublimes.
[190] Nietzsche, *Le Livre du philosophe*, § 45.
[191] Nietzsche, *La Généalogie de la morale*, II, 2.
[192] Nietzsche, *Le Livre du philosophe*, § 19 et 21.

bornées et obscures du monde terrestre qui font que lorsqu'il se divise pour s'accroître en des forces multiples, la vie est double, entrelacée avec la mort d'une manière conflictuelle, donc écartelée entre violence et paix, douceur et cruauté, amour et haine.

Pourtant, Nietzsche a su sortir de ce dualisme, de ce clair-obscur, car une partie de la puissance de la Nature subsiste toujours dans la vie lorsque l'amour intense qu'on lui apporte fait naître une joie qui rend son existence surabondante, c'est-à-dire à la fois ouverte sur les profondeurs finies de cette terre et sur celles de l'infinité de la Nature : *"Imprimons à notre vie l'image de l'éternité !"* (*Drücken wir das Abbild der Ewigkeit auf unser Leben !*)[193] Mais, pour cela, cet amour de la vie devait être puissant, donc par delà toute vision qui aurait pu figer le devenir ascendant *et* déclinant des forces de la vie en un stérile face à face, comme en celui qui a parfois pu brièvement fasciner Nietzsche : *"Un jour j'ai contemplé tes yeux, ô vie ! Et il m'a semblé sombrer dans un abîme insondable !"* [194]

c) L'amour-partage

- *La pitié en question*

Dans une perspective humaniste qui veut faire prévaloir une éthique sur la violence des choses, il est impossible de refuser d'éprouver de la ***pitié*** pour les malheurs des êtres humains. Pourtant, lorsqu'il s'agit de secourir la souffrance au demeurant impénétrable d'un autre être vivant, il est aussi nécessaire de ne pas se laisser dominer par les émotions qui accompagnent le sentiment de la pitié. Pourquoi ? Sans doute, parce que ce sentiment renvoie à trois sens différents qui requièrent des réponses bien distinctes. Pour commencer, lorsque la pitié est considérée comme un ***apitoiement*** naturel, pusillanime, réactif et mou à l'égard d'une épreuve désagréable, voire cruelle comme celle d'un deuil, ce sentiment ne saurait être partagé par un autre,

---

[193] Nietzsche, *Fragments*, 1881-1882.
[194] Nietzsche, *Ainsi parlait Zarathoustra,* Le Chant de la danse.

même dans la prévision qu'il pourrait lui advenir la même chose, injustement ou non. En effet, une souffrance ne se divise pas, deux souffrances ne se comparent pas et ne se partagent pas. Pourquoi ajouter la tristesse d'une souffrance à une autre, même une souffrance faible ? Ce serait à la fois inutile et nuisible (si condescendance il y avait), car cela ne ferait que renforcer la réalité du mal subi par autrui.

En tout cas, dans les épreuves de cette vie mortelle qui ne séparent pas toujours les plaisirs et les souffrances, les peines de chacun étant inéluctables, cet apitoiement parfois larmoyant et qui relève de la plus triste des passions pour Spinoza risque de nuire à la dignité de celui qui serait capable d'assumer seul son malheur, notamment parce que sa condition d'être humain ne le réduit pas à des réactions uniquement affectives, certes très différemment des espèces animales qui luttent froidement entre elles qui et se détruisent pour survivre.

Or, si l'on considère la pitié d'un point de vue humain, donc plutôt social que naturel, c'est un autre sens de la pitié qui est requis. Alors ce sentiment peut être vécu comme une *compassion* ou une *commisération* inséparable d'un amour magnanime de l'humanité, magnanime parce qu'il implique un généreux partage empathique de toutes les souffrances humaines, *a fortiori* entre deux êtres semblables dans leur vulnérabilité existentielle. Ainsi le sentiment naturel de l'apitoiement peut-il être dépassé par un bénéfique élan fraternel et vigilant de solidarité qui veut partager les souffrances et les peines de ses semblables en les secourant, donc en compensant leurs infortunes en les aidant, et surtout en empêchant leur éventuelle déchéance !

Il s'agit alors d'aimer énergiquement l'humanité en tenant compte de ses propres faiblesses, lesquelles sont semblables à celles d'autrui, et de lutter contre sa propre mollesse afin de donner un sens neutre à l'inéluctable cruauté de certaines épreuves de la vie, non pour accepter cette cruauté, mais pour l'adoucir. Cette douceur atténuerait en effet toute répulsion de la déchéance d'un être humain, et elle empêcherait de le mépriser sans pour autant risquer de condamner l'incommensurable valeur de la vie à cause de la souffrance qu'elle contient. Pourtant, cette commisération positive qui rend justice à la vie peut être dépassée et enrichie dans une perspective éthique encore plus exigeante, celle qui saurait transformer le sentiment de la pitié en une *miséricorde vertueuse,* juste et sage, laquelle exprimerait un dépassement de la cruauté de certaines situations en les sublimant par bonté, générosité, compréhension ou charité, voire en pardonnant certaines fautes, tout en évitant assurément de faire sadiquement honte à celui qui souffre. Cette troisième détermination de la pitié serait ainsi une réponse volontaire, ferme, généreuse et bienveillante, par intention puis par action, sachant que le désir de cette bienveillance, comme le pensait Spinoza, naît toujours de la pitié.[195]

En tout cas, la finalité de la miséricorde est plus claire que ses multiples déterminations qui suscitent parfois de la *honte* : elle permet d'adoucir le spectacle des horreurs subies par d'autres, notamment lorsque cette douceur s'exprime par des paroles réconfortantes ou par des gestes tendres... Alors, la douceur (αγαπη) généreuse et sincère de la miséricorde est inséparable de l'impassibilité non indifférente de la vertu d'un sage qui, confronté aux souffrances des êtres humains, est devenu plus disponible pour leur porter secours, à condition que cette impassibilité ne soit pas due à un manque d'amour pour soi-même, pour ses propres actions et pour autrui. Dans cet esprit vertueux, chacun pourra donc faire prévaloir le digne sentiment de sa propre estime, y compris dans ses échecs ! Et cette éthique de la miséricorde valorisera les forces qui reconnaissent et qui aiment leurs faiblesses pour les dépasser, notamment à partir de la volonté de s'endurcir et de tenir bon courageusement. Dans ces conditions, la *miséricorde* crée la distance requise pour éviter qu'elle devienne contagieuse et irrationnelle, car, volontairement empathique, elle peut aussi donner à tous les êtres humains la force d'un soutien pudique, attentif et respectueux de leur dignité.

---

[195] *Benevolentia nihil aliud est quam cupiditas ex commiseratione orta* : Spinoza, *Éthique*, III, pr. 27, cor. 3, scholie.

- *Nietzsche : du ressentiment au grand amour*

Dans une perspective singulière qui rapporte ses sentiments à la volonté de dépasser toutes les bassesses humaines, Nietzsche a d'abord reconnu ses propres faiblesses. Ainsi, une folle tendance au ***ressentiment***, c'est-à-dire un fort désir de vengeance, a souvent animé le philosophe, même lorsqu'il valorisait le devenir innocent de toutes les choses : *"Je suis victime d'un inexorable désir de vengeance alors que mon moi le plus intime a renoncé à toute vengeance et à tout châtiment. Ce conflit intérieur me mène pas à pas à la folie."* [196] Avant de refuser son propre ressentiment, Nietzsche avait en fait produit, non sans un peu de ***mépris***, une critique de la morale judéo-chrétienne qui n'exprimait à ses yeux que la volonté de vengeance des humains contre leurs faiblesses naturelles, ce ressentiment étant entretenu par des prêtres qui parvenaient ainsi à les culpabiliser en les dominant et en leur faisant accepter leurs souffrances... Fruit vénéneux de cette culpabilisation par les religieux, le péché impliquait une conscience totale de ses faiblesses, puis une conscience morale affligée qui niait les forces trop brutales, voire parfois cruelles de la vie, qui font pourtant toujours naître aussi de nouvelles forces fructueuses. De plus, la basse réaction du ressentiment à l'égard des cruautés de la vie supprimait malheureusement la crainte nécessaire à la conservation de chaque individu. Dès lors, le remplacement de la crainte de toutes les menaces naturelles par une réaction passive ne pouvait produire que les pires effets : le triomphe de la faiblesse sur les forces de la vie qui invitait, au contraire, à valoriser plutôt la jouissance d'exister dans l'amour de tout ce qu'il advient, y compris le pire, donc sans rechercher pour autant de se laisser séduire ou fasciner par une sécurisante et très illusoire bienfaisance imposée par l'au-delà.

Il était devenu ensuite fatal, pour Nietzsche, de ***mépriser*** la passivité et la faiblesse de ce ressentiment qui accroissait la vulnérabilité des êtres vivants en les condamnant à attendre leur salut du ciel, ou bien à ne désirer que de survivre passivement, agréablement et très égoïstement comme des bêtes. Contre ces

---

[196] Nietzsche, *Lettre* à Overbeck du 28.08.1883.

dérives négatives, Nietzsche a alors fait prévaloir la puissance d'un amour très naturel de lui-même et de son expansion singulière, afin de faire triompher le désir légitime de s'endurcir et de tenir bon contre les adversités ; tout en refusant de s'attendrir vainement sur le malheur collectif des êtres humains. En effet, parce que *mépriser* (*verachten*) consiste à refuser ce qui ne mérite pas d'attention, Nietzsche ne pouvait certainement pas nier sa propre affirmation de la valeur du singulier et en même temps mépriser d'autres singularités.

Pour cela, il a alors dû distinguer le mépris (*die Verachtung*) d'un individu et celui d'un groupe ; le mépris du collectif lui permettant de s'opposer à la religion de la compassion qu'il considérait au demeurant comme la religion des faibles qui désirent se venger de leur situation. En tout cas, dans cette perspective généalogique et critique, cette compassion collective a été considérée par Nietzsche comme un sentiment mou, impuissant, commun et vulgaire, c'est-à-dire comme un sentiment caractéristique de la médiocrité d'une populace qui manque de volonté, notamment dans les sociétés égalitaristes qui méprisent les exceptions et qui manifestent les mauvaises manières inhérentes à leur décadence. Pour le dire autrement, fidèle à sa méthode *perspectiviste*, Nietzsche a méprisé les faiblesses des hommes en général [197] et surtout celles de l'homme du commun, de l'homme du bas peuple, mais sans pour autant haïr personne en particulier : *"Il m'arrive très souvent de mépriser* (verachten)*, mais je ne hais jamais. Chez chaque homme je trouve toujours quelque chose que l'on peut honorer et à cause de quoi je l'honore."* [198] Dès lors, son mépris n'était pas sans indulgence pour certains comportements humains, y compris pour ceux d'un éventuel ennemi ; ce mépris n'étant qu'une moindre violence qui devait ensuite être dépassée par ses effets positifs : *"Car attaquer est, au contraire, de ma part, une preuve de bienveillance, et de gratitude parfois. En liant mon nom à celui d'une cause ou d'une personne - pour ou contre, ici c'est tout comme -, je lui fais honneur et je la*

---

[197] *"Un mépris de l'humanité devenu clairvoyant jusqu'à la maladie."* (Nietzsche, *Le Gai savoir,* Avant-propos).
[198] Nietzsche, *Le Voyageur et son ombre*, § 49.

distingue." [199] Le philosophe affirmait ainsi son légitime mépris pour tout ce qui est faible, y compris pour ses propres faiblesses, afin de pouvoir ensuite se transformer, voire pour distinguer ce qui est, en chacun, soit méprisable soit admirable : *"Combien de subtiles joies, combien de patience, combien même de bienveillance ne devons-nous pas précisément à nos mépris !"* [200]

Dans la mise en perspectives de ces diverses épreuves, de nouvelles différences ont vu le jour et ont permis ensuite de transformer un premier mépris, parfois méchant, en un mépris teinté de bienveillance : *"C'est notre privilège, notre art.(…) Nous sommes artistes en mépris. Nous adorons l'art si l'artiste fuit l'homme, le raille ou se moque de soi..."* [201] De plus, le mépris permet aussi de distinguer un auteur et son œuvre ; il s'apprend d'ailleurs[202] puisqu'il n'est pas seulement naturel et instinctif. S'il l'était, il ne transformerait pas le refus des faiblesses humaines en un désir exigeant pour s'endurcir, et il ne conduirait pas à se nier soi-même très ***durement*** afin de pouvoir mieux partager les souffrances de l'autre, et surtout afin de reconnaître la dignité de celui qui souffre : *"Si tu as un ami qui souffre, sois un asile pour sa souffrance, mais sois, en quelque sorte, un lit dur, un lit de camp : c'est ainsi que tu lui seras le plus utile."* [203]

La dureté voulue par Nietzsche dans sa relation, amicale ou non, avec autrui contenait ainsi une forme de mépris qui était pourtant moins négative que le sentiment de la ***haine***, c'est-à-dire moins ***réactive*** que cette passion vulgaire et cruelle qui naît d'une peur non surmontée et qui aggrave les distances entre les singularités d'une manière hautaine, supérieure et distinguée, tout en promouvant une sorte de relation inhumaine qui ne cultive que la surabondance de ses propres forces. Toutefois, Nietzsche nuance encore ; dans certaines situations violentes, la haine envers les défauts de l'autre ne serait pas nuisible : *"La*

---

[199] Nietzsche, *Ecce Homo*, Pourquoi je suis si sage, 7.
[200] Nietzsche, *Le Gai savoir*, § 379.
[201] Nietzsche, *Le Gai savoir*, § 379.
[202] Nietzsche, *Le Gai savoir*, § 100.
[203] Nietzsche, *Ainsi parlait Zarathoustra*, II, Des Miséricordieux.

haine, met de plain-pied, elle campe les gens en face ; elle fait honneur à l'adversaire."* [204] Cependant, dans des relations moins inhumaines, au delà de la peur qui l'attise, la haine pourra être dominée par l'amour qu'elle contient au demeurant toujours un peu en elle. Et l'amour même de cette haine permettra alors de triompher de ladite haine en devenant parfois bienveillant...

Dans ce projet, afin de dominer son propre ressentiment à l'égard des faiblesses humaines, et afin de dépasser la cruauté inhérente à la haine de ses faiblesses, Nietzsche a ensuite évolué vers un mépris sélectif et vertueux, plus fort que toutes les haines possibles, afin de fonder une éthique capable de réaliser un *"amour ardemment désiré"*, [205] celui qui couronnera toutes les formes de l'amour parce qu'il sera véritablement **le grand amour**. Mais de quel grand amour s'agira-t-il ? En fait, le concept du grand amour a d'abord été fondé sur le refus du péché originel qui, dans la Bible, avait culpabilisé l'humanité en la condamnant à souffrir sur cette terre. Il fallut donc que la tragique souveraineté du péché originel et de tous les maux qu'il engendre soit transfigurée par la satisfaction de vivre, même tragiquement, au cœur du devenir innocent de la Nature : *"Depuis qu'il y a des hommes, l'homme s'est trop peu réjoui. Ceci seul, mes frères, est notre péché originel."* [206]

La **joie d'aimer** ce monde et autrui a alors fondé la seule réponse éthique possible pour aller au cœur de la valeur suprême de la vie, laquelle est un bien commun qui devrait inspirer à chacun de s'aimer soi-même tout en aimant le bonheur d'autrui. Ainsi, la joie inhérente à un amour intense et ouvert sur tous les amours possibles pourra-t-elle se rapporter au sentiment de l'éternité en créant les conditions du grand amour qui fera aimer cette terre, son propre destin, c'est-à-dire tout ce qu'il adviendra à chacun, en bien et en mal ! Il y a certes un peu de folie dans cet amour démesuré pour tout ce qui est et pour tout ce qui pourra être créé, mais le grand amour est pourtant un mystérieux stimulant qui accroît le sentiment de sa propre puissance. En tout cas, cet amour démesuré pourra enchanter

---

[204] Nietzsche, *Le Gai savoir,* § 379.
[205] Nietzsche, *Poèmes*, Arthur Schopenhauer, op.cit., p.89.
[206] Nietzsche, *Ainsi parlait Zarathoustra*, II, Des Miséricordieux.

désormais toutes les destinées en affirmant la folle puissance de l'illimité, de l'inconditionnel, du surhumain, du retour de toute chose, tout en réconciliant les contradictions, et même celle qui oppose la raison à la folie.

Ensuite, dans certaines conditions éthiques, un équilibre entre les contraires ne pourra vraiment être réalisé que par une singularité créatrice de ses propres valeurs, que par celle qui se dépassera en s'ouvrant sur le surhumain, c'est-à-dire en créant des *vertus* plus qu'humaines. Dans ces conditions, le concept du grand amour pourra être associé à la *noblesse* d'une singularité qui désirera dépasser les faiblesses inhérentes aux ressentiments et aux mépris des êtres humains, afin d'honorer l'autre que soi, non dans ses *"qualités aimables"*,[207] mais dans ses vertus en acte. Dès lors, le grand amour spiritualise bien les instincts et les sensations, mais pas les infimes différences singulières, car la vertu du grand amour permet surtout à une *singularité* authentique et forte de *créer* sa propre *"destinée"*, sa *"cloche d'azur"*, son *"nombril du temps"*, sa *"circonférence des circonférences"*, [208] c'est-à-dire le cercle qui englobera dans le grand amour tous les ressentiments, toutes les haines et tous les mépris, en les dépassant, parfois durement, pour mieux s'élargir et s'élever.

Afin d'éviter la déperdition des forces qui le rendrait plus vulnérable, le créateur du cercle du devenir de son grand amour ne saurait alors se complaire dans quelques faiblesses : *"Tous les créateurs sont durs"*.[209] En effet, Nietzsche pensait qu'une certaine dureté est nécessaire pour accomplir une démarche philosophique capable de problématiser les sentiments humains en confrontant sans la moindre défaillance toutes les perspectives : *"Les grands problèmes exigent tous le grand amour, et seuls les esprits vigoureux, nets et sûrs, d'assiette solide, sont capables de ce grand amour."*[210] En conséquence, en tant que penseur, y compris à coup de marteau, Nietzsche a bien été le créateur ferme et rigoureux de sa propre

---

[207] Nietzsche, *Le Voyageur et son ombre*, § 49.
[208] Nietzsche, *Ainsi parlait Zarathoustra*, Du grand désir.
[209] Nietzsche, *Ainsi parlait Zarathoustra*, II, Des Miséricordieux.
[210] Nietzsche, *Le Gai savoir*, § 345.

pensée, c'est-à-dire d'une pensée qui a affronté vigoureusement et clairement les différents niveaux où elle se déployait viscéralement et spirituellement, tout en impliquant de *"refuser vengeances et représailles"* [211] afin de vaincre la souffrance qui découle de la méchanceté d'une société incapable de s'empêcher d'infliger à tous les êtres humains, et pas seulement à ses déshérités, le pire de tous les sentiments, parce que le plus cruel à ses yeux, celui de la ***honte***. [212]

En effet, c'est précisément à partir de son concept du ***grand amour*** que Nietzsche a exclu impérativement la mauvaise intention de *"faire honte à quelqu'un"*, [213] de le faire rougir, puis de rougir soi-même : *"Car j'ai honte, à cause de sa honte, d'avoir vu souffrir celui qui souffre ; et lorsque je lui suis venu en aide, j'ai durement atteint sa fierté."* [214] Dès lors, dans cette perspective éthique complexe où les valeurs sont affectivement entrelacées, le refus de la honte impliquait, par delà cette négation d'une négation, de s'élever au-dessus de la passivité des sentiments pour les juger en fonction de la plus forte des affirmations, c'est-à-dire de celle du ***grand amour*** : *"Ainsi parle tout grand amour : il surmonte même le pardon et la pitié."* [215] Certes, plus précisément, Nietzsche n'excluait pas le ***pardon***, mais il en limitait l'extension. Pourquoi pardonner toutes les fautes ? Ce serait honorer toutes les faiblesses. Un créateur ne saurait en tenir compte ; il devrait plutôt oublier certaines fautes et laisser l'auteur d'une offense réguler ses propres faiblesses : *"Que tu te le sois fait à toi - comment saurais-je te pardonner cela ?"* [216]

En fait, afin de faire toujours prévaloir la satisfaction qui émane de ses propres forces créatrices, Nietzsche cherchait surtout à élever dignement ses sentiments, à une certaine hauteur, donc *"au-dessus de la **pitié**"*.[217] Or, cette hauteur ne se trouve pas dans le sentiment passif, puis très réactif de

---

[211] Nietzsche, *Poèmes*, L'enchanteur, op.cit., p.132.
[212] Nietzsche, *Le Gai savoir*, § 274.
[213] Nietzsche, *Le Gai savoir*, § 273.
[214] Nietzsche, *Ainsi parlait Zarathoustra*, II, Des Miséricordieux.
[215] Nietzsche, *Ibidem*.
[216] Nietzsche, *Ibidem*.
[217] Nietzsche, *Ibidem*.

l'apitoiement : *"Tout grand amour est au-dessus de sa pitié : car ce qu'il aime il veut le créer."* [218] De plus, sachant que *"la pudeur manque aux miséricordieux"*, [219] Nietzsche reprochait à la compassion d'entraîner une chute de l'amour dans un sentiment commun, vulgaire et surtout ***impudique***, donc non vertueux : *"Je reproche aux compatissants d'oublier trop facilement la pudeur, le respect, le tact et les distances, à la pitié de sentir trop vite la populace et de ressembler à s'y tromper aux mauvaises manières.(…) Vaincre la pitié c'est, à mon avis, une vertu aristocratique."* [220]

Ce refus altier du sentiment de la compassion (et surtout de l'empire de la religion qui le cultive) permettait à Nietzsche de critiquer tout manque de force et de retenue à propos des sentiments. Il était en effet nocif pour tout être humain de se perdre dans une souffrance commune et banale qui fusionne avec celles des autres. De plus, sauf s'il est de l'ordre d'une ferme miséricorde capable d'être aussi dure envers les autres qu'envers soi-même, le sentiment de la pitié épuise vainement les forces. Cependant, pour Nietzsche, il n'était pas exclu de secourir autrui dans la mesure où cette action généreuse était portée par la force joyeuse d'un amour qui n'accueille un ami qu'en lui demandant de s'endurcir et *de tenir bon* courageusement.

Le grand amour désiré par Nietzsche impliquait ainsi de surmonter toute cruauté et toute mollesse en manifestant une certaine ***distance*** à l'égard des faiblesses humaines. Et c'était dans cet amour plutôt distant, plus précisément ni trop proche, ni trop éloigné, que deux excès pouvaient être évités ; d'abord celui de l'*apitoiement* arrogant et condescendant des méchants, ou celui larmoyant et indélicat de l'amour chrétien du *prochain* ; ensuite celui de l'indécente *cruauté* d'un amour trop *lointain*, c'est-à-dire vague, étranger et inatteignable, même si, parfois, Nietzsche se laissait entraîner par quelques folles fictions : *"Plus haut que l'amour du prochain se trouve l'amour du lointain et du futur. Plus haut encore que l'amour de l'homme, je place*

---

[218] Nietzsche, *Ibidem.*
[219] Nietzsche, *Ainsi parlait Zarathoustra*, II, Des Miséricordieux.
[220] Nietzsche, *Ecce Homo,* Pourquoi je suis si sage, 4.

l'amour des choses et des fantômes." [221] En refusant la cruauté des relations indifférentes et toute forme d'apitoiement à l'égard des souffrances humaines, Nietzsche voulait en fait élever dignement les valeurs du pardon et de la pitié au niveau où ces sentiments pourraient être maintenus pudiquement à une bonne distance, c'est-à-dire à une distance capable d'instaurer le sentiment fort du *pathos* de la distance,[222] d'une *actio in distans* qui crée un clair et puissant effet à distance (*eine Wirkung in die Ferne*) : *"Une hiérarchie des capacités ; une distance ; l'art de séparer sans brouiller, de ne rien embrouiller, de ne rien «concilier » ; une multiplicité prodigieuse qui soit pourtant le contraire du chaos..."* [223]

Dans ces conditions, le grand amour n'est ni trop proche ni trop lointain ; et il est surtout *pudique* par noblesse et par amour de la vie. Alors, distant à l'égard des affections passives et tristes, son retrait pudique fait prévaloir avant tout la vertu de n'humilier aucun être humain : *"L'homme noble s'impose de ne pas humilier les autres hommes : il s'impose la pudeur devant ce qui souffre."*[224] Nietzsche creuse pour cela certaines distances et préserve la grandeur de sa propre solitude en tenant parfois les autres froidement à distance : *"La première question que je me pose, quand je veux «sonder les reins» d'un homme, est pour savoir s'il a le sentiment de la distance, s'il aperçoit partout le rang, les degrés, la hiérarchie dans les rapports d'homme à homme, bref s'il établit des distinctions : c'est ce qui fait le gentilhomme ; et le reste appartient inexorablement à la catégorie généreuse et accueillante de la canaille."* [225] Or, ni pitoyable ni cruel, le grand amour instaure bien une distance pertinente pour imposer une dureté vertueuse, laquelle permettra

---

[221]*"Höher als die Liebe zum Nächsten ist die Liebe zum Fernsten und Künftigen ; höher noch als die Liebe zu Menschen ist die Liebe zu Sachen und Gespenstern."* (Nietzsche, *Ainsi parlait Zarathoustra*, De l'amour du prochain).

[222] Nietzsche, *Le Crépuscule des idoles*, 37, Sommes-nous devenus plus moraux ? Ce *"pathos de la distance"* serait *"le propre de toutes les époques fortes."*

[223] Nietzsche, *Ecce Homo,* Pourquoi je suis si avisé, 9.

[224] Nietzsche, *Ibidem.*

[225] Nietzsche, *Ecce Homo,* Le cas Wagner, 4.

de ne pas oublier *"la pudeur, le respect, le tact et les distances..."* [226] Or, pour donner un exemple, le grand amour sera plus particulièrement celui, très pudique et très fort, de l'être humain qui l'incarne le mieux : la femme. Cette dernière associe précisément en elle à la fois la vérité de l'amour de la vie et la dissimulation nécessaire à la pudeur : *"La vérité - elle est femme, rien de mieux - rusée dans sa pudeur..."* [227] La femme, en effet, possède *"le sens de la distance, du rang, des degrés, des hiérarchies..."* [228] S'agit-il par exemple de Cosima Wagner, de Lou Salomé,[229] ou bien d'une femme idéale qui saurait rester à distance pour plaire, tout en gardant merveilleusement ses réserves, y compris lorsqu'elle a décidé de s'offrir ? En réalité, pour Nietzsche, l'image de la femme échappe à toute conceptualisation, car son apparence ne se donne jamais complètement tout en laissant son charme agir à distance. Plus précisément, dans leurs apparences pudiques lorsqu'elles sont un peu voilées, les femmes masquent leurs profondeurs pour demeurer superficielles, c'est-à-dire pour paraître convenables, y compris lorsqu'elles manquent de retenue. Ainsi, en privilégiant la surface charmante de ses apparences, la femme s'épargne-t-elle la honte inhérente à ses ravissements bestiaux, car, comme la vie, elle ne fait apparaître et promettre que ce qu'elle peut également dissimuler et modifier en partie !

Dans ce prolongement, une certaine duplicité est de mise, car la vérité de la vie est inséparable de ses mensonges, ces derniers étant dissimulés par le voile pudique qui permet des retraits respectables ainsi que de remarquables réserves capables de rendre dérisoires tous les apitoiements. Mais cette duplicité disparaît ensuite lorsque le grand amour apporte la vertu d'une miséricorde qui sait imposer un silence pudique et une grande distance à son expression : *"S'il faut que je sois miséricordieux, je ne veux au moins pas que l'on dise que je le suis ; et quand je*

---

[226] Nietzsche, *Ecce Homo,* Pourquoi je suis si sage, 4.
[227] Nietzsche, *Poèmes*, La Sorcière, op.cit., p.182.
[228] Nietzsche, *Ecce Homo,* Le cas Wagner, § 4.
[229] Pour Lou Andreas-Salomé, la femme *"coiffe les qualités les plus inconciliables"*, sans séparer *"le type de la prostituée et le type de la Madone"*, car il y a pour ces deux types *"un don de soi sans possibilité de choix, ni même de plaisir."* (*Éros*, Minuit 1984, pp. 108, 113).

le suis, que ce soit à distance seulement." [230] Alors, ce retrait pudique n'a été possible qu'en transférant la valeur de sa propre singularité sur celle de ses propres créations, sachant que ces dernières sont toujours en retrait de leur auteur. En tout cas, la relation créatrice que Nietzsche avait instaurée avec lui-même demeurait à une grande distance du vif intérêt que son œuvre pouvait susciter dans un public, sachant que, pour ne pas humilier ce dernier, le philosophe avait décidé de rester en retrait de ce qu'il lui donnait : *"Qu'ils cueillent eux-mêmes le fruit de mon arbre : c'est moins humiliant pour eux."* [231]

Ainsi, dans son attachement naturel et tragique au seul devenir de la terre, Nietzsche a su à la fois instaurer un rapport distant à l'égard de la souffrance des êtres humains tout en créant le grand amour qui pouvait entrelacer, en les hiérarchisant, les différentes manières d'aimer, de détester, de haïr et de mépriser… Manquait pourtant au devenir de ce cercle vertueux, l'intuition raisonnable et sage d'un amour humain qui serait simplement le fruit d'une universelle sympathie partagée entre tous les êtres vivants, souffrants ou non ; cet amour évitant toute valorisation intensive et exclusive de son propre bien.

- L'accueil de la vulnérabilité de l'autre par la grâce de la sympathie

La disposition, innée ou acquise, des êtres humains à aimer la faiblesse des autres, peut aussi s'élargir au sentiment très délicat de la *sympathie* qui permet, en des moments épanouis, de se sentir un peu en accord avec le monde et avec les autres. Par exemple, pour Bachelard, *animus* et *anima* se mettent vraiment à l'unisson lorsqu'ils trouvent leur bonheur dans une commune vibration, à la fois subjective et objective : *"Si une âme vibre tout entière dans une pensée heureuse c'est qu'elle a trouvé des résonances et des sympathies dans le monde objectif."*[232] Certes, afin de réaliser cet ***accord*** intellectuel et affectif, il faut sans doute pousser le rayonnement de ses propres dispositions

---

[230] Nietzsche, *Ainsi parlait Zarathoustra*, II, Des Miséricordieux.
[231] Nietzsche, *Ainsi parlait Zarathoustra*, Ibidem.
[232] Bachelard, *Études,* 1934-35, Vrin, 1970, p.92.

affectives vers des raisons susceptibles de les éclairer, donc sans sombrer dans un inutile apitoiement qui ferait prévaloir les affects les plus violents sur quelques possibles concepts.

Cependant, lorsque le sentiment de la *sympathie* est modéré, c'est-à-dire le fruit d'une vertueuse miséricorde, il peut rester humain en excluant toute fusion condescendante et passive avec des êtres souffrants. Et cette forme de la sympathie peut lier ou accorder des êtres différents à une certaine distance. Mais cela implique aussi que cette sympathie, guidée par une décision raisonnable, ne s'identifie pas aux malheurs d'autrui, voire au mal qui pourrait advenir à soi-même, et qu'elle sache transformer chaque faiblesse en vertu, notamment en s'inspirant de la puissance qui conduit la Nature à s'aimer elle-même.

Dans ces conditions, sans pour autant manquer d'attention pour la souffrance de l'autre, la douce empathie qui en découle instaure une constante **solidarité** entre tous les êtres et leur donne sens et valeur sans se laisser piéger par le pathos des affects. Dès lors, cette participation humaine, non contagieuse, réfléchie et solidaire avec les êtres affectés, même les plus tristes, ne perd jamais de vue que l'amour de la vulnérabilité des autres permet aussi de s'orienter vers des actions bienveillantes et authentiques. Mais comment la réalisation de cette bienveillance parvient-elle vraiment à s'exprimer dans le sentiment de la *sympathie* ?

Par exemple, pour Bergson, les forces qui créent la sympathie réalisent une ***communion*** généreuse à la fois intellectuelle et sensible avec l'autre. Et cette communion du cœur avec la raison, tendue vers de multiples réalisations possibles, d'abord virtuelle, puis effective, requiert l'intervention d'une véritable grâce. En effet, une disposition supérieure est requise pour qu'une ouverture s'effectue pleinement, de l'un vers l'autre, et inversement. Il s'agit de la grâce donnée par les possibles, car, pour Bergson, elle *"est l'indication d'un mouvement possible vers nous, d'une sympathie virtuelle ou même naissante. C'est cette sympathie mobile, toujours sur le point de se donner, qui est l'essence même de la grâce supérieure."* [233]

---

[233] Bergson (Henri), *Essai sur les données immédiates de la conscience*, 1889, ch. 1. Œuvres, PUF, 1963, p.13.

Ensuite, dans sa réalisation, l'attrait de cette grâce apporte un bel enchantement, et le charme qui l'accompagne physiquement et intimement peut entrer en résonance avec les qualités morales, notamment bienveillantes et généreuses, qui l'ont aussi rendue possible : *"Il entrera donc une espèce de sympathie physique, et en analysant le charme de cette sympathie, vous verrez qu'elle vous plaît elle-même par son affinité avec la sympathie morale, dont elle vous suggère subtilement l'idée."*[234] Inspiré par Ravaisson, Bergson a ainsi rattaché directement la sympathie, cette extension et cet épanouissement de la bonté, à un sentiment et à un mobile naturel qui transparaissent sous *"un principe qui se donne"*,[235] c'est-à-dire sous le principe de cette grâce supérieure qui contient, en puissance, tous les dons possibles et réalisables, et qui ne les accomplira que dans les actes qui excluront toute violence. En fait, c'est lors d'une atténuation de ses excès qu'une donation, devenue plus légère, crée le sentiment du gracieux, lequel implique une victoire de l'esprit sur toutes les violences matérielles qui conduisent uniquement au repos de la conscience de la mort.

De plus, le sentiment du gracieux, eu égard à la douceur qu'il manifeste, est, pour Bergson, *"le plus simple"* [236] de tous les sentiments : un premier don de la douceur, en quelque sorte, tout en effectuant une étonnante sortie de l'inertie dans et par le surgissement d'un mouvement simple qui maintient de la force au sein de toutes les faiblesses.

La douceur de ce sentiment prépare ainsi nos désirs à réaliser une possible plénitude qui sera une sorte de réponse à des échecs passés, ces échecs ayant laissé de douloureuses traces en un être humain. Mais chacun pourra ensuite tenter de les surmonter, sans se laisser pour autant séduire par quelques fantômes ou illusions du monde matériel, car les pensées seulement fictives des êtres humains sont produites par un imaginaire qui engendre des concepts vides de sens ou insensés, parce que sans réel objet. En tout cas, c'est avec une très douce

---

[234] Bergson, *Essai sur les données immédiates de la conscience*, Ibidem.
[235] Bergson, *La Vie et l'œuvre de Ravaisson*, Ibidem., p.1472.
[236] Bergson, *Essai sur les données immédiates de la conscience*, Œuvres, op.cit., p.12.

sérénité, donc avec des sentiments très modérés, que les mouvements éphémères de nos existences paraissent gracieux, c'est-à-dire non violents, et hors de toute action nihiliste qui serait forcément sans aucune œuvre possible. Pourquoi ? Sans doute, parce que la douceur d'une pensée n'est pas nécessairement l'expression d'une faiblesse de la pensée. Elle est plutôt ce qui témoigne d'un mouvement contrôlé en elle, d'un mouvement qui devient gracieux lorsqu'il parvient à survoler le chaos des choses mortelles au lieu de se laisser fasciner par elles.

Cependant, ces dispositions affectives, plutôt naturelles, pourront-elles ensuite devenir morales par *sympathie* lorsqu'elles ne sont pas accompagnées par d'authentiques ***preuves*** d'amour ? Cela n'est pas certain si l'on admet que les dispositions naturelles de la grâce sont celles de la vie qui, dans son innocence foncière, ignore tous ses effets. Cela signifie que la réalité effective d'une universelle sympathie nous est donnée en gros ; l'amour de la vie prévalant sur les divers destins des êtres vivants sans séparer le fait de vivre pour soi de celui de vivre aussi pour conserver l'autre, pour le protéger et pour l'entretenir, c'est-à-dire par amour ou par amitié pour lui, très précisément, et quel que soit l'accueil qui lui sera donné. En effet, les preuves d'amour, lorsque preuves il y a, interviennent après, presque pour rien, dans et par la grâce de l'amour qui exprime, inconsciemment, sa vérité la plus profonde dans cette sympathie. L'amour réalise ainsi sa propre vérité sans nous permettre de la reconnaître complètement et définitivement, car la grâce de l'amour est trop généreuse pour se perdre dans l'intelligence des détails et des preuves.

Par conséquent, si l'amour vaut surtout sans preuve, c'est parce qu'il donne à tous les êtres humains la grâce d'aimer l'autre dans sa simple présence sans requérir quelques suppléments. L'amour vaut inconditionnellement par lui-même parce que la vie lui donne une valeur à la fois universelle et singulière, hors de toute preuve précise donc, c'est-à-dire surtout dans et par l'affirmation de la grâce qui crée une nécessaire sympathie universelle entre tous les êtres vivants, comme l'a affirmé M. Conche : *"L'amour ne juge pas, ne compare pas, ne se tient pas hors de. Il est participation totale à la vie, à l'être d'un autre être. Il est approbation. L'autre est intégralement approuvé. Son être : une grâce qui nous est faite. Mais il faut avoir la grâce de l'amour pour saisir l'existence d'autrui comme une grâce. Il n'a qu'à exister – nullement à se faire valoir : il* vaut. *Et par son existence seule, il justifie le monde.* " [237]

En définitive, si cette globale approbation de la vie par l'amour crée bien la grâce de la *sympathie*, ce n'est pas en reconnaissant les différences nuancées des êtres humains. Cette grâce de la sympathie intervient certes sans se perdre dans une épiphanie de l'imperceptible, de l'irrationnel ou de la confusion, mais elle n'est pas partagée singulièrement en tenant compte de toutes les différences et de toutes les faiblesses de cœur ou d'esprit de chacun. L'autre vaut, quel qu'il soit, mais il n'est pas aimé pour autant en un accord bienveillant et délicat avec lui qui dépasserait un simple et commun sentiment de solidarité et de dignité pour son humanité.

---

[237] Conche, *De l'amour – Pensées trouvées dans un vieux cahier de dessin*, Cécile Defaut, 2008, §117, p.51.

D. L'amour transfiguré par la raison

a) L'amour-amitié

- Le désir d'amitié selon Montaigne

L'amitié est généralement l'expression de la reconnaissance de la singularité de l'autre, laquelle peut exclure toute anticipation sélective, car cette reconnaissance mutuelle requiert le plus souvent des affinités naturelles et surtout un accord entre des êtres qui apprécient leurs qualités physiques et intellectuelles, variables et distinctes. Dans ces conditions, alors que Nietzsche fondera sa conception de l'amitié sur la sublime exaltation de corps qui divinisent leurs déterminations naturelles en se dépassant d'une manière remarquable, Montaigne a préconisé une sorte d'*amour d'amitié* [238] avec La Boétie d'une manière très proche de l'amour-passion, c'est-à-dire en une fusion extatique entre deux êtres humains qui formaient ainsi une seule âme en deux corps, et sans autre raison que celle qui accompagne l'affirmation d'un fait : l'ami est une moitié de soi, et non la meilleure partie de soi, sans qu'il soit possible de distinguer les deux moitiés : " *Nous étions à moitié de tout, il me semble que je lui dérobe sa part.*" [239]

Cette confusion a certes été assurément revendiquée en se jouant de toutes les déterminations autres que celle d'une fatale *"ordonnance du ciel (...) qui possède l'âme et la régente en toute souveraineté."* Et cette mystérieuse ordonnance plutôt mythique a ainsi été la cause céleste de toutes les causes : *"En l'amitié de quoi je parle, elles se mêlent et confondent l'une en*

---

[238] L'expression «amour d'amitié» (*amor amicitiae*) se trouve chez Thomas d'Aquin (*Somme théologique*, 1a-IIae, art. 4).
[239] Montaigne (Michel Eyquem de), *Essais*, I, 28, L'Amitié.Villey, Quadrige/Puf, 2004, p.193.

l'autre d'un mélange si universel qu'elles effacent et ne retrouvent plus la couture qui les a jointes. Si on me presse de dire pourquoi je l'aimais, je sens que cela ne se peut exprimer qu'en répondant : Parce que c'était lui ; parce que c'était moi."[240] Cette inexplicable fusion affective a en fait été plutôt imaginée comme une union fascinante que comme un accord libre entre deux êtres, car c'est bien un cercle mythique et indivisible qui enfermait les deux amis dans une mystérieuse causalité tautologique qui alimentait ses propres excès, lesquels étaient partagés sans la moindre ouverture possible sur d'autres bienfaits amicaux : *"Car cette parfaite amitié de quoi je parle est indivisible ; chacun se donne si entier à son ami qu'il ne lui reste rien à départir ailleurs ; au rebours, il est marri qu'il ne soit double, triple ou quadruple, et qu'il n'ait plusieurs âmes et plusieurs volontés, pour les conférer toutes à ce sujet."* [241]

Le *tout* de l'amitié ainsi partagé englobait l'un et l'autre, sans que l'un ou l'autre en soit la cause véritable. En fait, le *"parce que"* obéit à la raison secrète d'une aliénante fermeture où chacun n'est que la moitié de l'autre sans être pour autant la cause de ce *"parce que"*. Et cette mystérieuse cause qui rassemble l'âme et le corps de chaque ami, qui confond l'identité et l'altérité, ne tient pas compte du fait que la réelle cause de cette amitié n'est pas inhérente à une logique rationnelle susceptible de fonder une réciprocité des sentiments. Du reste, Montaigne ne pensait pas vraiment l'essence de son amitié pour La Boétie, il témoignait seulement d'une épreuve irrationnelle qui dépasse chacun.

Ainsi, en rapportant deux êtres humains corporellement distincts et distants l'un de l'autre, sans que l'un et l'autre l'aient vraiment désiré ou voulu au préalable, aucun concept de l'amitié n'est possible. Et la causalité inhérente au *parce que* est moins un jalon de la pensée que le sentiment d'une perte de soi. De plus, cette perte ne résulte pas d'un dessaisissement volontaire, mais de l'intervention d'un *deus ex machina* qui implique une perte de la singularité de chacun dans le *tout* d'un mélange amical étranger à toutes les différences de l'un et de l'autre :

---

[240] Montaigne, *Essais*, Ibidem, p.188.
[241] Montaigne, *Essais*, Ibidem, p.191.

"C'est je ne sais quelle quinte essence de tout ce mélange qui, ayant saisi toute ma volonté, l'amena se plonger et se perdre dans la sienne ; qui, ayant saisi toute sa volonté, l'amena se plonger et se perdre en la mienne, d'une faim, d'une concurrence [émulation] pareille. Je dis perdre, à la vérité [proprement], ne nous réservant rien qui nous fût propre, ni qui fût ou sien ou mien." [242]

Ce point de vue de Montaigne précède au demeurant la conception de Jankélévitch qui pensera que l'amour entre les êtres humains est au delà ou en deçà de tout concept et de toute condition : *"L'homme de l'amour philanthropique est un homme au-delà des quatenus, (...) il aime tout court et absolument, un point-c'est-tout."* [243] L'homme aimerait alors au delà de toute mauvaise foi, de tout *hactenus* (jusqu'ici, jusqu'à ce point) et hors de toutes les *"restrictions circonstancielles"* [244] qui pourraient le motiver et le justifier en le limitant. L'amour bienveillant et généreux de l'autre aimerait donc sans raison logique, en des jugements paradoxaux, c'est-à-dire loin des démonstrations qui le réduiraient à instaurer un *parce que* entre une cause et un effet, l'effet étant impliqué dans sa cause et la cause déterminant son effet. En conséquence, ce *parce que* de l'Amour (comme celui de l'amitié pour Montaigne) n'est rien d'autre que l'expression d'une tautologie qui ignore toute réciprocité causale en affirmant l'identité d'un amour qui se répète sans véritable raison connue et par l'un et par l'autre : *"le principe d'identité lui suffit."* [245] Comme pour le Dieu biblique, le *parce que* rejoint la *causa sui* de la Théologie.

- Nietzsche et son rêve d'amitié

Dans la perspective d'un monde en devenir qui associe l'amour et la haine, l'amitié est-elle alors clairement concevable à partir des seules déterminations naturelles de l'amour qui sont, certes, indispensables à la vie pour les êtres humains ainsi que

---

[242] Montaigne, *Essais*, Ibidem, p.189.
[243] Jankélévitch, *Le Paradoxe de la morale*, op.cit., p.48.
[244] Jankélévitch, *Le Paradoxe de la morale*, op.cit., p.43.
[245] Jankélévitch, *Le Paradoxe de la morale*, op.cit., p.61.

pour les animaux, mais qui feraient surtout prévaloir l'amour de la nature sur de possibles relations amicales entre les êtres humains ? Or, si l'amitié vise bien une sorte de perfection, comme chez Aristote,[246] ce n'est pas en accompagnant ou en exprimant seulement les forces naturelles qui font mûrir puis disparaître les choses terrestres. Certes, ces forces naturelles attachent ou associent bien les êtres, mais c'est de manière très variable, avec tendresse ou avec cruauté. Et ces variations sont déterminées soit par quelques vagues ressemblances ou affinités entre les êtres, soit par des différences légères, sans qu'il soit le plus souvent possible de bien distinguer les unes et les autres. Dans cette perspective, pourtant, Nietzsche a conçu l'amitié sans la séparer des forces naturelles les plus dévastatrices, même lorsqu'il les divinisait. De quelle sorte d'amitié s'agissait-il ? En fait, plutôt d'un rêve d'amitié que d'une relation effective avec un être humain.

Sachant que pour le disciple de Zarathoustra, les femmes n'étaient pas encore capables d'amitié, [247] concernant les hommes, il préconisait un idéal d'amitié très fictif, vaguement imaginé d'une manière homérique, virile, courageuse et joyeuse. Cela signifie que, inspirée par la complexité des forces de la nature, l'amitié demeurait pour lui inséparable de la haine [248] ainsi que de tous les combats que celle-ci motive. Le philosophe affirma donc qu'il faut *"savoir haïr ses amis"*,[249] aimer les combattre, tout en ajoutant que la méchanceté est naturelle, impersonnelle, donc innocente. Dès lors, avec une hardiesse surhumaine, amorale, méprisante, tyrannique et impitoyable, le cœur débordant d'amitié de Nietzsche [250] a ensuite exprimé son *"pressentiment du Surhomme"*,[251] c'est-à-dire une vague image

---

[246] Aristote, *Éthique à Nicomaque*, VIII, 4, 1156 b6. Tricot, Vrin, 1972.
[247] Nietzsche, *Ainsi parlait Zarathoustra*, De l'ami.
[248] *"Plutôt une inimitié d'un bloc - Qu'une amitié faite de bois recollés."* (Nietzsche, *Le Gai savoir*, Plaisanterie, ruse et vengeance, § 14).
[249] Nietzsche, *Ecce Homo*, Avant-propos, et *Ainsi parlait Zarathoustra*, De la vertu qui donne, 3.
[250] *"Ton ami doit être ton meilleur ennemi. C'est quand tu luttes contre lui que tu dois être le plus près de son cœur."* (Nietzsche, *Ainsi parlait Zarathoustra*, De la guerre et des guerriers).
[251] Nietzsche, *Ainsi parlait Zarathoustra*, De l'amour du prochain.

de lui-même qui devra être surmontée, du reste comme toute image de l'homme : *"Hélas ! Il y a trop de profondeurs pour tous les solitaires. Aussi aspirent-ils à un ami qui les entraîne plus haut."* [252] Pour cela, l'ami devra surtout permettre de valoriser le futur : *"Je ne vous enseigne pas le prochain, je vous enseigne l'ami. Que l'ami vous soit la fête de la terre et un pressentiment du Surhomme. (...) En ton ami, tu dois aimer le Surhomme comme ta raison d'être."* [253] Cependant, cette vision de l'amitié n'est en fait que le *fantôme* qui accompagne l'ombre d'un *moi* solitaire et altier, lequel se dépasse tragiquement pour devenir surhumain, plus beau, en quelque sorte divin, à coup sûr en une amitié toujours lointaine, voire idéalisée : *"Il y a bien, çà et là sur terre, une sorte de prolongement de l'amour dans lequel le désir cupide que deux êtres éprouvent l'un pour l'autre fait place à un nouveau désir, à une nouvelle convoitise, à une soif supérieure commune, celle d'un idéal qui les dépasse tous deux : mais qui connaît cet amour-là ? Qui l'a vécu ? Son véritable nom est amitié."* [254]

En conséquence, cette amitié surhumaine ne pouvait paraître que **stellaire**, c'est-à-dire être déterminée à très vite disparaître mystérieusement comme une lointaine étoile : *"Nous étions deux amis, nous sommes deux étrangers. Mais cela est bien ainsi. (...) La toute-puissance de nos tâches nous a ensuite séparés ! (...) Pour cela l'idée de notre ancienne amitié doit nous devenir plus sacrée ! Il existe probablement une formidable trajectoire, une piste invisible, une orbite stellaire, sur laquelle nos voies et nos buts différents sont inscrits comme de petites étapes ; élevons-nous jusqu'à cette pensée. (...) Croyons donc à notre amitié stellaire, même si nous devons être sur terre des ennemis."* [255] Cette amitié stellaire, en effet, devait apparaître et disparaître comme une ombre fugitive, mais c'était pourtant cette amitié fatale, occasionnelle et sans pérennité, qui exprimait la vérité de l'amitié pour Nietzsche.

---

[252] Nietzsche, *Ainsi parlait Zarathoustra*, De l'ami.
[253] Nietzsche, *Ainsi parlait Zarathoustra*, De l'amour du prochain.
[254] Nietzsche, *Le Gai savoir*, Livre premier, § 14.
[255] Nietzsche, *Le Gai savoir*, § 279.

- *La claire amitié raisonnable d'Aristote*

En revanche, au delà des perspectives irrationnelles de Nietzsche ou fusionnelles de Montaigne, l'amitié pourrait être plutôt interprétée en fonction de la vérité d'un possible accord raisonnable et libre entre deux êtres humains. Dans ce cas, chacun reconnaîtrait la valeur propre de l'autre, tout en s'ouvrant sur une amitié qui engloberait deux volontés soucieuses de reconnaître la valeur incomparable, digne et différente de chacun, c'est-à-dire la valeur de tous les êtres humains capables d'ajuster leur pensée à celle d'autrui pour ne pas nuire à un projet commun de réciprocité amicale. En fait, un libre accord avec un ami est possible lorsque chacun devient suffisamment raisonnable pour pouvoir maîtriser son rapport à l'autre, donc en dépassant l'émotion inhérente à toutes les formes d'attachement incontrôlées, sans séparer les actes psychiques de leurs racines sensibles et complexes ainsi que de leurs pensées limitées, ordonnées, cohérentes et concentrées.

En effet, cette intervention du raisonnable, dans des sentiments qui ne sont pas tout d'abord maîtrisés, n'est pas seulement intellectuelle, elle est aussi pratique, c'est-à-dire orientée par et vers des exigences morales, par exemple vers la possibilité d'une bienfaisance universelle, mais en cherchant aussi à satisfaire des exigences singulières capables d'apporter une juste reconnaissance de la valeur différente de l'un et de l'autre. Ce projet requiert donc à la fois la visée universalisante d'une éthique de l'amitié et l'action singulière de ses propres qualités. Cependant, comment l'intention d'être raisonnable en maîtrisant ses sentiments pourra-t-elle ensuite renforcer chaque relation amicale en distinguant clairement les multiples différences singulières et incomparables de chacun ?

En réalité, cette possibilité d'être raisonnable permet de devenir vertueux, par exemple en intellectualisant fermement sa relation amicale avec l'autre que soi tout en constituant l'analogie selon laquelle l'autre est bien comme moi-même, mais un autre moi-même qui sera toujours distinct de *moi*. Pour répondre à la légitime exigence d'une éthique de l'amitié, il faudra surtout concevoir quelles vertus sont impliquées par cette exigence, sachant que, comme l'amour qui requiert d'abord une certaine probité, l'amitié dépend nécessairement de la vertu de la ***véridicité***. La prime vertu fondatrice de l'amitié consiste effectivement à dire le vrai sur soi-même, certes sans prétendre dire toutes ses vérités dans la mesure où chaque vérité, du reste toujours changeante, pourrait être nocive pour l'autre. Cela implique que chaque ami soit véridique et que cette commune véridicité soit constante, tout en sachant que la vertu de la ***constance*** devra être soumise à la vertu morale de la ***tempérance***, notamment parce que le face à face entre deux amis sera toujours doublement modifié, d'abord par le fait qu'il est asymétrique (l'un sera plus vérace que l'autre), ensuite par le fait qu'il est ouvert sur d'autres amitiés possibles...

Dans cette perspective, pour Aristote, la première vertu fondatrice de l'amitié consistait bien à dire la vérité, et la rupture d'Aristote avec Platon le confirmera : *"Si amitié et vérité nous sont chères l'une et l'autre, c'est à la vérité qu'il convient de donner la préférence."* [256] Sans doute ! Mais, n'oublions pas que le concept de vérité varie selon les métaphysiques de chacun. En effet, Platon rapportait l'amour à des désirs qui s'ouvraient sur l'infini, alors qu'Aristote se référait au concept de raison qui produit l'ordre parfait du *cosmos*, tout en instaurant différents niveaux entre le divin et l'univers qui est mû par des amours plus ou moins raisonnables en lui, sachant que le divin, situé à la limite extrême du Tout, est un acte pur qui ne désire rien, qui est le suprême désirable agissant jusqu'au cœur de la vie animale. Quoi qu'il en soit pour l'un ou pour l'autre de ces deux philosophes, l'amitié n'est que seconde et elle et implique d'être véridique ; mais, pour Aristote, cette véridicité passe par les différents niveaux du raisonnable, c'est-à-dire renvoie surtout à *"l'intérêt de la partie pensante de son être, qui, semble-t-il, constitue chacun de nous."*[257]

Par ailleurs, pour Aristote, comme pour de nombreux Grecs, le mot *philia* (au sens d'amitié) avait une signification très large. Dès lors, traduire uniquement *philia* par amitié, ce serait en ignorer de multiples autres interprétations possibles, actives ou

---

[256] Aristote, *Éthique à Nicomaque*, I, 4, 1096a 15. Tricot, Vrin, 1972.
[257] Aristote, *Éthique à Nicomaque,* Garnier-Flammarion, 1965, IX, 4, 3.

passives : la *philia* naturelle (*physiké*), celle entre les hôtes (*xéniké*), entre les amis (*hétaïriké*) et la *philia* amoureuse (*erotiké*). En tout cas, la *philia* entre amis est un sentiment altruiste de sociabilité, d'affection bienfaisante, de philanthropie et de bienveillance qui apparaît d'une manière spontanée, libre, voire réfléchie en instaurant une certaine réciprocité. Cependant, cette grande extension du mot a permis à Aristote d'instaurer des liens mutuels entre les dispositions à acquérir des amis (les manières d'être qui sont ensuite renforcées par l'habitude), et une nécessité naturelle, donc innée, qui rend l'amitié absolument indispensable au bonheur de vivre : *"Enfin sentir qu'on vit est agréable par soi-même – la vie étant un bien par nature et s'apercevoir du bien qui existe en nous étant un plaisir."* [258]

Or, cette importante différence hiérarchisée entre le bien, l'agréable et l'utile, a été reprise par Aristote dans sa conception de l'amitié en distinguant clairement, mais aussi en entrelaçant les différents niveaux. Comment ? Au plus bas, les mouvements des êtres inanimés sont dirigés par leur poids vers leurs lieux naturels. Au-dessus, les plantes accomplissent leurs cycles nécessaires. Puis les animaux, capables de prudence, s'adaptent à court terme au concret qui leur est utile ; ceux-ci étant mus par des désirs, donc capables de tendresse et d'affection bien qu'il n'y ait pas de réciprocité entre les animaux d'une même espèce. L'affection est en tout cas un sentiment *naturel* et *nécessaire* aussi bien pour les hommes que pour les animaux. Pour cela, nous louons ceux qui sont bons pour les autres : le père pour sa progéniture et la progéniture pour le père, comme chez les oiseaux et chez la plupart des animaux d'une même race. En fait, Aristote s'appuie sur de multiples exemples pour distinguer dans l'amitié soit des ressemblances (le doux avec le doux selon Empédocle), soit des tensions entre des semblables selon Hésiode (*"Le potier en veut au potier"*), soit quelques affinités à partir des contraires selon Euripide : *"La terre desséchée est éprise de pluie"*.

De multiples questions pourtant s'imposent ensuite : l'amitié est-elle commune à tous les hommes, est-il possible que des méchants soient amis avec d'autres méchants, y a-t-il une

---

[258] Aristote, *Éthique à Nicomaque,* IX, 9, 1169 b 30. Tricot, Vrin, 1972.

seule espèce d'amitié qui admettrait le plus et le moins, ou plusieurs différences de degrés en chacune ? En fait, pour Aristote, à un niveau supérieur, celui de la perfection,[259] la cime de l'amitié est conçue comme ***vertueuse***. Cela signifie que la ferme action stable de ce sentiment est inséparable d'un bien (καλόν). En effet, inspiré par la vertu elle-même qui est *"la mesure de toutes choses"*, noble, honnête et honorable, l'homme vertueux *"vit d'accord avec lui-même et souhaite toujours les mêmes choses - cela de toute son âme."* [260] Ainsi, en réalisant aussi bien l'excellence du corps que la partie rationnelle de l'âme, l'amitié purement vertueuse est-elle bien la cime de l'amitié ! Et c'est à ce niveau seul que l'amour de soi pourra devenir l'équivalent de l'amour de l'autre, à condition que l'autre soit comme soi-même, un autre soi-même (en vertu) séparé de soi, et surtout un homme de bien.

Cela signifie que seuls les hommes vertueux (ou n'allant pas sans vertu) pourront être amis au sens propre et qu'ils le seront soit par disposition et par état (même lorsqu'ils sont endormis ou séparés peu longtemps), soit par activité (partageant la même existence vertueuse, c'est-à-dire des valeurs nobles). Les vertueux seront alors capables de dépasser l'émotion de leurs attachements par une disposition acquise qui leur permettra d'aimer ce qui est bon pour les deux, chacun devenant ainsi un bien pour l'autre. Durable, stable, désintéressée et efficace dans son action mutuelle, l'amitié des hommes de bien sera ainsi vraiment de l'amitié, et cette amitié purement vertueuse sera première, [261] même si elle est *rare* et plus ou moins vertueuse, car les hommes qui en sont capables sont peu nombreux eu égard à leurs diverses manières d'être raisonnables, c'est-à-dire d'avoir pris l'habitude de l'être en actualisant leurs vertus, voire en voulant le bien de leur ami, non pour eux-mêmes, mais pour lui, sachant qu'il faudra *"accorder à ceux qui sont supérieurs une compensation proportionnée."* [262] En tout cas, cette amitié

---

[259] Aristote, *Éthique à Nicomaque,* VIII, 4, 1156 b 6. Tricot, Vrin, 1972.
[260] Aristote, *Éthique à Nicomaque,* Garnier-Flammarion, 1965, IX, 4, 2-3.
[261] Aristote, *Éthique à Eudème*, VII, 2, 1237 a10. Tricot, Vrin, 1972.
[262] Aristote, *Éthique à Nicomaque*, Garnier-Flammarion, 1965, VIII, 13, 1.

vertueuse est *"celle des bons"*, [263] celle des gens de bien qui accomplissent des actes justes et modérés, c'est-à-dire celle *"de ceux qui se ressemblent par la vertu"*, [264] qui savent ce qu'ils font, qui choisissent d'agir librement après réflexion, et qui sont *"dans une disposition d'esprit ferme et inébranlable."*[265]

D'une manière globale, l'amitié vertueuse demeure pourtant complexe. Car, par sa nature (*quiddité*), elle est une médiété [266] qui vise le moyen,[267] la modération, un juste milieu entre les excès et les défauts, comme c'était du reste le cas pour la véracité. Mais d'un point de vue éthique, sa nature est un sommet dans l'ordre de la perfection qui exprime ce qui est réellement bon pour un être humain, et plus précisément l'activité parfaite d'une âme en accord avec la raison selon la vertu qui lui est propre, voire selon la meilleure et la plus accomplie. Dans ces conditions, les amis sont bons absolument en eux-mêmes par leurs actions lorsque ces dernières expriment leur caractère propre, mais cet état, difficile à acquérir et à conserver de manière constante, ne pourra pas être dépassé, [268] donc, très souvent, ce qui sera visé pour soi et pour autrui sera seulement ce qui semble bien et non le bien (καλόν).

De plus, parfois, l'amitié manifestera une vertu moins ferme ; ce qui a conduit Aristote à nuancer ses propos : *"Tout au moins, l'amitié s'accompagne de vertu"*. Peut-être est-ce parce qu'une amitié seulement vertueuse exige trop de l'homme et parce que l'action constante de la raison doit ensuite être renforcée par de bonnes habitudes ? En effet, l'amitié est *"une certaine vertu ou ne va pas sans vertu"*, [269] et les actes vertueux qui la constituent devront toujours se développer et s'améliorer. [270] Comment ? C'est alors qu'interviennent les différences entre le bien qui inspire la vertu et les biens apparents qui peuvent être aimés

---

[263] Aristote, *Éthique à Nicomaque*, Garnier-Flammarion, 1965, VIII, 3, 6.
[264] Aristote, *Éthique à Nicomaque*. II, 3, 1105 b 4. Tricot, Vrin, 1972.
[265] Aristote, *Éthique à Nicomaque*, II, 3, 1105 a 35.
[266] Aristote, *Éthique à Nicomaque*, II, 5, 1106 b 27.
[267] *"Comme font ceux qui redressent le bois tordu."* (*Éthique à Nicomaque*, II, 9, 1109 b 8).
[268] Aristote, *Métaphysique*, Δ 16,1021 b 15.
[269] Aristote, *Éthique à Nicomaque,* VIII, 1, 1155 a 3. Tricot, Vrin, 1972.
[270] Aristote, *Éthique à Nicomaque,* Garnier-Flammarion, 1965, IX, 12, 3.

sans vertu, c'est-à-dire qui le sont uniquement par un plaisir immodéré, voire pervers, lequel engendre un jugement séparé du bien, car ce plaisir n'est pas inhérent à *"des actions conformes à la vertu".* [271]

Pour comprendre cette distinction, il faut savoir que, pour Aristote,[272] les variations de degrés à l'intérieur d'un genre sont insuffisantes pour créer une différence spécifique. Mais, concernant l'amitié qui n'est pas un genre (comme ce sera le cas pour l'âme humaine ou pour les diverses couleurs constitutives de l'unité-couleur), le *plus* peut constituer une espèce et le *moins* une autre. Il y a donc (selon les degrés) trois niveaux dans l'amitié : soit une espèce fondée sur le bon (notamment sur le fait d'exister en conservant la vigueur de sa pensée intime), soit une autre espèce fondée sur l'agréable ou sur le plaisir, et soit une dernière espèce fondée sur l'utile.[273]

Mais quel rapport y a-t-il entre ces trois espèces d'amitié ? En réalité, seul l'homme de bien associe le bien réel et le bien apparent, pendant que l'homme de l'agréable ou de l'utile préfère le bien apparent : *"L'aimable est l'aimable apparent".* Or rien n'est vraiment stable pour ce qui relève du bien apparent : l'utilité n'est pas durable et elle varie suivant les époques. De plus, l'amitié seulement **utile** est celle des âmes mercantiles et elle disparaît avec la fin du profit qui avait rapproché.

Différemment, ceux qui s'aiment pour ce qu'ils trouvent d'*agréable*, comme les jeunes gens entre eux, vivent uniquement sous l'empire de la passion et dans le seul plaisir du moment ; l'émotion amoureuse a ainsi pour source un plaisir éphémère, et, *"en avançant en âge, les choses qui leur plaisent ne demeurent pas les mêmes."* Certes, l'amitié qui repose uniquement sur le plaisir ressemble à la véritable amitié lorsque les mêmes satisfactions, les mêmes joies et les mêmes choses sont partagées. C'est du reste le cas entre les jeunes gens qui sont généreux après avoir eu l'habitude d'être plaisants ou agréables. En revanche, chez les personnes moroses ou âgées (à l'inverse des jeunes gens qui éprouvent des sentiments de joie),

---

[271] Aristote, *Éthique à Nicomaque*, I, 9, 1099 a 21.
[272] Aristote, *Les Politiques*, I, 13,1259 b 36.
[273] Aristote, *Éthique à Nicomaque,* VIII, 2, 1155 b 17-20.

l'amitié est moins fréquente, car ces personnes se plaisent médiocrement aux fréquentations et elles ressentent surtout leurs propres faiblesses. Mais la vie en commun pourra parfois les pousser à se secourir en supprimant leur solitude, à condition qu'il y ait alors agrément et communauté de goûts.

Pour résumer, ces différences font que chaque homme souhaite à son ami le bien qui lui correspond : soit la vertu, soit le plaisir, soit l'utile, voire un moindre mal.[274] Dès lors, les formes inférieures de l'amitié recouvrent toutes sortes d'hommes, des vicieux ensemble, un vicieux et un homme de bien, un homme ni bon ni mauvais avec n'importe quel autre (bon, mauvais, ou ni bon ni mauvais). Par ailleurs, Aristote refuse de rassembler les deux formes inférieures de l'amitié, car le lien plaisir-profit (tendresse-intérêt) est peu fréquent, voire accidentel, bien qu'on le trouve parfois entre des gens vertueux. En tout cas, ceux qui sont uniquement amis par plaisir ou par intérêt sont semblables et pervers.

La plus grande extension de l'amitié règne ainsi dans le monde naturel (grâce à l'action divine du suprême désirable), mais, du point de vue de l'éthique qui concerne les humains, l'entrelacement des vertus avec les intérêts et avec les plaisirs n'empêche pas l'amitié vertueuse de parvenir à dominer l'amitié utile ainsi que l'amitié plaisante, précisément lorsqu'elle vise le bien qui, *"pour l'homme consiste dans une activité de l'âme en accord avec la vertu"*,[275] cette dernière étant l'excellence propre de l'homme en activité *"dans une vie accomplie jusqu'à son terme."* Néanmoins, l'homme vertueux ne saurait ignorer ses propres intérêts, sa condition vitale et plaisante. Il sait que ce qui est bon peut être aussi agréable, et qu'il peut être également agréable à son ami, mais il demeure d'abord modéré en s'abstenant de certains plaisirs.[276]

En tout cas, les différents niveaux de l'amitié sont justifiés par le fait d'une disproportion entre les sentiments humains, car, hors de l'inébranlable amitié vertueuse qui proportionne les sentiments en fonction des mérites qu'ils rendent possibles,

---

[274] Aristote, *Éthique à Nicomaque*, II, 9, 1109 a 36.
[275] Aristote, *Éthique à Nicomaque*, I, 6, 11098 a 17.
[276] Aristote, *Éthique à Nicomaque*, II, 2, 1104 a 32.

chacun donne plus à l'autre qu'il ne retire en utilité ou en plaisir. Dans ce cas, *"l'amitié consiste plutôt à aimer qu'à être aimé"*,[277] et, surtout, *"il faut que le meilleur soit aimé plus qu'il n'aime."*[278] Pour le dire autrement, durable et efficace dans le partage des avantages, l'amitié des hommes de bien (*vertueux*) est très secondairement *agréable* et *utile*. En revanche, les deux formes inférieures de l'amitié n'atteignent leur maximum de durée qu'en partageant les mêmes avantages et plaisirs, c'est-à-dire en tenant compte des petits soins reçus... Certes, l'amour pourra prendre ensuite le relais en rendant cher le caractère de l'autre, notamment lorsqu'il est proche du sien. Cependant, pour les gens **vertueux**, ce qui est bon ou plaisant l'est pour un autre en fonction de deux raisons : l'homme vertueux dépasse l'émotion de l'attachement par une disposition qui lui permet de créer le choix délibéré du meilleur. En effet, dans l'amitié vertueuse, le sentiment ne relève pas d'une émotion, mais d'une disposition qui rend capable d'aimer ce qui est bon pour les deux, chacun devenant un bien pour l'autre, rendant exactement à l'autre ce qu'il en reçoit, en souhait et en plaisir, sachant qu'aimer la vertu implique seulement de la préférer à tout plaisir et à tout attachement utile (intéressé).

En tout cas, l'épreuve de l'amitié vertueuse peut être soit légèrement plaisante lorsqu'elle affine ses bases sensibles en les intellectualisant, soit ferme lorsqu'elle actualise la force inhérente aux sentiments humains ! Dans ces conditions, l'homme vertueux devra-t-il ignorer ses intérêts communs avec autrui ? La réponse d'Aristote est claire : *"La parfaite amitié est celle des hommes vertueux et qui sont semblables en vertu"*. Ils sont donc bons pour eux-mêmes (essentiellement). Et chacun se comporte envers l'autre *en raison de sa propre nature*. Dès lors, l'amitié persiste aussi longtemps qu'ils sont bons, car la vertu est une *activité* permanente et stable. Ils sont bons à la fois absolument et relativement puisqu'ils sont aussi utiles et agréables l'un pour l'autre, puisque leurs actions expriment leur caractère propre, et puisqu'ils sont de même nature. Cette amitié est donc stable, car *"ce qui est bon absolument est aussi agréable*

---

[277] Aristote, *Éthique à Nicomaque*, VIII, 9, 1159 a 27, 1158 b23, 1157 b36.
[278] Aristote, *Ibidem*.

absolument ". Pourtant, cette amitié est très *rare* puisque les êtres humains qui en sont capables sont peu nombreux, notamment parce qu'il faut *beaucoup de temps et des habitudes communes* pour se connaître, pour consommer ensemble et pour se montrer digne de l'autre. La prompte volonté de l'amitié ne suffit donc pas.

En conséquence, dans les conditions de l'amitié vertueuse, l'amour de soi pourra devenir l'équivalent de l'amour de l'autre, à condition que l'autre soit comme moi-même, un autre moi-même (en vertu), séparé de *moi*, mais un peu semblable en vertu, donc un homme de bien qui persiste vigoureusement et intelligemment dans sa bonté. En effet, l'homme de bien aime *"la partie la plus haute de lui-même et lui obéit en toutes circonstances."* [279] Il s'y complaît du reste égoïstement en se maîtrisant, en s'accordant avec sa raison. Il échappe ainsi à la passion. Cependant, l'entrelacement des vertus avec les intérêts, notamment dans le partage des avantages, et avec les plaisirs conduit chaque forme d'altruisme à se confondre un peu avec de l'égoïsme. Pour cela, Jean Brun avait créé l'expression ***ego-altruiste***,[280] car il semble que, pour Aristote, l'antithèse entre l'égoïsme et l'altruisme n'était pas fondée. En tout cas, ceux qui sont uniquement amis par plaisir ou par intérêt sont amis par accident ou par analogie.

Plus fondamentalement, deux concepts sont sous-jacents à ce développement, celui de *"l'**égalité** entre amis"* [281] (cette proposition étant sans doute pythagoricienne), et celui de la ***réciprocité*** : *"Car amitié, ainsi qu'on le dit, c'est égalité"* [282] et *"rien ne caractérise mieux l'amitié que la vie en intimité réciproque."* [283] Pour comprendre les limites de ces deux concepts, il faut distinguer ce qui est en ***droit***, c'est-à-dire de l'ordre de l'égalité recherchée par les amis, notamment en créant les conditions pour se faire du bien réciproquement,[284] et

---

[279] Aristote, *Éthique à Nicomaque,* Garnier-Flammarion, 1965, IX, 8, 6.

[280] Brun (Jean), *Aristote et le Lycée*, PUF, Que sais-je ? n°928, 1965, p.112.

[281] Aristote, *Éthique à Nicomaque,* 1157 b 36. Tricot, Vrin, 1972.

[282] Aristote, *Éthique à Nicomaque*, VIII, 5, 1157 b36.

[283] Aristote, *Éthique à Nicomaque*, Garnier-Flammarion, 1965, VIII, 5, 3.

[284] *"Les amis se traitent l'un l'autre de la même manière ; ce qu'ils désirent les uns pour les autres est identique."* (Aristote, ibid, VIII, 6, 6).

l'inégalité de *fait* entre eux, puisqu'il y a différents degrés très repérables dans l'amitié. Néanmoins, une parfaite réciprocité de fait étant illusoire, le Stagirite propose la perspective la plus noble possible, celle qui consiste à atteindre le bonheur par delà celui, moins durable, qu'apportent les amitiés utiles ou plaisantes. Le face à face entre deux amis sera donc toujours ***asymétrique*** et déséquilibré, hormis dans ses intentions bienveillantes : *"Ce n'est que si la bienveillance est réciproque qu'elle est amitié (...). Il faut donc qu'il y ait une bienveillance mutuelle, chacun souhaitant le bien de l'autre ; que cette bienveillance ne reste pas ignorée des intéressés."* [285]

Certes, il ne suffit pas de bien vouloir, il faut surtout bien faire. Mais, dans l'amitié, le sentiment inné de l'aimable est toujours précédé par la vertu spontanée et superficielle de la ***bienveillance***, car cette dernière inspire de bien agir, de choisir le meilleur (y compris dans l'honnêteté), puis de *"rendre service aux autres"*, [286] certes dans la mesure du possible : *"Il en fait autant pour son ami ou à peu de chose près."* [287]

Par ailleurs, à l'intérieur de chaque *"association"* [288] amicale, chaque inégalité devra être compensée par de nouvelles proportions susceptibles de créer un nouvel équilibre, certes très relatif, mais pourtant nécessaire. Cette bienveillante amitié se veut ainsi mutuelle, et elle peut l'être en partie en fonction de la présence constante, active et volontaire de l'autre, puisque chaque acte vertueux socialise et dépasse toutes les singularités en les épanouissant et en réalisant une partie non négligeable de la félicité humaine qui développe la bienveillance au delà de l'amitié : *"La bienveillance, tout en présentant des analogies avec l'amitié, s'en distingue néanmoins. La première peut s'adresser même à des inconnus et demeurer cachée, au contraire de l'amitié. (...) Elle n'est pas non plus l'affection, car elle n'implique ni effort ni élan, tous caractères qui accompagnent l'affection."*[289]

---

[285] Aristote, *Éthique à Nicomaque,* VIII, 2, 1155 b 33. Tricot, Vrin, 1972.
[286] Aristote, *Éthique à Nicomaque,* Garnier-Flammarion, 1965, IX, 8, 7.
[287] Aristote, *Éthique à Nicomaque,* Garnier-Flammarion, 1965, IX, 9, 10.
[288] Aristote, *Éthique à Nicomaque,* IX, 12, 1171 b 36. Tricot, Vrin, 1972.
[289] Aristote, *Éthique à Nicomaque,* Garnier-Flammarion, 1965, IX, 5, 1).

En tout cas, chaque différence aura peu de valeurs pour l'homme de bien s'il veut surtout et d'abord s'immortaliser en tant qu'animal divin, toujours bon pour lui-même et pour l'autre, par exemple en instaurant le principe d'égalité qui empêchera toute relation de domination entre eux, et, au mieux, la concorde nécessaire à une amitié qui serait alors politique : *"La concorde paraît donc être une amitié politique (...) dans le domaine des intérêts communs et de la vie en société."* [290]

En définitive, le désir de bienfaisance, de faire du bien à son ami, pour le bien de l'un et de l'autre, en étant surtout vertueux, a conduit Aristote à fonder une éthique à ce jour non dépassée de l'amitié. Certes, on pourrait supposer un autre fondement possible de l'amitié, celui d'un dialogue vérace qui, par exemple chez Socrate, rapprochait les citoyens de la Cité grecque. En effet, le savoir nescient du sage parvenait parfois, dans une certaine mesure, hormis dans son expression ironique, à valoriser amicalement la parole de l'autre (Ménon). Dans cet esprit, Hannah Arendt a estimé que des dialogues bien partagés auraient fondé la reconnaissance des divers points de vue des citoyens d'une Cité : *"Pour les Grecs, l'essence de l'amitié consistait dans le discours. Ils soutenaient que seul un "parler-ensemble" constant unissait les citoyens en une polis. Avec le dialogue se manifeste l'importance politique de l'amitié, et de son humanité propre."* [291] En effet, l'amitié entre les citoyens serait bien l'une des conditions fondamentales pour réaliser le bien-être de tous, voire une authentique philanthropie, celle qui ouvrirait sur une politique juste ou équitable pour tous, en tout cas pour une société plus humaine : *"Cette humanité qui se réalise dans les conversations de l'amitié, les Grecs l'appelaient* philanthropia*, «amour de l'homme», parce qu'elle se manifeste en une disposition à partager le monde avec d'autres hommes."*[292] Dans ces conditions, l'ami resterait certes à une certaine distance, mais sans étrangeté, il serait accueilli tel qu'il est, avec toutes ses différences, et même si des ajustements

---

[290] Aristote, *Éthique à Nicomaque*, Garnier-Flammarion, 1965, IX, 6,2. Tricot, Vrin, 1972.
[291] Arendt (Hannah), *Vies politiques,* Tel/Gallimard, 1986-2012, p.34.
[292] Arendt, *Vies politiques*.op.cit., p.35.

devront ensuite rapprocher leurs points de vue, sans pour autant, comme Blanchot, ne voir dans l'amitié qu'une manière de se détourner de son propre vide et de sa fin mortelle en interrogeant tristement l'irrémédiable et inéluctable silence de l'ami : *"Le pur intervalle qui, de moi à cet autrui qu'est un ami, mesure tout ce qu'il y a entre nous, l'interruption d'être qui ne m'autorise jamais à disposer de lui, ni de mon savoir sur lui (fût-ce pour le louer) et qui, loin d'empêcher toute communication, nous rapporte l'un à l'autre dans la différence et parfois le silence de la parole."*[293]

Quoi qu'il en soit, les diverses interprétations possibles de l'amitié ont permis de mettre au jour plusieurs concepts. D'abord celui de l'*amitié astrale* qui, chez Nietzsche, rapporte surtout son amour de la Nature à un vague et faible rêve d'amitié entre les êtres humains. En revanche, pour Montaigne, le concept de l'amitié a été recouvert par celui d'un *amour d'amitié* où il s'agissait de fusionner mystérieusement avec l'ami qui était considéré comme son propre *alter ego*. Concernant ensuite l'interprétation de l'amitié par Aristote, c'est d'une manière très raisonnable qu'ont été distinguées l'amitié vertueuse, l'amitié utile et l'amitié plaisante, même si ces trois espèces d'amitié étaient entrelacées. En tout cas, Aristote a su échapper à la complexité qui rend toute pensée paresseuse lorsque, fascinée, elle néglige la nécessité de renvoyer le simple au complexe, et inversement.

- L'amitié reconnaît l'altérité singulière et digne de chaque être humain pour fonder l'amour de la justice

Lorsqu'un sentiment n'est plus seulement mû par la négativité du besoin, par les contradictions du désir, par les débordements de la passion, par une vision sublime, par l'amour charitable des exclus ou par un bref contact avec l'infinité de la Nature, c'est la **lumière de la raison** qui rend possibles non seulement une relation amicale avec l'autre que soi, mais aussi, et surtout un dépassement éthique ouvert sur un amour global de l'humanité. Dans ces conditions transcendantales, l'amitié ne saurait être

---

[293] Blanchot, *L'Amitié*, Gallimard, 1971, p.328.

réduite, comme dans la camaraderie, à des habitudes impersonnelles, à des plaisirs ou à des projets communs et intéressés, car l'amitié implique de reconnaître la valeur intrinsèque de l'autre sans aller jusqu'à faire prévaloir un sentiment qui ne distinguerait pas clairement ce qui relève d'une inclination naturelle, même élective, et ce qui exprime une sympathie pour autrui, quel qu'il soit ; sachant que des valeurs indifférentes à ce qui est partagé ne nuisent pas à la force d'aimer avec tempérance les différences, même étranges, de l'autre.

Certes, avec Aristote, l'amitié a été pensée d'une manière remarquable, complète et à mes yeux pertinente eu égard à sa perspective éthique *ego-altruiste*. Néanmoins, le désir de bienfaisance, de faire du bien à son ami, y compris pour le bien de l'un et de l'autre, aurait pu être explicité autrement. Par exemple, inspiré par Socrate, Platon a montré à sa manière dialectique qu'une amitié était toujours possible et souhaitable, même avec ceux qui n'y étaient pas du tout prédisposés : les sophistes très précisément, ces rhéteurs, ces habiles communicants qui valorisaient leur obscur pseudo-savoir au lieu de favoriser un possible mouvement vivant et clair de leur pensée.

En fait, ces habiles savants pragmatiques ignoraient la véridicité inhérente à la possibilité de toute forme d'amitié qui requiert toujours le ***dialogue*** avec l'autre (et non la seule confrontation des opinions) afin de mieux traverser les contradictions en les éclairant par la raison. Alors, au plus loin du nihilisme contemporain, il est sans doute possible de penser les conditions d'une éthique humaine de l'amitié qui serait soucieuse de dépasser l'amour-désir qui sombre dans la passion du Tout ou Rien en créant une inexplicable fusion avec l'autre. Cette éthique pourrait chercher à dépasser l'intention seulement bienveillante qui enferme les amis dans une relation circulaire et floue entre l'un et l'autre, et offrir ainsi la possibilité d'une concorde destinée à tous les êtres humains qui auront effectivement fait preuve de bonne volonté, c'est-à-dire d'une constante et vertueuse exigence intime ; comme c'était le cas lorsque Gandhi [294] avait ouvert son amitié sur le monde entier avec sagesse, puis avait manifesté son amour de la justice. Néanmoins, cette ouverture n'empêche pas de rester fidèle à Aristote pour qui amitié et justice possédaient des caractères communs puisqu'elles concernent les mêmes objets et puisqu'elles ont une égale extension pour tous ceux qui ont la ferme intention ou volonté de faire le bien, voire de faire seulement ce qui est estimé comme bien. [295]

b) L'amour-raison

- L'amour de la raison et les raisons d'aimer

D'un point de vue qui demeure en partie sensible, est-il cependant possible d'équilibrer amour et raison au sein de l'épreuve des différences et des similitudes inhérentes aux épreuves de ce monde ? Porté par un désir intellectualisé d'aimer raisonnablement ce qui maintient les équilibres de la vie, le principe de clarification et de cohérence permet en réalité de reconnaître les limites de la raison et de ne pas vouloir pour autant aller au delà ces limites.

La raison rendant plus claire l'expression d'une pensée réfléchie, y compris sensible, qui s'oriente consciemment et volontairement d'une manière ordonnée en fonction de repères plutôt clairs, soit d'une manière analytique (déductive), soit d'une manière inductive et synthétique, sa propriété logique n'est complètement autonome que lorsqu'elle est formelle, donc trop abstraite pour interpréter pertinemment toutes les variations du devenir complexe de la nature. Or, lorsque la raison est surtout le fruit d'une pensée consciente canalisée par une intention, la conscience d'aimer se divise entre d'une part un amour de la raison qui ne saurait saisir par la pensée tout l'amour qui l'a

---

[294] Gandhi, *Young India*, le 10 mars 1919 : *"J'ai pour but l'amitié avec le monde entier."* Cité par Howard Hair, *L'Amour d'amitié – Dix propos introductifs à l' Éthique.* L'Harmattan, 2009, p.89.
[295] Aristote, *Métaphysique,* Λ, 7, 1072a 27-29.

inspirée en la débordant intensément, et d'autre part en rendant conscientes de nombreuses raisons pratiques d'aimer. Cette distinction implique que les multiples raisons inhérentes à l'amour (au sens de pensées claires et distinctes, c'est-à-dire de concepts) ignorent pourquoi ces raisons dépendent d'un prime amour de la raison. La cause de cette incompréhension réside dans la nature infinie de l'amour au sens où elle est *sans aucune limite et parfaite* si l'on suppose que la réalité qui englobe tous les êtres passés, présents et à venir échappe à notre connaissance sans être, pour autant, inconnaissable dans certains de ses effets.

Du reste, sans cette perfection de la puissance de l'amour, comment l'amour de la déraison, de la folie et de la haine, y compris de l'amour de sa propre haine, serait-il possible ? En fait, sans cette perfection de l'amour qui dépasse toutes les contradictions, le monde ne serait-il pas privé des coordinations nécessaires à sa plus certaine pérennité ? Sans doute, mais, cette incompréhension des fondements n'empêche pas la conscience, lorsqu'elle interroge à la fois l'amour de la raison et les multiples raisons d'aimer empiriquement les choses de ce monde, de se concentrer volontairement sur l'amour qui lui donne un orient lumineux, sans doute grâce à la puissante Nature qui est la cause de tout ce qui est susceptible d'être pensé et aimé.

Certes, cette lumière concentrée pourrait renforcer d'autres élans de la conscience lorsque, en son ouverture sur l'universel, elle découvrira d'autres liens susceptibles d'orienter les divers objets de ses sentiments vers ce qui leur donnera un sens clair, par delà leur première obscurité. Ce processus permettrait à la pensée qui se donne des raisons d'aimer d'appliquer les repères ou les concepts formels d'unité, de pluralité ou de totalité en fonction des concepts empiriques qui recouvrent moins clairement chaque épreuve sensible, voire surtout affective. Cela signifie que les raisons inhérentes à l'amour sont déjà présentes, en puissance et formellement, dans l'amour de la raison qui requiert ces concepts pour interroger la puissance secrète et infinie de l'amour.

Effectivement, c'est à partir de la puissance globale, infinie, donc mystérieuse de l'amour, que des repères intellectuels ont pu s'imposer à chaque conscience qui a su chercher des raisons claires pour aimer, sans tout savoir concernant ce qui détermine globalement un amour, et sans pour autant chercher à trop simplifier ou à formaliser ces déterminations qui accompagnent toutes les interprétations. Cela signifie que la mystérieuse intuition globale de l'amour est, dans sa très probable vérité, d'abord plutôt intuitive que conceptuelle, car c'est toujours un prime amour mystérieux de la raison qui donne ensuite des raisons d'aimer. Alors, cette intuition, cette vision intime inhérente à l'amour de la raison, demeure la cause de tous ses effets raisonnables, notamment lorsqu'elle détermine des raisons d'aimer capables de s'ouvrir plus clairement sur ses objets. Cependant, cette intuition globale n'assumera vraiment son devenir qu'à partir de ce qui lui donnera peu à peu un sens, c'est-à-dire une orientation et une signification véritables, sans se refermer sur elle-même, donc sans avoir l'illusion de pouvoir rendre possible une interprétation complète, celle qui engloberait toutes les raisons de l'amour.

En conséquence, la raison [296] peut être conçue comme la pensée consciente, raisonnable ou rationnelle, qui s'est donné des repères clairs afin de rapporter naturellement son propre ordre à ce qui paraît d'abord indéterminé, y compris aux multiples effets empiriques de l'amour qui ne cessent de se jouer dynamiquement de l'ordre et du désordre. Le concept de la raison ne désigne donc pas une simple faculté psychologique, même supérieure, de juger logiquement à partir de principes abstraits tout ce qu'une pensée consciente peut construire en étant aidée par la sensibilité et par l'imagination. De plus, l'être humain n'étant pas toujours raisonnable, la raison ne devrait donc pas être réduite à un simple bon sens également partagé par tous les hommes dans leur *"puissance de bien juger et de discerner le bien d'avec le faux"*, [297] comme le pensait Descartes, car cette puissance de bien juger est d'abord l'expression de la nature qui s'aime et qui se reconnaît dans sa puissance. Par ailleurs, la pensée qui raisonne ne devrait pas davantage être l'affirmation d'une inconcevable lumière absolue ou suprasensible qui serait pure, donc séparée de ses effets

---

[296] Du latin *ratio* : calcul, plan, et surtout *rapport*...
[297] Descartes, *Discours de la Méthode,* I.

sensibles, comme pour Lagneau.[298] En réalité, à sa manière propre, lorsqu'elle exprime sa force intellectuelle avec assez de concentration et de clarté, la pensée qui raisonne en visant l'universel et le nécessaire, ainsi que celle qui est empiriquement raisonnable en s'adaptant aux choses qu'elle pense, sont ensemble l'expression d'une force naturelle qui unit volontairement des pensées abstraites et sensibles en les conceptualisant peu à peu, c'est-à-dire en les orientant et en les coordonnant.

Et la force naturelle de la raison est précisément la lumière d'une conscience qui, certes limitée, s'élargit ou se rétrécit en fonction des divers objets qu'elle pense plus ou moins clairement et distinctement, voire, en se laissant absorber par des forces matérielles, c'est-à-dire par ce qui était considéré par Plotin comme *"une ombre ou une chute de la raison"*.[299] Dans ces conditions, lorsqu'une pensée consciente crée progressivement ou intuitivement un ordre, cet ordre est nommé rationnel ! Et cet ordre aide à la construction des concepts, tout en sachant que cet ordre n'est pas complètement abstrait, mais qu'il permet d'éclairer le sensible, de le préciser, de le renforcer ou de l'adoucir pertinemment.

Ainsi, plus généralement, c'est-à-dire d'un point de vue métaphysique, il y a deux pôles au sein de la raison : celui du principe d'identité, conforme au principe logique de non-contradiction, et celui du principe de l'altérité, conforme et nécessaire à l'amour du réel et du devenir. Et ces deux pôles sont rapportés l'un à l'autre par la raison qui, d'un côté, réduit ainsi son pouvoir en ouvrant sur l'inconnu, et qui, d'un autre côté, intellectualise et purifie la nature trop sensible de l'amour en rendant les diverses manières d'aimer compatibles avec la raison.

C'est du reste dans et par l'amour de la raison, qui est prolongé par des raisons diverses d'aimer, qu'un lien même léger pourra apparaître entre les profondeurs sensibles, obscures et mystérieuses d'un corps aimant et les lueurs conscientes et

---

[298] Lagneau la concevait comme une manifestation de *"la nature absolue de l'Esprit"*. (*Cours sur l'évidence et la certitude,* P.u.f, 1950, p.109).
[299] Plotin, *Ennéades*, VI, 3.

volontairement concentrées d'un intellect ; ces lueurs étant d'autant plus conscientes qu'elles seront concentrées et unificatrices. Néanmoins, il n'est jamais possible de distinguer très nettement comment s'effectuent les déterminations propres à l'amour d'une part et à la raison d'autre part. N'apparaissent en réalité que divers effets de leurs relations ; surtout lorsque le pouvoir de cohérence et d'ordre de la pensée raisonnable fait surgir quelques concepts qui contredisent l'irrationalité de l'amour.

Dès lors, si l'on commence bien par aimer sans savoir pourquoi, des raisons interviennent discrètement ensuite sans qu'elles soient elles-mêmes les causes effectives de l'amour, car ces raisons sont plus faibles que l'amour. Cela signifie que jamais le pouvoir de la raison qui intellectualise, qui universalise et qui purifie la nature trop sensible de l'amour ne parvient vraiment à éclairer complètement son contact avec l'amour de l'altérité qui accompagne la pensée du devenir du réel. Cela signifie alors que l'expression d'une pensée raisonnable, pourtant capable de clarifier de multiples épreuves obscures et aléatoires, pourtant également capable d'ouvrir aussi des concepts sur l'infinité du réel,[300] et pourtant surtout capable de prouver la grande santé d'un corps qui pensait *"l'étrange labyrinthe"* [301] de la philosophie de Nietzsche, ne saurait comprendre totalement l'amour dans la puissance de ses différentes et innombrables variations.

En effet, toutes les raisons possibles d'aimer ne donnent jamais ni la raison suffisante ni la raison majeure et supérieure de ce qu'est l'amour qui vibre au cœur de toutes les différences, *a fortiori* de ce qu'est l'amour de la raison dans toute son extension et dans toute sa mobilité. Le sens de la raison d'aimer n'étant ni intrinsèque ni autonome, rien ne permet donc de penser l'amour dans son essence, dans ses affirmations et dans ses négations. Par ailleurs, les raisons empiriques, c'est-à-dire *a posteriori*, d'aimer ceci ou cela, cette personne ou une autre,

---

[300] *"La dernière démarche de la raison est de reconnaître qu'il y a une infinité de choses qui la surpassent; elle n'est que faible, si elle ne va jusqu'à connaître cela."* (Pascal, *Pensées*, 267).
[301] Nietzsche, *Le Livre du philosophe*, § 189.

échappent également à la connaissance, car elles sont à la fois occasionnelles et provisoires (variables selon les époques). Leur sens est second et extrinsèque, voire seulement et au pire, de l'ordre d'une utilité matérielle : par exemple pour mieux réussir quelque chose avant d'échouer. Et cette raison de l'utilité n'est en fait jamais durable puisqu'elle disparaît lorsque le but ou le profit sont atteints. Cependant, cette limitation de la pensée raisonnable à des fins mercantiles ne l'empêche pas de s'exercer dans tous les domaines, y compris scientifiques, notamment lorsque l'amour de la raison demeure actif dans sa capacité de renforcer les raisons les plus ordinaires.

Mais c'est toujours l'amour de la raison qui inspire les raisons d'aimer ce qui manque d'abord de sens, ce qui manque d'abord de clarté, de précision et de cohérence. Puis, embrasées et vivifiées par la lumière de l'amour, les réalités opaques et profondes du monde deviennent plus diaphanes, puis, même si elles ne deviennent pas complètement lumineuses, cet amour de la raison invite à interpréter clairement ce qui obscurcit, y compris les élans les plus excessifs, sans oublier de reconnaître que la nuit est peut-être plus profonde que le jour.

En conséquence, l'amour de la raison inspire de multiples raisons d'aimer au sens où il rend possible un élargissement de son premier rapport entre l'affectif et l'intellectuel, entre l'obscur et le clair. Ensuite, grâce à cet amour de la raison, le besoin de vivre et de se perpétuer pourra s'orienter vers ce qui lui donnera des sens et des valeurs à la fois plus aimables et plus clairs. Puis la folie des désirs et des passions se trouvera ensuite contredite par l'amour d'une sagesse modérée et adaptée au réel. Ainsi une âme aimante parviendra-t-elle à s'épanouir dans un corps trop limité pour elle et dans une nature trop grande pour elle !

En définitive, la raison ne nuit pas à l'amour et, hormis dans l'amour-désir ou dans l'amour-passion, elle ne se perd pas dans un obscur mélange qui ferait prévaloir le sensible sur l'intellect, car elle est la lumière naturelle qui anime une conscience, même intermittente, et qui lui donne une orientation, une mesure et une transparence, même si sa claire action sur l'amour est brève, et même si elle apparaît parfois en une intuition abusivement simplifiée, formelle et naïve qui ne saurait rendre compte de toute l'extension et de toute la complexité de l'amour. Du reste, en Grèce antique, Apollon Lukourgos, *le "faiseur de lumière"* n'avait pas tous les pouvoirs pour unifier toutes les formes. Et il est souvent vrai que, dans les épreuves complexes du monde, les multiples mouvements lumineux de la pensée ne savent que rarement témoigner de ce que l'amour a pu leur inspirer. Mais, si ce n'est pas seulement la lumière qui, seule, permettra d'unir le temporel et l'éternel en faisant rayonner les corps, en les rendant plus légers, plus transparents et plus accordés, ce sera bien toujours à partir de l'amour de la raison que les obscurités du monde et le mystère de l'autre pourront être un peu clarifiés et accordés, certes sans vraiment atteindre leur connaissance objective, homogène, totale et achevée, puisque toujours subsistent des limites plus ou moins éloignées à repousser, et des épreuves illusoires, voire séduisantes, à maîtriser.

- *L'amour-raison unifie les forces naturelles*

L'analyse du processus des multiples manifestations de l'amour conduit vers le concept majeur de l'***amour-raison*** qui s'oppose directement à la folie incontrôlée des désirs, aux passions dévorantes et à tous les excès créatifs ou sacrificiels, en cherchant à réaliser un équilibre, voire une réciprocité, même asymétrique, entre d'une part la force mystérieuse et trop sensible de l'amour, et d'autre part la lumière naturelle, mesurée et souvent adaptée d'une conscience attentive, ferme et ouverte. L'amour-raison cherche en effet à clarifier les contradictions, les distances et les différences.

La lumière naturelle de la ***raison*** apporte pour cela une mesure à toutes les démesures. Et cette mesure est celle des vérités possibles qui donnent aux êtres humains d'authentiques raisons d'aimer d'une manière délicate, sympathique, amicale ou sage, en faisant prévaloir le clair sur l'obscur, le vrai sur le faux, voire en préparant une *éthique de l'amour* librement fondée par delà tous les excès possibles. En tout cas, l'amour-raison vise modérément le possible, c'est-à-dire une asymétrique réciprocité non narcissique entre des êtres humains en fonction de leurs intentions généreuses, donc ni égoïstes[302] ni supra-égoïstes,[303] voire ni captatives ni concupiscentes, donc en fonction des diverses affinités sociales et culturelles qui unissent davantage les êtres humains. L'amour-raison vise ainsi un accord entre des réalités diverses tout en mettant plus de raison que de cœur, plus de désintéressement que de pragmatisme, et plus de volonté que de sympathie, sans oublier que dans sa puissance infinie l'Amour valorise le surgissement de multiples concepts : l'union du sensible et de l'esprit, la rencontre de l'altérité, l'équilibre entre un amour intellectuel et la pitié, une réciprocité asymétrique, une raison sensible accordée avec le monde, et un amour de l'humanité qui vise l'accomplissement de chaque singularité.

Par ailleurs, lorsque l'amour rassemble deux êtres distincts, lorsque la tonalité de leur amour est couronnée par une joie qui exprime leur plénitude, cet amour transfigure les manques inhérents aux sensations et à la concupiscence de la chair en un sentiment intellectuel épanoui qui se rapporte clairement et aisément à une âme, c'est-à-dire à l'idée de la force qui dirige un corps. Ensuite, ce sentiment délicat paraît céleste, aérien, car il ne rencontre aucun obstacle matériel. Puis, en cette élévation, l'imagination nourrit de nouvelles images étrangères à l'opacité de chaque *moi*, tout en créant l'impression subtile d'être dans une relation complète avec l'autre, probablement parce que cet amour n'est pas aussi pur que l'âme qui l'anime. Un amour délicat de l'autre demeure ainsi très concret, bien loin de l'infini infigurable, sans couleur, sans forme et intangible qu'évoquait Platon.[304]

Cette épreuve délicate requiert seulement que l'amour soit rapporté à la raison. Alors, pour maintenir les équilibres de la vie, le sentiment intellectualisé d'aimer raisonnablement l'autre renforcera le principe de clarification et de cohérence de la pensée, et il permettra aussi à la raison de se reconnaître dans ses propres limites. Dans ce cas, le principe de raison n'est pas appliqué illusoirement et formellement dans le réel sensible en

---

[302] Leibniz affirmait : *"Amare est gaudere felicitate alterius."*
[303] Le bien de l'autre étant contenu dans le sien.
[304] Platon, *Phèdre*, 247 d.

oubliant les nécessités de la Nature. C'est du reste ainsi que, pour Spinoza, l'amour-raison peut dépasser les désirs qui ne concernent que des choses extérieures, contingentes ou partielles, et qui ne produisent que des idées inadéquates et mutilées. Or tout le nécessaire est donné par la nature et il suffit pour réaliser des accords avec le réel.

Plus précisément, l'élan de l'amour semble surgir comme une imprévisible force donatrice qui émane de la plénitude infiniment créatrice et inconnaissable de la Nature qui prodigue aussi à notre monde ses plus paisibles clartés intellectuelles. Ensuite, cette force donatrice peut être accrue par la volonté des êtres humains de se réaliser pleinement avec d'autres, notamment afin de supprimer les failles qui les font souffrir. Alors, d'une manière plus consciente que fantasmée, l'amour ne se réduira pas aux seuls affects primaires du plaisir et de la souffrance, puisque l'élan vers l'autre qui rend l'amour possible implique aussi de recevoir, de donner et de réaliser le projet de la Nature qui dépasse secrètement chacun. Ensuite, chaque don pourra être diversement accueilli ou refusé, voire être différemment interprété, soit d'une manière plutôt sensible comme un simple plaisir, soit d'une manière plutôt intellectuelle comme un enchantement sublimé.

Plus fondamentalement, dans tous les cas où l'amour sera vécu concrètement en réalisant des vouloirs humains raisonnables, les causes et leurs effets ne seront pas séparés, et le don de chacun pourra toujours être pensé et vécu comme un bienfait naturel, comme dans l'état de se trouver en bonne santé. Cependant, d'un point de vue métaphysique qui cherche à penser l'ensemble des êtres de la nature, c'est surtout l'intervention de l'infini dans nos diverses épreuves singulières qui rendra possibles divers concepts positifs de l'amour, notamment au croisement de la passivité du sensible et de l'activité de l'intellect. Chaque concept sera alors produit soit par la rencontre de l'autre, soit par le croisement de l'infinité incompréhensible de la Nature avec les êtres finis qu'elle anime en s'accordant avec eux. En effet, chaque être humain est une partie nécessaire et suffisante de la Nature qui lui donne de constants sens positifs. Dans ces conditions, les concepts de l'amour expriment, d'une manière délicate et juste, toutes les donations gracieuses de la Nature qui créent des émanations sans perte et sans gain, c'est-à-dire d'éternelles et pourtant variables créations, en empêchant tout trop plein violent ou tout manque de sens, toute surcharge physique ou tout vide intellectuel. De plus, les délicates vibrations des concepts de l'amour sont également porteuses de significations rationnelles suffisamment sensibles, résistantes et denses pour être intensément vécues, et suffisamment légères, simples, douces ou aériennes pour être clairement conçues dans la simplicité de chaque âme raisonnable et sous l'espèce de l'éternité.

Les concepts de l'amour, en tout cas, relèvent d'abord du don éternel de la puissance [305] infinie de la Nature à tous les êtres finis qu'elle a créés. Ensuite, ils permettent de penser l'accueil de chaque donation par un être fini ; d'un côté, l'amour provient du don mystérieux que la Nature se fait à elle-même, et de l'autre chaque don reçu, puis accueilli par un être humain, sera modifié et transfiguré intellectuellement. Dans le premier cas, comme pour Spinoza, un concept majeur recouvre le don de la perfection de la Nature dans la puissance infinie de son devenir éternel et dans ses déterminations nécessaires et rationnelles. Dans le second cas, l'accueil de la divine Nature et l'intériorisation des vouloirs humains s'effectuent en produisant des effets esthétiques, voire éthiques, qui intellectualisent et qui purifient la nature trop sensible de l'amour, soit en l'intellectualisant (comme Spinoza), soit au sein d'une affirmation dionysiaque de toutes les réalités de ce monde, comme lorsque Nietzsche désirait *"le cycle éternel : les mêmes choses, le même logique et illogique entrelacs. L'état suprême auquel puisse atteindre un philosophe : avoir en face de l'existence une attitude dionysiaque : voici la formule que je propose :* amor fati. *"*[306] Une vaine recherche métaphysique des causes premières a ainsi pu être remplacée par l'amour d'un enchevêtrement nécessaire et cohérent des choses terrestres. Pour cela, lorsque

---

[305] Le mot puissance peut être pris en trois sens différents : soit dans comme une force infinie, soit comme une force finie mais modifiable, soit comme une capacité (chez Aristote).
[306] Nietzsche, *La Volonté de puissance,* op.cit., t. II, Intro, § 14, p. 229.

l'amour rapproche les êtres humains et lorsque la Nature leur inspire la possibilité d'une relation mystérieuse et imprévisible avec elle, chacun sait que cet amour rayonne véritablement pour tous les êtres vivants, quelles que soient leurs formes et leurs forces.

Dès lors, la qualité du don de soi, étranger à toute volonté externe, voire à toute prédation possible, nourrit la vérité métaphysique la plus singulière de l'amour, celle qui rend possible un accord entre de multiples êtres différents qui ne sont plus enfermés dans leur distante et souveraine altérité. Et, même si cette vérité de l'amour est seulement probable, sa force sensible et intellectuelle crée un fruit singulier qui rassemble des êtres différents bien au delà de leurs affinités, notamment lorsque chacun reçoit cette force sans désirer la prendre, sans vouloir se l'approprier et sans chercher à conserver égoïstement ce qui lui a été donné.

Dans ce cas, la vérité inhérente à la force de l'amour rend aussi possible la décision pour les êtres humains d'accueillir véritablement l'autre sans se borner à vouloir satisfaire ses besoins intéressés, voire avides… Alors, l'amour tendre de la singularité d'autrui, dans et par l'accueil de l'acte simple et toujours nouveau d'un projet d'entente, de sympathie, voire d'harmonie, pourra être renforcé puis élevé par l'action de la lumière naturelle de la raison.

Et cette élévation de l'âme, y compris au-dessus d'elle-même vers l'âme de la Nature, pourra être le fruit d'un désir de dépassement de ses propres aspirations, tout en n'impliquant ni la recherche d'une réalité transcendante ni celle d'une chute dans l'absurdité du néant. En effet, cette heureuse élévation spirituelle, qui exclut toute idée d'une sortie de l'être, crée les conditions nécessaires pour élever une âme, c'est-à-dire pour la rendre aérienne, presque divine. Enfin, la générosité de cette élévation bienveillante prouvera que la force inhérente à une pensée humaine, même sensible, est naturellement inséparable d'un nécessaire vouloir de se réaliser fermement soi-même sans pour autant manquer de bienveillance pour autrui.

- *Le dépassement de l'indifférence et de la bêtise par l'amour de la raison*

L'épreuve de l'indifférence (*ἀδιαφορίας*) ignore, dédaigne ou néglige la valeur des singularités, notamment en supprimant leurs contradictions et en les considérant comme étrangers ou suffisamment dérisoires pour ne pas pouvoir susciter un intérêt. Les êtres vivants, voire humains, sont ainsi l'objet d'un regard qui à la fois en objective les apparences et qui déréalise violemment la présence de leur réalité finie. Au pire, lorsque l'indifférence est souveraine, tout se valant, chaque être se referme bêtement sur lui-même en se laissant absorber par son propre vide, c'est-à-dire par un vide souverain, absolu, inhabitable, séparé, aussi impensable et indifférent que celui de la mort. Alors, tout se passe hors du champ de l'humain, comme pour une lointaine divinité qui serait dotée d'insensibilité (*ἀπάθεια*). En effet, dans un vide infini et sans pouvoir, il n'y a plus aucun repère, plus d'objet et plus de sujet. C'est un vide insouciant qui ne concerne personne, une passivité totale, une abstraction nulle, un universel purement négatif, sans réalité, sans contenu, sans structure, sans durée, donc incompréhensible, sans concept et sans aucune visée comme l'infinité absurde du néant.

Cependant, il est nécessaire de distinguer deux sortes d'indifférence, l'une individuelle, l'autre collective. La première conduit à s'effacer pour se réfugier dans une intériorité anonyme qui est totalement étrangère à la fiction d'un éventuel *moi* invulnérable et à l'illusion d'un *moi* qui serait sacré et souverain, c'est-à-dire totalement maître de lui-même (*αὐτοκρατής*). La seconde forme de l'indifférence est produite par le monde social lorsqu'il impose à tous ses membres des attitudes et des gestes conformes à un goût commun, ce dernier n'étant le plus souvent que celui d'une époque. Chacun ressemble ainsi à l'autre, l'imite et devient anonyme. Or, cette suppression ou cette réduction collective des différences n'est pas neutre si l'on considère la neutralité comme un espace provisoire de liberté, comme l'espace vide qui précède par exemple l'acte volontaire d'un engagement. En tout cas, cette indifférence collective conduit tout un peuple vers la bêtise d'un inéluctable malheur commun. Dans ces conditions, comment sera-t-il possible, comme le souhaitait Nietzsche, de *nuire* [307] à la bêtise qui entrave, voire qui anéantit les exigences philosophiques les plus fondamentales ?

Il faudrait sans doute refuser d'abord de subordonner chaque pensée au jugement d'un être étranger à toutes les valeurs singulières. Cependant, la bêtise concerne également les sentiments des êtres humains lorsqu'ils s'enfoncent dans l'amour de leurs plus obscures et instinctives profondeurs, certes naturelles comme dans la sexualité, mais étrangères à toute transfiguration intellectuelle qui serait susceptible de les penser véritablement. En fait, certains sentiments, même s'ils semblent pourtant humains, rendent par leur bêtise des êtres humains plus bêtes que les bêtes, pendant que ces dernières réalisent innocemment l'intelligence de la nature.

Or, la bêtise qui est certes inévitable pour tous les êtres humains, eu égard à leur propre réalité bornée et en partie animale, consiste aussi à faire fi des déterminismes naturels afin de suivre les divagations d'un corps qui se laisse mouvoir par des fantasmes délirants. Ou bien, c'est encore par bêtise que l'amour des choses dérisoires ou risibles enferme dans un monde collectif sottement impersonnel. Enfin, c'est encore par bêtise que des êtres humains privilégient l'exaltation narcissique et formelle de leur propre finitude : *moi* c'est *moi*. Le culte bête de soi, comme celui de Faust, rejoint alors l'amour exclusif de soi de Narcisse, même si l'intention de devenir soi-même, *a fortiori* en rapportant son devenir à l'amour d'une image changeante de soi, ne manque pas toujours de véracité, c'est-à-dire de sincérité immédiate et naturelle.

Dans ces tristes conditions, un sursaut éthique demeure néanmoins encore possible, par delà le vide silencieux du gouffre de l'indifférence et de la méchanceté qui, parfois avec beaucoup de mauvaise foi, se croit simplement amoral, ni bon ni mauvais, ni à souhaiter ni à éviter (autre sens du mot latin *indifferens*). N'y aurait-il pas tout de même des valeurs positives encore possibles par delà l'indifférence qui risque de ne faire prévaloir qu'un doute totalement sceptique ? Pour cela,

---

[307] Nietzsche, *Le Gai savoir*, § 328.

il ne faudrait surtout pas, comme Novalis, se laisser fasciner par les seules pensées de ses sensations défuntes qui ignorent l'altérité, les nuances des représentations ainsi que la valeur des choses : *"La pensée n'est que le rêve de se sentir-là, elle est un sentir défunt, une vie affaiblie et décolorée."* [308]

En fait, une singularité n'est jamais elle-même uniquement par ce qui la différencie d'autrui, elle l'est aussi par ce qui l'en rapproche. Et ce qui l'en rapproche ce n'est pas sa nature individuelle, sensible ou animale, mais sa nature raisonnable, celle qui est proprement humaine, c'est-à-dire qui exprime la réalité de son âme (ou de son esprit) en lui donnant l'idée lumineuse de son propre corps (comme pour Spinoza) [309] ainsi que sa capacité d'ouverture sur l'autre, voire sur la possibilité de l'aimer. Comment ? Sans doute à partir d'une libre décision de commencer à accueillir l'altérité qui permettra de distinguer le *je* et le *tu*, mais aussi de faire prévaloir les virtualités d'un possible avenir positif entre eux.

Effectivement, dans l'indifférence, tout se passe hors du sentiment de l'amour qui pourrait apprécier les différences et qui, associé à un manque de volonté, comme l'a affirmé Jankélévitch, produit une inévitable et bien réelle méchanceté : *"Faire une chose sans amour...cela n'est pas un pur déficit, mais déjà une méchanceté."*[310] En réalité, du point de vue de leurs multiples effets irrationnels ou non, l'amour et la raison ne sont pas pour autant séparés. Ils sont en fait associés en un constant face à face comme deux réalités bien distinctes, mais qui s'échangent leurs qualités. D'un côté, l'amour est complété par des concepts qui tentent un peu de le rationaliser, et de l'autre la raison est nourrie par des intuitions sensibles et imagées qui sont pourtant un peu conscientes.

Certes, au cœur des diverses déterminations d'un sentiment, c'est surtout une première incompréhension de l'amour qui s'exprime d'abord chaque fois, notamment en des actes intuitifs

---

[308] Novalis, *Les Disciples de Saïs*, II, Werke, Beck, Munich, 1981, p.120.
[309] *"L'âme et le corps sont une seule et même chose qui est conçue tantôt sous l'attribut de la Pensée, tantôt sous celui de l'Étendue."* (Spinoza, *Éthique*, III, De l'origine et de la nature des affections, scolie de la proposition II).
[310] Jankélévitch, *Le mal*, Arthaud, 1947, p.94.

et synthétiques différents, voire parfois syncrétiques lorsque le même et l'autre, le pensé et le senti, sont confusément entremêlés. Mais, pour échapper à cette confusion, il suffit de ne pas oublier que la relation intellectuelle de chacun avec la nature est double, intuitive et conceptuelle. D'une part, chaque être humain est inséparable du monde singulier où il découvre des entrelacements complexes entre le fait de sentir la pensée de ce qu'il aime et le fait de créer sa pensée d'une manière *intuitive* et synthétique. D'autre part, la relation d'un être humain avec la nature est intellectuellement déterminée par des *repères* clairs, même provisoires, comme ceux qui permettent de bien faire ou de faire au mieux. Dès lors, un amour pourra toujours devenir raisonnable sans perdre ni ses profondeurs sensibles ni ses plus mystérieux lointains, et, surtout sans mêler confusément amour et raison.

Ne serait-il pas alors exagéré d'attribuer une fonction importante à d'éventuels concepts de l'amour dans un contexte où les sentiments ne recherchent pas toujours de possibles accords entre eux ? Assurément non si l'on ne fait pas prévaloir la puissance irrationnelle de l'amour sur les forces très réduites de la raison qui auront alors été complétées par la douce exigence de les aimer très singulièrement. En effet, comme chez Nietzsche, un amour global de cette terre est requis pour pouvoir la comprendre un peu, même si la lumière naturelle de la raison n'éclaire pas toutes les ombres de l'amour, car c'est aussi à partir de ces ombres que des lueurs pourront émerger.

L'idée même d'un amour humain, interprété au mieux comme un facteur d'accord libre entre des êtres différents, ne peut en effet que faire intervenir l'action de la raison qui accorde les différences en les clarifiant, et qui ordonne les choses en fonction des principes posés par elle, tout en pensant qu'il faudra plus de cœur que de raison afin d'accueillir concrètement les différences entre les êtres. Ainsi, devenu raisonnable, l'amour créera-t-il effectivement des synthèses plaisantes avec ce qu'il partage ! Et chaque vérité apparaîtra dans chaque jugement qui saura s'accorder avec un sentiment en devenir, tout en lui trouvant chaque fois un sens provisoirement adéquat.

- Une éthique de l'amour est fondée sur la vertu de probité qui implique fidélité, respect et courage

Dans l'épreuve intellectuelle et sensible du devenir naturel de chacun, l'amour peut être vécu dans la perspective éthique qui lui donnera un véritable *lieu de séjour* pour s'épanouir. En effet, jamais la première épreuve obscure des sentiments n'est vraiment chez elle dans un incompréhensible et inconcevable lieu inhabitable qui la conduirait à disparaître en prouvant ainsi la victoire de la mort sur l'amour, la disparition définitive de toutes les réalités de ce monde, donc l'inéluctable fin de toutes les valeurs positives.

Pour échapper à cette perspective nihiliste, comment la première épreuve obscure de l'amour, considérée dans son intuition globale, pourrait-elle être prolongée par une action éthique qui lui donnerait des raisons d'aimer positivement les êtres vivants, notamment loin de la folie de certaines expressions de l'amour qui remplacent ces raisons par les débordements et par les excès des émotions et des sensations ? En fait, d'une manière métaphysique, l'amour semble bien être la cause de lui-même, c'est-à-dire une réalité inexterminable, intemporelle et divine qui se conserve sans effort, comme le suprême désirable pour Aristote.

Mais, d'un point de vue humain, une **éthique** de l'amour ne saurait être prescriptive, rigoriste et obligatoire. Pour cela, cette éthique doit être transcendantale, c'est-à-dire se limiter à indiquer les conditions qui rendraient possible un amour véritable et durable, par exemple en contrariant les faits qui sont nuisibles, c'est-à-dire les faits violents ou nocifs, comme les certitudes arrogantes, les préjugés, les délires de l'imagination et les superstitions. Cette éthique ne chercherait pas seulement à appliquer les valeurs d'une morale universelle, comme celle des Droits de l'Homme, mais elle orienterait **librement** les sentiments, sous la conduite d'une raison qui voudrait le *bien faire*, voire souvent un *moindre mal*, tout en vivifiant ou en unifiant les sentiments. L'amour serait ainsi inséparable d'une ferme décision de se donner librement des repères positifs pour vivre intensément avec sérénité et pour bien penser (*primum* *vivere*). Dans ce projet, l'amour de la raison orienterait réellement chacun vers ce qui est bien à la fois par nature et par jugement, subjectivement et objectivement, même si, très souvent, il faut faire le bien sans savoir ce qu'est le Bien, mais en sachant pourtant qu'il est raisonnable d'aimer le bien pour bien aimer autrui, et que l'enjeu de l'éthique de l'amour demeure toujours une vie bonne [311] pour soi-même et pour l'autre, notamment lorsque *l'un* aime *l'autre* pour s'unir à lui, pour prospérer avec lui et pour devenir ***deux***.

Dans cette perspective, au delà des abstractions qui enferment la raison morale dans des réductions formelles, bornées et souvent contradictoires, et au delà de paradoxes trop humains ou pas assez humains qui finissent par faire fi des raisons de bien faire, il y a une possibilité majeure qui consiste à faire prévaloir un *lien secret* entre la puissance intime, généreuse et obscure de l'amour, et les forces claires et rigoureuses de la pensée raisonnable. Dans cet esprit, une éthique de l'amour-raison relèverait, *indivisément,* à la fois de la raison pratique *et* de l'amour de la Nature qui implique toutes les réalités qui la composent. Cette raison éthique limiterait ainsi l'ouverture de l'amour sur ses excès intempestifs et nuisibles, hors de l'indifférence qui isole chacun, c'est-à-dire en orientant la profonde et puissante réalité mystérieuse de l'amour vers une ***vertu***, vers une remarquable force intime entretenue par de bonnes habitudes, qui permettra de réconcilier volontairement la raison et la vérité avec les aléas du sensible pour faire rayonner une éthique de l'amour.

Mais de quelle vertu pourrait-il s'agir ? D'abord, la vertu requise serait celle, unique et simple, qui couronne toutes les autres forces morales sans dépendre exclusivement du cœur, car, si ce n'était pas le cas, elle serait menacée par l'anarchie des sentiments qui ignorent si des raisons sont nécessaires. Ensuite, la vertu requise ne devrait pas être constituée par un Moi-Sujet isolé dont l'unicité oublierait d'instaurer l'optique spirituelle d'une possible réciprocité avec l'autre, même si cette réciprocité n'est possible que d'une manière asymétrique eu égard aux

---

[311] *"Bene agere et laetari" :* Spinoza, *Éthique* IV, scolies des propositions 50 et 73.

différences propres à chaque être humain. L'éthique ainsi visée devrait donc déterminer chaque relation à partir de règles ou de principes librement consentis par chacun, d'une manière raisonnable et avec l'intention de réaliser des sentiments vraiment accordés avec autrui. Enfin, cette éthique pourrait orienter, en dehors de tout saut religieux dans l'absolu, les déterminations de la singularité de chacun en fonction d'une vertu, c'est-à-dire d'une force intérieure en acte, bien pensée, bonne et capable de réaliser les exigences d'un amour cohérent et naturel entre soi-même et un autre. En effet, le propre d'une vertu consiste à réaliser un acte noble, un bien (καλόν), sans en rester à la seule possibilité de faire ce bien.

Concernant l'amour-raison, comme Nietzsche nous l'inspire, c'est en fait la ***probité intellectuelle*** [312] qui serait la vertu supérieure d'une éthique de l'amour, car elle concentre en elle la force morale nécessaire à un amour pertinent et durable de chaque vérité possible ou actuelle, tout en sachant que toutes les vérités ne pourront être dites qu'à la lumière de l'amour, ce qui exclut les affirmations haineuses ou seulement égoïstement intéressées. Mais aussi, sans oublier que toute vérité devient mensonge dans le chaos du devenir nietzschéen qui va bien au delà des valeurs morales établies, afin d'affirmer l'innocence du devenir terrestre, certes en s'enfermant parfois dans l'affirmation de cette seule probité : *"On n'a jamais qu'une seule vertu - ou aucune."* [313]

En tout cas, pour le philosophe qui désirait créer des mœurs très puissantes [314] afin de fonder une nouvelle moralité, il lui était parfois nécessaire de s'accrocher à cette unique vertu : *"En nous cette vertu, la seule qui nous soit restée."* [315] De plus, cette probité scrupuleuse de la pensée, cette honnêteté intellectuelle à bien penser, lui permettait de saisir clairement les limites inhérentes aussi bien à sa propre pensée qu'aux choses par elle

---

[312] Nietzsche, *Par-delà le bien et le mal*, § 227 : *"En nous cette vertu, la seule qui nous soit restée."*
[313] Nietzsche, *La Volonté de puissance*, op.cit., pp. 330 et 323.
[314] Les mœurs étant formées par de puissantes personnalités individuelles (Nietzsche, *Le Livre du philosophe*, § 45).
[315] Nietzsche *Par-delà le bien et le mal*, 10/18, 1951, § 227.

visées. En réalité, cette vertu dominante et franche [316] animait certes l'histoire de la philosophie dans son ensemble, mais, pour accomplir sa destinée de philosophe immoraliste, surtout motivé par la transvaluation des valeurs, Nietzsche n'ignorait pas l'enlacement inéluctable des mensonges avec des vérités, sans oublier de bien distinguer leurs différences. Mais il lui fallait toujours faire prévaloir la *vertu majeure* de la probité sur toutes les autres vertus possibles : *"J'aime celui qui ne veut pas avoir trop de vertus. Il y a plus de vertu en une seule vertu qu'en deux vertus : c'est un nœud où s'accroche la destinée."* [317]

Dans cette perspective qui ne sépare pas le cœur et la raison, il serait donc absurde de faire prévaloir la seule vertu d'un sentiment, y compris celui du courage ou du grand amour, car, isolée, cette vertu se perdrait inéluctablement en fusionnant, d'une manière irrationnelle et loin de toute altérité, avec la puissance infinie de l'amour qui, dans la Nature, est éternellement incontrôlée, instable et indifférente aux activités humaines qu'elle inspire toutefois. En effet, l'épreuve de l'amour, hissée à un niveau divin, est bien trop vaste et trop puissante pour être réalisée par les êtres humains.

En revanche, une éthique de l'amour-raison fondée sur la ***probité***, et non sur le plaisir ou le devoir, est nécessaire pour que l'amour soit voulu comme une valeur fondamentale en fonction de ce qui sert positivement et raisonnablement les êtres humains, sans les écraser avec des lois indifférentes à ce qu'elles régulent, donc sans la violence de principes ou de maximes impossibles à satisfaire. C'est en effet dans un processus empirique raisonnable qu'il faut constituer une éthique de l'amour.

Cependant, pour ne pas en rester à la prime vertu de la probité, il faut quitter le subjectivisme de Nietzsche, qui dialogue souvent avec son ombre, et s'ouvrir à la vérité où chacun découvrira que sa véracité est inséparable de celle de l'autre, notamment, pour Alain, lorsque le ***couple humain*** pense sa relation en cherchant un constant accord commun : *"Penser est le premier effet de l'amour, mais peut-être est l'effet de l'amour seul ; car c'est peut-être le seul cas où penser n'ait point pour*

---

[316] Nietzsche, *Ainsi parlait Zarathoustra,* IV, 9. De l'homme supérieur.
[317] Nietzsche, *Ainsi parlait Zarathoustra,* Prologue, 4.

fin de réfuter ni de vaincre ; c'est peut-être le seul cas où la pensée s'orne de l'approbation en son travail intime, et cherche un accord sans ruse (...) Il nous manquerait le pain et le sel des pensées moyennes sans cette affectueuse réaction du conseil sur le commandement qui (...) fait du couple humain le seul penseur au monde, peut-être." [318]

Dans cette optique, la probité, cette vertu suprême de l'éthique de l'amour-raison qui dérive de l'amour du vrai, pourra inspirer d'autres vertus qu'elle commandera certes en les adaptant, en les transformant, en les élargissant et en les approfondissant. Et c'est alors en visant avec l'autre la pérennité d'un amour fondé la probité que l'amour de l'autre pourra s'épanouir dans la vertu de la *fidélité*, dans cette vertu mutuelle, raisonnable et peu simple, qui implique d'aimer honnêtement, sachant que, sans amour, la fidélité serait absurde.

Alors, dans l'amour conjugal, la vertu de la fidélité pourra renforcer les meilleures habitudes, en impliquant par exemple, comme le pensait Alain, d'avoir toujours le courage de reconnaître la *dignité* de l'autre : *"Le courage d'aimer (sentiment du libre-arbitre) nous tire de cet état de passion, qui est misérable, par le serment plus ou moins explicite d'être fidèle, c'est-à-dire de juger favorablement dans le doute, de découvrir en l'objet aimé de nouvelles perfections, et de se rendre soi-même digne de cet objet. Cet amour, qui est la vérité de l'amour, s'élève comme on voit du corps à l'âme..."* [319]

Dans ces conditions éthiques, la fidélité à soi-même ainsi qu'à l'être aimé n'impliquera pas pour autant de se sacrifier totalement pour l'autre, mais de faire joyeusement et constamment progresser ensemble la profondeur et l'intensité d'une commune relation positive où l'amour réunira des pensées en les accordant, tout en rendant chacun plus solidaire, comme l'a évoqué Jankélévitch dans ses heures les plus lumineuses : *"C'est l'amour qui est profond, général et, somme toute,* raisonnable, *qui, au-delà de l'instant, prend en considération l'avenir et la plus longue durée possible, qui tient compte de*

---

[318] Alain, *Les Passions et la Sagesse*, Les Idées et les âges, Pléiade, 1960, p.171.
[319] Alain, *Définitions*, Gallimard, Pléiade, 1958, p.1032.

tous les aspects d'une question, et de proche en proche, conjointement avec le cas individuel, du bonheur ; l'amour fait acception de la solidarité de tous les êtres." [320]

Ainsi la vertu de la fidélité est-elle à la fois ferme et généreuse pour canaliser l'amour et pour maintenir les exigences de vérités nécessaires pour maîtriser les imprévisibles fluctuations des affects ! Ainsi le concept de l'amour-raison, nourri par la vertu de la fidélité, apporte-t-il une durée nécessaire à une relation amoureuse constructive avec l'autre ! Et cette relation deviendra ainsi l'expression positive de l'union de deux êtres qui coordonnent et qui harmonisent peu à peu leurs différentes intentions en réalisant la constante pérennité de leur amour.

De plus, la fidélité permet aussi de réaliser les promesses du passé et d'imprévisibles projets, tout en apportant à un couple une nécessaire exigence de vérité et d'évaluations pertinentes qui donnaient à Bachelard de sincères et patientes raisons d'aimer avec plus de vigueur, y compris dans les soucis du quotidien : *"C'est à la fois une durée, une habitude et un progrès. Pour fortifier un cœur, il faut doubler la passion par la morale, il faut trouver les raisons générales d'aimer. C'est alors qu'on comprend la portée métaphysique des thèses qui vont chercher dans la sympathie, dans le souci, la force même de la coordination temporelle. C'est parce qu'on aime qu'on souffre que le temps se prolonge en nous et qu'il dure."* [321]

Cependant, afin de pérenniser un amour-raison, une autre vertu devrait se greffer sur celle de la fidélité, celle du **respect** qui est aussi un sentiment intellectualisé, mais surtout une valeur nécessaire pour reconnaître la réalité inaliénable d'autrui et qui requiert aussi de considérer, qu'en dépit de sa finitude et de ses faiblesses, chacun est perfectible, donc toujours humainement digne lorsqu'il est ouvert sur ce qui le dépasse, et non parce qu'il serait, comme l'affirmait Jankélévitch, *"mystère unique au monde"*, [322] voire, pour les mystiques, le Tout autre de lui-même.

---

[320] Jankélévitch, *Les Vertus et l'amour*, 1, op.cit., p.256.
[321] Bachelard, *L'Intuition de l'instant,* Gonthier- Médiations, 1973, p.92.
[322] Jankélévitch, *Quelque part dans l'inachevé,* nrf, Gallimard, 1987, p.15.

Respecté, autrui ne le sera donc pas en fonction d'un devoir abstrait d'obéir à la Loi morale qui l'exige, comme dans la Thora ou pour Kant, mais d'abord par amour-raison, parce qu'il y a des raisons d'aimer l'autre pour lui-même, avec ses défauts et ses qualités, pour ce qu'il est, pour ce qu'il a été et pour tout ce qu'il pourra et voudra devenir. Le respect reconnaît ainsi la dignité d'autrui en apportant une nécessaire spiritualisation à la relation amoureuse qui risque toujours de sombrer dans la nuisible fascination des corps ou dans l'impudique sincérité qui se manifeste dans l'amour-besoin et dans l'amour-passion.

Effectivement, le respect requiert l'intervention du voile de la *pudeur* qui imposera la distance nécessaire à un refus de la grossièreté charnelle, de la salacité, voire de la lubricité, car, comme l'évoquait Senancourt, *"il faut que la pudeur commande aux sens (...) et que notre raison commande notre pudeur même."* [323] Et toujours, ladite pudeur sera requise pour renforcer le respect, car cette valeur éthique permet d'accorder l'esprit et la chair, voire un corps vulnérable avec son idée de l'âme, notamment d'une manière décente, innocente et sans pudibonderie. Pour cela, il faudra harmoniser le sensible avec ce qui le valorise, hors de toute exhibition trop objective et passivement matérielle, voire obscène à cause de la honte produite par la grossière fascination des organes génitaux.

Ainsi la pudeur peut-elle vraiment affirmer une valeur issue d'un sentiment qui n'est pas passif ou raffiné, mais plutôt le complément nécessaire au ***respect*** du corps de l'autre qui, par sa présence ainsi devenue un peu distante, empêchera toutes les humiliations susceptibles de porter atteinte à la valeur de l'humain ! Dès lors, le respect de l'autre, plus que le respect de soi-même qui risque de produire un fort attachement à son propre *moi*, élève et purifie l'amour physique, tout en créant de spirituelles distances transparentes et positivement tendres, et tout en renforçant la fidélité, même si, pour Bachelard, la douce lumière qui en émane est toujours étrange : *"Mais à qui se spiritualise, la purification est d'une étrange douceur et la conscience de la pureté prodigue une étrange lumière. La*

---

[323] Senancourt (Étienne Pivert de), *De l'amour,* Club français du livre, 1955, p.173.

purification seule peut nous permettre de dialectiser, sans la détruire, la fidélité d'un amour profond. Bien qu'elle abandonne une lourde masse de matière et de feu, la purification a plus de possibilités, et non pas moins, que l'impulsion naturelle. Seul un amour purifié a des trouvailles affectueuses."[324]
Pourtant, les vertus de la fidélité et du respect sont parfois menacées, voire niées. En effet, eu égard aux violences de la société et de la nature, elles peuvent être empêchées de se manifester dans certaines conditions, notamment lorsque le devenir des sentiments active la fatale irruption des rapports de force les plus destructeurs, et surtout lorsque ces sentiments engendrent d'impitoyables, de nocives ou d'indifférentes relations entre des êtres néanmoins encore dits *humains*.

Afin de contredire cette violence ou pour l'atténuer, les vertus de la fidélité et du respect ne devraient-elles pas être complétées par la vertu de la **modération** (*sôphrosynè*), qui impliquait chez Aristote une éthique de la mesure déterminée en fonction d'un *juste milieu* ($\mu\varepsilon\sigma\acute{o}\tau\eta\varsigma$), c'est-à-dire entre un maximum et un minimum, dans et par la *neutralisation* des tensions ? Sans doute, car la pensée aristotélicienne du *juste milieu* inspire bien l'homme prudent qui, lorsqu'il refuse les excès contradictoires de la témérité et de la lâcheté, réussit à promouvoir le juste milieu au demeurant excellent de la vertu du **courage**. C'est du reste pour les mêmes raisons que la vertu de la pudeur se situe entre l'obscénité et la pudibonderie. La modération n'est donc pas une faiblesse, mais la **cime d'une excellence**, la réalisation du meilleur entre deux excès contraires par une vertu.

De plus, une éthique de l'amour-raison implique toujours une nécessaire **non-violence**, laquelle est inséparable d'une exigence de clarté et de cohérence, comme du reste chez Aristote où l'action ferme et constante de la vertu est acquise par l'habitude d'actualiser sa disposition constante à faire le bien et à éviter le mal, en trouvant pour cela un juste milieu déterminé par la droite règle fixée par la raison de l'homme ***prudent***.

Quoi qu'il en soit, c'est à partir d'une liberté raisonnable, c'est-à-dire sincèrement éclairée par le champ des possibles, que la modération contenue dans le courage n'est ni une demi-qualité ni

---

[324] Bachelard, *La Psychanalyse du feu*, op.cit., p.166.

un demi-défaut, car elle permet de rester toujours ferme dans sa fidélité à l'autre. En cette fidélité agit en effet, et surtout, la vertu d'un amour simplement raisonnable, c'est-à-dire suffisamment fort pour être vertueux, suffisamment modéré pour être durable, et sans conduire ni à l'apathie (*apatheia*) ni à la fadeur. Du reste, ni violent ni insipide, ce paisible amour courageux et pondéré, simplement contrôlé, enchante alors à la fois le réel, ses valeurs et ses vérités. Et, surtout, il atténue l'excessive passion de connaître en privilégiant l'amour de paisibles savoirs adaptés à notre condition humaine. Puis, dans une dilection, c'est-à-dire dans un amour tendre, sincère et soucieux d'harmonie et de joie, une expression épanouie de l'amour pourra unir véritablement et d'une manière pérenne deux êtres humains.

Ensuite, cette expression modérée créera une *douce* relation de complémentarité qui se prolongera d'une manière constante et agréable en accentuant les liens de son rayonnement lumineux par un état d'adhésion complète à ce qui sera donné chaque jour, dans cette vie et dans ce monde, sous le mode d'une orientation attentive et responsable de son rapport avec l'ensemble de tous les êtres humains ainsi qu'avec la nature, car une éthique de l'amour se veut également responsable de l'avenir global de ce monde terrestre qui doit être préservé de toutes les dégradations *écologiques* et de tous les délires *consuméristes*.

Par ailleurs, en refusant l'éthique du juste milieu d'Aristote, Jankélévitch a proposé une autre éthique intéressante. Cette éthique, optimiste [325] et idéale, privilégiait le *moindre mal*, le plus petit mal possible inhérent à l'être soupçonné de dériver vers le savoir, l'avoir et le pouvoir, notamment en visant alors modestement un minimum logique, un minimum ontique et un minimum éthique. Cependant, comme il faut être un peu pour aimer, le principe de cette éthique revendiquait *le plus d'amour possible pour le moins d'être possible*. Puis d'autres valeurs intervenaient, celles de l'innocence, de la pudeur, de l'humilité et de la sobriété, chacune étant animée par une belle intensité spirituelle : *"Plus il y a d'être, moins il y a d'amour. Moins il y a d'être, plus il y a d'amour."* [326] Ainsi, d'Aristote à Jankélévitch,

---

[325] Jankélévitch, *Le Paradoxe de la morale*, op.cit., p.100.
[326] Jankélévitch, *Le Paradoxe de la morale*, op.cit., p.150.

les mêmes exigences éthiques se sont-elles manifestées diversement en fonction des circonstances et de très fortes valeurs ! Cependant, que penser de leurs différences ? En fait, le courage prudent d'Aristote est plus sage qu'altruiste, alors que Jankélévitch a fait fi de toutes les raisons d'aimer en préconisant un total oubli, très charitable, de lui-même. Néanmoins, une autre ouverture de l'éthique de l'amour serait également possible, celle qui valoriserait les êtres humains à venir, c'est-à-dire les enfants qui inspirent, de génération en génération, de satisfaire l'exigence humaine de donner raisonnablement aux êtres aimés plus qu'ils n'ont eux-mêmes reçu, certes sans pour autant devoir se sacrifier totalement pour la seule valeur du sacrifice.

- *L'amour de la justice*

Dans l'histoire de la culture occidentale, l'idée de la justice a été inséparable de la Loi divine inscrite dans le Livre ainsi que de la conception de l'amour qui a inspiré la religion chrétienne, notamment Saint Jean : *"L'amour vient de Dieu et quiconque aime, est né de Dieu et connaît Dieu. Celui qui n'aime pas ne connaît pas Dieu, car Dieu est amour."* [327] Certes, mais cet amour semble parfois indifférent à la justice humaine, car, pour l'Apôtre Matthieu, Dieu ne serait pas entré dans les détails de ses applications : *"Il fait lever son soleil sur les méchants et sur les bons, et fait pleuvoir sur les justes et les injustes."* [328] Quoi qu'il en soit, lorsque des actes immoraux ne font pas triompher les instincts les plus cruels, voire quelques méchancetés, l'amour peut être reconnu comme la puissance souveraine qui fonderait la justice (en grec *dikè*), notamment parce qu'elle peut inspirer, dans un partage, la bonté nécessaire à un ajustement raisonnable, droit et digne, qui reconnaîtrait la valeur de chaque être humain sans la séparer de celle de la nature qui l'abrite et qui le nourrit. La justice ainsi requise devrait, par amour, être égalitaire, distributive et corrective, tout en faisant reconnaître et sauvegarder la droiture et la dignité de chaque être humain, afin de réaliser un ajustement adéquat de toutes ses valeurs avec la

---

[327] Jean (Saint), 4, 7.
[328] Matthieu (Saint), 5, 45.

réalité complexe et souvent tendue de ce monde, sans oublier que ses valeurs sont fragiles et menacées. On peut donc, comme Kant, craindre le pire : *"Si la justice disparaît, c'est chose sans valeur que le fait que des hommes vivent sur la Terre."* [329] Par ailleurs, un acte juste ne saurait être bon en lui-même ; il dépend d'abord de la qualité du principe et de l'intention vertueuse, voire libre, qui l'inspire sans aveuglement. Puis il devient totalement bon lorsqu'il est concrètement accompli par amour, tout en rendant justice de la valeur supérieure de la Vie, c'est-à-dire d'une manière généreuse qui sait accorder avec justesse la puissante détermination de l'amour à ses effets juridiques. Avec justesse ! Cela requiert alors de faire intervenir d'humaines exigences raisonnables, non idéalisées, mesurées, équitables et vertueuses qui, pour Spinoza, ne séparaient pas la clarté du droit, une digne et ferme orientation de leurs intentions, et leur réalisation : *"D'où suit que les hommes qui sont gouvernés par la Raison, c'est-à-dire les hommes qui cherchent sous la conduite de la Raison ce qui leur est utile, ne désirent rien pour eux-mêmes qu'ils ne désirent pour les autres hommes, et par conséquent sont justes, de bonne foi et honnêtes."* [330] En tout cas, un amour raisonnable et permanent de la justice pourrait véritablement devenir légitime en accordant la tension du principe formel d'égalité avec celui, singulier et sensible, de la liberté.

- ***Une éthique raisonnable du politique devrait être fondée par des volontés libres et singulières***

Dans un moment historique qui est encore dominé par la violence d'une idéologie individualiste, sans doute déterminée par un système économique où chacun, par consumérisme, s'exploite lui-même tout en étant exploité par un système financier planétaire, la valeur d'une solidarité entre les êtres humains ainsi que le maintien des liens nécessaires avec la nature ont peu d'effets. Pourtant, l'amour de l'ensemble des êtres humains ne pourrait-il pas inspirer, comme l'avait conceptualisé

---

[329] Kant, *Doctrine du droit*, II, 1re sec., Remarque E.
[330] Spinoza, Scolie de la proposition XVIII, livre IV de *L'Éthique*.

Buber, un modèle *a priori* où chacun serait vraiment reconnu dans toute sa singularité [331] ? Peut-être si le terme d'*a priori* n'est pas conçu, à la manière de Kant, comme un concept abstrait, universel et nécessaire, mais plutôt comme un simple commencement qui pourrait fonder une relation éthique à la fois individuelle et collective, d'abord utopique comme projet, ensuite raisonnable dans ses réalisations, c'est-à-dire ordonnée par les décisions d'une volonté politique libre qui reconnaîtrait ses propres limites, tout en s'ouvrant sur les volontés des autres êtres humains, par exemple comme pour Badiou, dans un processus de recherche d'une vérité collective qui permettrait *"de créer de l'égalité (...) de faire prévaloir de l'en-commun sur l'égoïsme."*[332]

Dès lors, pour fonder ce projet à la fois éthique et politique, la volonté requise devrait échapper à la fascination de la violence inhérente à l'exercice d'un pouvoir, même partagé, car l'ubiquité des pouvoirs empêche de voir qui l'exerce et où il s'exerce. Migrateur, il semble s'imposer partout, et il est malheureusement impossible de voir comment une juste répartition des forces et des faiblesses, elles-mêmes croissantes ou décroissantes, serait possible sans que s'ajoute la violence inhérente à des rapports imprévisibles et incontrôlables entre les forces. En effet, le pouvoir suppose des moyens violents et très divers pour s'exercer : ruse, mensonge, séduction, unanimités grossières, sens du secret, prolifération des réseaux... Pour s'y opposer, il faudrait pouvoir faire prévaloir la puissance toujours positive de l'amour, en tant qu'affirmation d'une capacité d'action ou de réalisation, sur les divers pouvoirs qui ne sont que destructeurs.

Il faudrait aussi que chaque individu puisse adoucir librement les aléas de ses rapports de force avec les autres, et qu'il refuse toutes les formes de pouvoir qui produisent le plaisir pervers (détourné) de n'exister que par son intermédiaire. Pour cela, la **volonté** du politique devrait se fixer des repères changeants et partagés afin d'élargir le champ des possibles de tous les êtres humains sans leur imposer de vaines contraintes. Comment ? Afin de dominer ses propres échecs, la voie commune du

---

[331] Buber (Martin) *Je et tu*. Aubier, 1969, p.106.
[332] Alain Badiou avec Nicolas Truong, *Éloge de l'amour*, op.cit., p. 61.

raisonnable et de la liberté est primordiale. Seule cette voie permet d'instaurer un rapport équilibré entre son propre vouloir et son réel pouvoir, c'est-à-dire entre ce qui peut être vraiment voulu à la fois par rapport aux autres et par rapport au monde. Alors, vouloir vraiment le possible ne consiste pas à désirer très vaguement quelque chose, mais à se concentrer sur ce qu'il serait raisonnable de faire avec une certaine fermeté, tout en sachant, comme le pensait Delbos, que *"la puissance d'agir, élevée à son maximum, c'est-à-dire produite ou réglée par la raison, c'est ce qui constitue la liberté."* [333]

Puis, si l'on entend par volonté la capacité psychique de concentrer consciemment et momentanément tous ses efforts sur un seul but, avec fermeté et clairvoyance, une volonté libre ne sera ni la manifestation concentrée des instincts les plus forts qui domineraient du reste celui qui les veut, ni l'affirmation des plénitudes et des manques d'une nécessité aveugle. Elle sera plutôt une ouverture sur l'altérité qui pourra fonder une asymétrique réciprocité raisonnable entre des êtres humains, tout en réalisant son propre vouloir dans les limites de ce qui pourra réellement être accompli sans nuire à quelqu'un. Vouloir cette réciprocité, vouloir cette relation complètement rationnelle, constitue du reste une valeur éthique qui, aussi bien pour Buber que pour Bachelard, fondait la reconnaissance de l'autre comme *alter ego*, comme un autre que soi-même : *"Alors, oui, l'être rencontré se soucie de moi comme je me soucie de lui ; il espère en moi comme j'espère en lui. Je le crée en tant que personne dans le temps même où il me crée en tant que personne."* [334]

Dans ces conditions, le ***souci*** de bien faire et le souci de l'autre communiquent vraiment, tout en renforçant le souci de la vigilance qui implique un soin lucide et constant, par un acte d'élargissement de chaque liberté qui pourra décider d'accepter ou non son ouverture sur ce qui dépasse chacun, tout en rendant possible un accord de l'un avec l'autre, sans pour autant chercher à se voir en train de *faire*, ni à avoir le plaisir de *faire*, c'est-à-dire en étant soucieux de l'autre et désintéressé pour soi-même.

---

[333] Cours de Victor Delbos, *Le Spinozisme,* Vrin, 1968, p. 146.
[334] Bachelard, Préface du livre de Martin Buber intitulé *Je et tu.* Aubier, 1969, p.13.

Ainsi, la réciprocité du *je* avec le *tu,* et du *tu* avec le *je*, devient-elle ce qui fonde la reconnaissance raisonnable de l'autre, et non ce qui découlerait d'intentions préalables, intéressées ou communes, pour l'un et pour l'autre ! En effet, il n'y a pas de synthèse réalisable entre des personnes humaines, mais la simple convergence possible de leurs intentions, chacune allant vers l'autre, chacune reconnaissant la complexité et la valeur de l'autre.

Pour élargir ensuite ce projet d'une manière ***politique*** au delà du *je* et du *tu*, l'ensemble des êtres humains devrait vouloir devenir raisonnable et permettre à chaque singularité de réaliser sa propre volonté dès lors que cette dernière rend possibles des relations libres et responsables entre toutes les singularités. Pour cela, ce projet politique requiert que l'ensemble des êtres humains reconnaisse avant tout la valeur propre de toutes les singularités, y compris dans leurs plus mystérieuses différences, voire, comme ce fut le cas pour Nietzsche, dans leurs plus lointaines étrangetés : *"À chaque âme appartient un autre monde, pour chaque âme toute autre âme est un arrière-monde."*[335] Du reste, ces différences et ces étrangetés créent une fructueuse asymétrie entre l'autre et soi-même, une asymétrie qui empêche de figer leurs relations, d'abord à cause d'un décalage entre l'accueil du *tu* qui reçoit et l'éveil du *je* qui donne, ensuite à cause de l'avenir incertain et très différent de chacun. Mais ce n'est pas tout, car une nécessaire ***non-violence*** est ensuite requise pour toutes les singularités, pour tous le *je* qui voudront et qui pourront constituer raisonnablement la cohérence et la liberté de leur propre devenir dans le cadre d'une concorde générale. Ce prolongement éthique dépassera alors les violences du monde actuel en reconnaissant ses limites et ses dérives les plus complexes, même si l'individualisme a certes le mérite de valoriser l'unicité possible d'un *moi* pourtant multiple et divisé, notamment à cause des nombreux dédoublements de sa conscience : conscience de soi et du monde, du monde et d'autrui, de soi et de l'autre, médiate et immédiate, intellectuelle et sensible. En effet, nous ne sommes jamais le *je* de tout notre corps, ce qui explique que nous devenons parfois inhumains,

---

[335] Nietzsche, *Ainsi parlait Zarathoustra,* Le Convalescent, 2.

sans toutefois perdre notre propre valeur comme sujet potentiellement libre lorsque nous ne nous enfermons pas dans l'idolâtrie complaisante du narcissisme ni dans la fascination de l'autre que soi qui capture ou qui fige notre propre *moi*.

En tout cas, au sein de l'ensemble des êtres humains, il serait préférable que chacun puisse vivre éthiquement sous le mode d'une subjectivité libre et responsable de sa relation avec tous les autres, sans se croire à l'origine de lui-même ou du monde, car ledit monde est vraiment réalisé par ceux qui ne se conçoivent pas comme des choses, mais plutôt comme des sujets capables de se libérer, tout en se sachant inséparables d'autres sujets libres, c'est-à-dire capables de faire converger leurs libertés et de se concevoir à la fois comme des membres de l'humanité et comme des êtres singuliers ouverts sur d'autres singularités. Dans cet esprit, l'ensemble des êtres humains pourra inspirer à chacun la nécessité d'un élargissement de sa propre finitude en acceptant d'être modifié par l'action des diverses singularités qui composent ce monde. Il suffira, pour cela, que la relation de l'un à l'autre puisse être d'abord rapportée à un amour commun de l'ensemble, ensuite que chacun puisse rejoindre l'autre en écartant tout désir de coïncidence (de fusion ou d'englobement) ainsi que toute pensée de la séparation (la mort inéluctable de l'autre étant pour ainsi dire suspendue).

Or, c'est bien à partir d'un retrait hors des certitudes arrogantes de son propre *moi* que l'abandon de certaines forces nuisibles ne sera plus seulement le témoignage d'une sorte de fragilité intime (y compris du cœur), mais un acte de liberté capable de conférer aux forces restantes un possible rayonnement, tout en créant d'intenses actions corporelles capables d'unifier provisoirement chaque singularité. [336] Ensuite, hors de chaque subjectivité, il faudra sans doute qu'une action libre, commune à l'un et à l'autre, néanmoins différente pour l'un et pour l'autre, puisse faire rayonner chaque finitude au delà d'elle-même. Vécu par l'un et par l'autre dans l'esprit de cette ouverture, l'être de chaque

---

[336] *"Mais ce qui est plus grand c'est, - ce à quoi tu ne veux pas croire, - ton corps et sa grande raison : il ne dit pas moi, mais il est moi en agissant."* (Nietzsche, *Ainsi parlait Zarathoustra*, (Des visionnaires de l'au-delà et Des contempteurs du corps).

moi ne saurait être alors considéré comme une réalité isolable et séparable, tournée uniquement vers elle-même, par exemple dans la recherche de sa propre valeur comme c'est le cas dans le solipsisme. Isolé, le *moi* croit, d'une manière absurde, agir comme une substance, c'est-à-dire comme un sujet absolu en tant qu'âme ou en tant que volonté, tout en se prétendant sujet de la connaissance de l'univers, voire de ce qui dépasse toutes les représentations. Dès lors, eu égard à la réelle capacité de chaque *moi* à devenir **libre**, précisément en voulant le seul possible et en pouvant raisonnablement le vouloir, le concept d'un sujet souverain et toujours unifié paraît complètement idiot ou absurde, tout comme le concept d'un être qui serait totalement en harmonie avec l'ensemble des êtres humains.

Une éthique et une politique de l'amour-raison permettent alors de se concevoir soi-même sans pour autant s'attacher à soi-même, comme ce serait le cas dans les excès de la folie. Pour cela, il faut seulement d'une part qu'une fusion dans le collectif soit totalement écartée, et d'autre part qu'une nécessaire dévalorisation de l'estime de soi n'empêche pas de demeurer le sujet complexe de son propre être-dans-le-monde [337] ; car l'humilité alors requise a le mérite d'accompagner l'incertitude de ses pensées, sans engendrer une triste mésestime de soi-même, dès lors que les hésitations sont provisoires et animées par une volonté lucide qui, comme pour Jankélévitch, évite les interprétations extrêmes : *"Aussi éloigné de l'alpha que de l'oméga, l'homme vit, pense et souffre dans la zone claire-obscure de la demi-conscience et de la volupté mélangée. La modestie est le bon usage de cette impureté et de ce mélange (μῖξις) qui nous retiennent à mi-chemin des extrêmes, qui nous préservent de la folie des grandeurs comme du délire des petitesses..."*[338]

Puis, lorsqu'il sera relativement dévalorisé par la situation finie qu'il occupe dans la nature ainsi qu'au sein de l'ensemble des êtres humains, le *moi* ne devrait pas oublier qu'il n'est jamais le *je* constant de sa propre singularité, que la métaphore qui

---

[337] *"Mais on se limite volontiers par rapport à un autre, tout en sachant que dans cette limitation on est soi-même."* (Hegel, *Philosophie du Droit*, §6).
[338] Jankélévitch, *Les Vertus et l'amour*, 1, op.cit., p.336.

unifie son *moi* change d'heure en heure, et surtout, comme l'a affirmé Bachelard, que lorsque *"nous nous tournons vers nous-mêmes, nous nous détournons de la vérité."* [339]

En définitive, il importe de reconnaître qu'autrui est, pour chacun, un sujet complexe qui demeure à la fois semblable à lui-même (par sa capacité constante à être raisonnable) et différent de lui-même, notamment pour qu'il puisse être aimé et pour qu'il soit à la fois responsable de lui-même et ouvert sur les autres. Cela signifie qu'autrui n'est jamais le tout Autre qu'imaginait Blanchot en le considérant dans sa différence radicale, monstrueuse et absolue : *"Autrui, c'est le tout Autre; l'autre, c'est ce qui me dépasse absolument ; la relation avec l'autre qu'est autrui est une relation transcendante, ce qui veut dire qu'il y a une distance infinie et, en un sens, infranchissable entre moi et l'autre, lequel appartient à l'autre rive, n'a pas avec moi de patrie commune et ne peut, en aucune façon, prendre rang dans un même concept, un même ensemble, constituer un tout ou faire nombre avec l'individu que je suis."* [340] En fait, au delà de ces distances inhumaines, en dépit de l'impossibilité d'appréhender tous les sens et tous les non-sens de l'altérité eu égard à la multiplicité des similitudes et des différences, aucune altérité n'est absolue ni totalement éclatée. Elle est seulement pensable en tant que fait de la présence d'un autre que *moi* (un *alter ego*) qui se construit lui-même à sa manière très singulière, et qui, comme moi-même, deviendra aussi ce qu'il est en fonction des potentialités de sa nature, certes d'abord neutre, d'abord entre sens et non-sens, et même s'il ignore où le conduira son propre devenir lorsque, à la manière de Nietzsche, ce sera pour être vraiment lui-même qu'il décidera de *"prendre son vol vers de lointains futurs"*. [341]

Dans ces conditions, pour résumer, en des moments certes remarquables et rares, lorsqu'un être humain en aime un autre et lorsqu'une éthique de l'amour-raison vient se greffer sur des relations d'abord obscures, voire charnelles, l'autre pourra être véritablement aimé librement et d'une manière lumineusement

---

[339] Bachelard, *La Psychanalyse du feu,* op.cit., p.17.
[340] Blanchot, *L'Entretien infini*, op.cit., p.74.
[341] Nietzsche, *Ecce Homo,* Pourquoi je suis un destin, § 5.

raisonnable tout en distinguant bien chaque *tu* et chaque *je*. Pour cela, plusieurs conditions devront certes être satisfaites. Tout d'abord, il faudra que chacun ait décidé d'effectuer une dévalorisation relative de son propre *moi* afin de se purifier de ses plus pesants attachements. Ensuite, il faudra que chacun puisse aimer l'autre malgré sa finitude, dans et par la reconnaissance de toute sa finitude, et même si cette finitude fait parfois paraître les êtres humains dérisoires, car chacun demeure toujours capable de conserver pudiquement le respect de lui-même ainsi que celui de l'autre. Enfin, il faudra que la reconnaissance bienveillante de l'autre puisse atténuer les distances sans les supprimer et sans nuire à sa propre humanité, donc en faisant rayonner chaque finitude d'une manière digne, précisément à partir de la grande raison qui poussait Nietzsche à aimer son propre destin corporel, [342] c'est-à-dire à partir de la raison majeure ou supérieure qui inspirera peut-être un jour l'ensemble de tous les êtres humains dans leurs actions convergentes pour aimer aussi, voire surtout, la Nature qui les détermine éternellement.

c) L'amour de la nature

- L'amour intellectuel de la Nature et la béatitude selon Spinoza

L'amour de la Nature n'est pas un sentiment ordinaire, c'est-à-dire un vague attachement né de la rencontre d'objets agréables qui créeraient un mélange confus de sensations, d'émotions et de représentations intellectuelles. En effet, pour Spinoza, l'amour de la Nature est intellectuel, c'est-à-dire conçu par l'esprit humain comme une cause naturelle qui est totalement déterminée et rationnelle. Cette cause extérieure est nécessaire et suffisante pour réaliser une union avec l'esprit qui la conçoit :

---

[342] *"S'accepter soi-même comme un* fatum*, ne pas se vouloir différent - en de telles circonstances, c'est la* raison supérieure*."* (Nietzsche, *Ecce Homo*, Pourquoi je suis si sage, § 6 et *Le Voyageur et son ombre*, § 61).

"Ce qui est contre la nature est contre la raison ; et ce qui est contre la raison, étant absurde, doit être immédiatement rejeté." [343] Tout le nécessaire est en effet donné par l'ordre rationnel de la Nature et il suffit pour fonder ensuite l'accord de concepts avec le réel, y compris avec les sentiments lorsqu'ils suivent cet ordre. Dans ces conditions, Spinoza a dû écarter tout ce qui n'est pas conséquent, c'est-à-dire non lié nécessairement à l'ordre des raisons en affirmant : *"L'Amour n'est rien d'autre qu'une joie qu'accompagne l'idée d'une cause extérieure."*[344] Une interprétation pertinente de cette définition n'est pas aisée, car les concepts de joie et de cause extérieure renvoient à des réalités empiriquement variables, y compris dans l'ordre des raisons, et même si *"les sentiments qui proviennent de la raison sont plus puissants que les autres."* [345] De plus, une compréhension des causes extérieures modifie notre manière de les désirer, puis de les aimer d'une manière raisonnable, y compris lorsque le désir devient *volonté* en ayant des idées adéquates.

En conséquence, le concept de l'amour, ce qui pourrait être *le concept* de l'amour, est inséparable de la connaissance précise des choses par leurs causes premières et nécessaires à partir des idées adéquates et rationnelles qui naissent du désir de l'âme, de la puissance de ce désir, tout en sachant que, pour Spinoza, tout désir est bon en lui-même et non en fonction de ce qui pourrait être désiré, car il est toujours déterminé par la divine Nature.

En revanche, lorsqu'un jugement sur les choses est affecté par des déterminations partielles, ce jugement inadéquat entraîne des opinions qui doivent être rejetées. Or, la cause externe de l'amour peut être soit partielle (inadéquate et triste), soit globale (adéquate et joyeuse) eu égard à la force du *lien* qui s'instaure entre un *moi* et un corps qui subit l'action d'un autre corps en étant ainsi modifié. Ce lien est fructueux lorsqu'il produit une joie (*laetitia*) de l'âme (ou de l'esprit), et infructueux lorsqu'il produit une tristesse (*tristitia*). [346] Et cet *accompagnement* d'une

---

[343] Spinoza, *Traité Théologico-Politique*, chap. VI.
[344] Spinoza, *Éthique*, III, De l'origine et de la nature des affections, scolie de la proposition XIII.
[345] Spinoza, *Éthique*, V, prop. VII.
[346] Tous les affects tristes qui prouvent notre servitude et notre impuissance.

cause extérieure par son effet (la joie) diffère en fonction de la nature temporelle ou éternelle de cette cause. Comment ? En fait, la joie est un sentiment d'allégresse qui est produit par un débordement de la jouissance, car cet affect est lié à une augmentation de la force singulière d'un corps, soit physiquement, soit intellectuellement lorsqu'une âme se pense plus clairement et plus distinctement. Certes, en tant que mode fini, l'idée que l'âme (ou l'esprit) a de son corps (comme des autres corps extérieurs) peut être inadéquate lorsqu'elle ignore la raison qui est en dehors. Mais il y a dans l'âme (ou l'esprit) la présence d'idées (à la fois dans le tout et dans les parties) qui apparaissent dans la part éternelle de l'âme qui est l'entendement,[347] notamment dans les démonstrations rationnelles qui, lors du deuxième genre de la connaissance qui est celui de la raison, vont d'une évidence à une autre ; chaque évidence voyant directement une vérité.

De plus, cette connaissance selon la raison développe aussi des notions communes qui permettent de comprendre les lois générales (abstraites) et rationnelles de la Nature selon un enchaînement qui s'accomplit en sens inverse de l'ordre des choses : de la *natura naturata* à la *natura naturans*, des effets vers les causes par toutes sortes de démonstrations rationnelles qui enchaînent une évidence à une autre, chaque évidence voyant directement une vérité : *"Les yeux de l'âme, par lesquels elle voit et observe les choses, sont les démonstrations elles-mêmes."* [348]

En tout cas, comme autoaffirmation pure d'elle-même et par elle-même, c'est la vie qui procure d'abord *"la jouissance infinie de l'exister"*,[349] dans une ***joie*** très particulière qui *"exprime l'existence de celui qui l'éprouve"*, [350] à condition que cette joie ne soit pas liée à des *fluctuatio animi*, c'est-à-dire à l'amour d'objets changeants et partiellement saisissables. Dans ce cas, l'idée que l'esprit (ou l'âme) a de son corps est ***inadéquate*** (contraire à notre nature, fictive et confuse), puisque sa puissance

---

[347] Spinoza, *Éthique*, V 40, cor.
[348] Spinoza, *Éthique*, V 25.
[349] Spinoza, *Correspondance*, lettre XII – À L. Mayer, Pléiade, 1954, p. 1097.
[350] Spinoza, *Éthique*, III, prop. XXIII.

vitale est alors diminuée par des causes externes qui ne concernent que des parties du corps, tout en produisant nécessairement la *tristesse* qui émane des idées mutilées, ces dernières étant extérieures à la raison, séparées, alors que la raison les rapprocherait.

Toutes ces variations révèlent que l'amour est concevable à partir de la modification d'un corps conformément à une augmentation ou à une diminution du pouvoir du *désir*, tout en sachant que *"le désir qui naît de la joie est plus fort, toutes choses égales d'ailleurs, que le désir qui naît de la tristesse."* [351] La joie inhérente à l'amour est alors un affect actif qui répond à l'intervention de causes externes, tout en révélant comment la puissance intellectuelle et physique d'un corps est accrue, sachant que cette modification des affections (*affectiones*) pourrait être accompagnée ou bien par des idées plutôt claires et adéquates de ce corps, ou bien par des images tristes lorsqu'un corps subit l'action d'un autre corps dans une passion, sachant que la puissance d'agir d'un corps sera augmentée lorsque *"la puissance de penser parviendra à vaincre les affects tristes"*, [352] notamment dans la joie de comprendre ses passions par leurs causes (ce qui libérera les affects), et surtout lorsque cette puissance singulière et variable qui manifeste différents degrés de perfectionnement d'un corps [353] sera déterminée par une cause qui produit *"le passage à une perfection plus grande"*. [354]

Pour le dire autrement, une ***connaissance*** claire, distincte et adéquate des causes qui nous déterminent, d'une manière immuable et éternelle, rend possible une joie certaine puisque chaque idée claire et distincte de soi-même est accompagnée d'une cause, celle de l'idée de Dieu conçue comme étant éternelle : *"De plus, cette connaissance* (de Dieu) *engendre un Amour envers une chose immuable et éternelle et dont la possession est réellement assurée ; et par conséquent cet Amour*

---

[351] Spinoza, *Éthique*, IV, prop 18.
[352] Spinoza, *Éthique*, II 41 dem, IV 59 dem.
[353] Spinoza, *Éthique*, III, dém. de la prop. LVII : «*Laetitia et tristitia est ipsa cupiditas, sive appetitus, quatenus a causis externis augetur, vel minuitur, juvatur, vel coercetur.*»
[354] Spinoza, *Éthique*, V, prop.33, scolie.

ne peut être gâté par aucun des vices qui sont inhérents à l'Amour ordinaire, mais il peut devenir de plus en plus grand et occuper la plus grande partie de l'Âme."[355] L'amour intellectuel de Dieu qui occupe l'esprit au plus haut degré est alors éternel puisque l'esprit humain est considéré dans son essence éternelle, précisément parce qu'il y a dans l'esprit la présence de cette idée à la fois comme un tout et dans ses parties, et même si cette connaissance n'a pas pour fonction de nous libérer des affects, mais de produire une joie éternelle.

Pour en arriver à cet amour joyeux de la Nature, la connaissance requise de la Nature naturée, c'est-à-dire causée par la Nature naturante selon des modes universels immédiats (l'intellect en acte) ou particuliers (donc médiats d'un point de vue quantitatif selon des proportions, du mouvement et du repos) ne se réduit pas aux seules médiations finies d'une existence qui se limiterait à la connaissance de quelques phénomènes. Et, dès lors qu'il est objectivement intellectuel, c'est-à-dire dès lors qu'il repose sur la connaissance de la Nature, cet amour est inséparable de l'intuition pure de l'infini (ou de l'idée d'une cause extérieure infinie) qui unit amour et joie.

Dans ces conditions, la joie éprouvée dans l'amour intellectuel de Dieu est inséparable d'une ***intuition*** à la fois sensible et intellectuelle, c'est-à-dire d'une vision interne, active, globale, immédiate et non confuse, qui produit une réelle certitude intellectuelle, laquelle émane davantage de la raison que des sens. Et cette intuition rassemble ce que nous imaginons *"toujours de la même manière (semper eodem modo),*[356] donc loin des images partielles et changeantes des choses. Cela signifie que cette intuition intellectuelle et imagée est vraiment rationnelle parce qu'elle est déterminée par *le* concept de la Nature dont elle est un *effet* nécessaire et universel : *"Il est de la nature de la Raison de considérer les choses comme nécessaires, de percevoir les choses comme possédant une certaine sorte d'éternité."*[357] De plus, cette vision intuitive, pourtant rationnelle et synthétique de l'organisation nécessaire de la Nature, exclut

---

[355] Spinoza, *Éthique*, V, 20.
[356] Spinoza, *Éthique*, V, dém. de la prop. 7
[357] Spinoza, *Éthique*, II, 44

toute finalité intentionnelle, comme celle d'une Providence divine,[358] car elle affirme uniquement l'amour de la nécessité immanente de la Nature qui s'aime elle-même, y compris au cœur de ses effets partiels, puisque sa perfection procure aux êtres humains une joie divine, dite *béatitude*, notamment en rapportant la connaissance de l'essence des choses singulières à une intuition intellectuelle et sensible qui réalise une *"union immédiate avec la chose même"*. [359] Pour le dire autrement, cette intuition est une *image globale*, inséparable de la raison, qui saisit le réel *"sous l'espèce de l'éternité"*, c'est-à-dire dans la science *intuitive* des essences de la Nature, à partir d'un esprit qui se sait ainsi immédiatement éternel. La Nature étant sans vide, l'existence de l'esprit sent son éternité dans un amour intellectuel qui englobe l'idée de son corps uni à la puissance infinie de la Nature.

Cependant, il reste à savoir comment cette béatitude de l'âme parvient à accompagner l'amour intellectuel de Dieu d'une manière constante et imagée. En fait, cette intervention de l'*imagination*, qui saisit les propriétés communes des choses *"suivant un ordre valable pour l'entendement"* en enveloppant à la fois et simultanément l'idée d'une chose extérieure et l'idée d'un corps (l'âme), diffère de celle qui accompagne les flottements et les errances d'une âme abusée par sa croyance en la présence instable et confuse de choses en réalité absentes. L'imagination empirique est en effet confuse, mutilée, voire obscure, parce qu'elle pense confusément les affections, les existences, ainsi que l'immensité qui est indéfiniment divisible.

Il est donc nécessaire de refuser toutes ces images tronquées et se rapporter uniquement à celle qu'une connaissance *intuitive* embrasse totalement d'un seul regard en une vision intellectuelle qui n'est pas séparée de l'infinité de la Nature [360] et qui conserve pourtant chaque singularité, dès lors que l'amour de la Nature affirme absolument toute sa réalité, et dès lors que chaque chose est perçue en elle-même, c'est-à-dire non imaginée ou pensée

---

[358] Spinoza, *Éthique*, I, Appendice.
[359] Spinoza, *Éthique*, V, 32, corollaire.
[360] Qui a toujours semblé à Spinoza comme *"le plus difficile qui soit"* : Lettre XII à Louis Mayer, NRF, Pléiade, 1954, p. 1096.

négativement et abstraitement dans quelque forme discontinue ou fictive. En effet, l'amour intellectuel de la Nature imagine uniquement à partir de la cause divine, donc éternelle, qui échappe à toute visibilité. Et cet amour ne produit pas des images des corps,[361] mais il se situe à la source des images au cœur d'un *schème* univoque, c'est-à-dire dans une structure mentale dynamique, unificatrice ou synthétique [362] qui exclut toute représentation de la cause aussi bien que celle de son effet. Ce schème ne fait alors qu'*exprimer,* au sens d'envelopper ou d'accompagner, tout ce qui nécessairement en Dieu (en la Nature), en constituant ainsi un *point de vue* intellectuel constant sur ladite Nature. Et ce schème n'est pas une notion faussement universelle, mais *"une idée qui exprime l'essence de tel ou tel corps humain sous le caractère de l'éternité."*[363]

De plus, l'*intuition* qui exprime l'amour intellectuel de la Nature n'est pas une évidence naïve, mais une pensée rationnelle qui est une image mentale, sans aucune représentation de la Nature, élaborée à partir des déterminations claires et distinctes d'une pensée qui se rapporte à la source de ses représentations : *"Pour que notre esprit représente l'image de la Nature, il doit produire toutes ses idées à partir de celle qui représente l'origine et la source de la Nature. Cette même idée sera ainsi la source de toutes les autres."* [364] La divine Nature s'exprime ainsi elle-même dans la part éternelle de notre âme qui aime ce qui s'y *exprime*, sachant que cet amour intellectuel et éternel de Dieu *"a toutes les perfections de l'Amour, comme s'il avait pris naissance."* [365]

Plus précisément, cette source n'a jamais eu de commencement ou d'origine puisqu'elle est dans l'esprit. Le *comme si* révèle donc plutôt un décalage temporel entre le moment de l'inadéquation qui rend pourtant possible la joie dans le passage à une perfection plus grande, et celui de l'adéquation où émerge la béatitude d'une possession accompagnée de l'idée

---

[361] Spinoza, *Éthique*, II, 17, scolie, III, 27 dém. V, 1.
[362] Qui n'est pas produit par un croisement d'images.
[363] Spinoza, *Éthique*, V, prop. XXII.
[364] Spinoza, *Traité de la réforme de l'entendement*, § 42, p.115.
[365] Spinoza, *Éthique*, V, prop. XXXIII, scolie.

de Dieu comme sa cause éternelle. [366] En effet, il n'y a plus de source lorsqu'il y a dans l'esprit (ou l'âme) la présence de l'idée (à la fois dans le tout et dans les parties), l'idée faisant apparaître la part éternelle de l'âme qui est l'entendement.

Dès lors, l'intuition rationnelle et imagée du schème qui a un point de vue intellectuel constant sur la cause éternelle relève d'une pensée rationnelle qui pose l'image de la Nature du point de vue très schématique de l'idée de l'être le plus parfait [367] en une intuition *compréhensive* sous l'espèce de l'éternité. Par conséquent, l'image inhérente à cette intuition peut être comprise dans sa vérité puisqu'elle est pensée comme un effet nécessaire de la cause (plutôt que d'une source) qui en est la Nature, c'est-à-dire comme l'idée même de la nécessité qui accompagne l'affectivité dans une vision véritable qui traduit cette dernière sans être symbolique, anthropomorphe, mutilée ou délirante, tout en sachant que connaître intellectuellement une chose, ce n'est pas seulement *"la percevoir par la pensée pure en dehors des mots et des images."* [368] Puis, sachant que les mots a*nimus* (cœur), *spiritus* (esprit) et *mens* ou *anima* (âme) sont équivalents pour Spinoza, l'Âme (ou bien l'Esprit) éprouve son éternité en englobant l'idée d'un Corps lorsqu'en son amour intellectuel de la Nature elle sait et sent qu'elle fait partie de sa puissance infinie.

Pourtant, cet amour intellectuel n'est pas le fruit d'une mystérieuse intervention surnaturelle, car Spinoza ne sépare pas la *détermination* infinie de la Nature et l'*expression* de cette infinité dans la finitude d'un être humain. En effet, la *détermination* puis l'*expression* agissent intégralement dans la totalité divine et dans ses parties (même les plus petites), c'est-à-dire dans son essence éternelle (dans ses attributs) et dans les choses singulières qui ne devraient pas être réduites abstraitement et confusément par l'imagination à l'expression mutilante de l'indéfiniment divisible. Par conséquent, pour un entendement qui serait seulement éclairé par la connaissance des essences, la détermination infinie de la Nature n'exprimerait d'une manière

---

[366] Spinoza, *Éthique*, V, prop. XXXIII.
[367] Spinoza, *Éthique*, V, prop. 32, corollaire.
[368] Spinoza, *Œuvres complètes*, Nrf, Pléiade, 1954, chapitre IV, p.674.

adéquate qu'un indivisible point de vue commun, certes non symbolique, du Tout et de ses parties : *"Ce qui est commun à toutes choses et se trouve également dans la partie et dans le tout ne peut être conçu qu'adéquatement."*[369] En revanche, c'est directement, donc intuitivement et dans l'expression totale d'elle-même que, au troisième genre de la connaissance,[370] la Nature permet à chaque être humain d'accéder à l'idée éternelle de son corps, [371] notamment en comprenant sans aucune médiation que cette idée fait partie de *"l'entendement éternel et infini de Dieu,"* [372] c'est-à-dire de l'idée de Dieu comme cause éternelle et qui *"s'aime soi-même d'un amour intellectuel infini".* [373] Plus explicitement, l'amour intellectuel de la Nature est un amour de l'âme qui s'accomplit dans l'intuition rationnelle d'un amour éternel pour la Nature ; cette dernière *s'exprimant* ainsi elle-même.

La part éternelle de notre âme aime ainsi la divine Nature qui l'enveloppe en une intuition *compréhensive* sous l'espèce de l'éternité, car l'esprit qui se connaît lui-même n'est qu'une partie de l'entendement divin qui le comprend en saisissant ensemble son amour intellectuel pour la Nature et l'amour de la Nature pour les hommes qui sont en elle, tout en sachant que l'amour parfait que la Nature porte à elle-même est le plus constant des affects, [374] ensuite que chaque affect contient et détermine un parfait amour intellectuel pour la Nature par tous les êtres finis qui la pensent.

Alors, dans son éternité, l'Âme humaine, bien qu'elle soit le mode fini d'un attribut infini, s'aime intellectuellement à partir de Dieu (ou Nature) qui s'aime lui-même dans sa perfection : *"L'Amour intellectuel* (Amor intellectualis) *de l'Âme envers Dieu est l'amour même duquel Dieu s'aime lui-même, non en tant qu'il est infini, mais en tant qu'il peut s'expliquer par*

---

[369] Spinoza, *Éthique*, II, Prop. 38.
[370] *"Tout ce que nous connaissons d'une connaissance du troisième genre nous fait éprouver un sentiment de joie accompagné de l'idée de Dieu comme cause de notre joie."* (Spinoza, *Éthique*, V, prop. XXXII).
[371] Spinoza, *Éthique*, V 22 et dem.
[372] Spinoza, *Éthique*, V 40 sc.
[373] Spinoza, *Éthique*, V, prop. XXXV.
[374] Spinoza, *Éthique*, V, 20 sc.

l'essence de l'Âme humaine considérée comme ayant une sorte d'éternité (sub specie aeternitatis)*, c'est-à-dire l'Amour intellectuel de L'Âme envers Dieu est une partie de l'Amour infini duquel Dieu s'aime lui-même."* [375]

De plus, si l'amour de Dieu et l'amour envers Dieu sont identiques, c'est en raison de l'immanence de Dieu, car l'esprit, en tant qu'il se connaît lui-même, est une partie de l'entendement divin. Pour cela, l'amour intellectuel de Dieu, qu'il s'agisse de l'amour des hommes envers Dieu ou de l'amour de Dieu pour lui-même, est à la fois un amour et un acte de l'intellect ou de l'âme. En effet, l'amour intellectuel concerne l'esprit quand il est conçu par la nature de Dieu comme vérité éternelle et non en fonction des choses singulières qui existent provisoirement en un lieu. Autrement dit, l'amour intellectuel de Dieu est une partie de l'amour dont Dieu s'aime lui-même par *"la connaissance de l'union de l'esprit avec la nature totale."* [376] Dès lors, il est possible d'aimer ces choses, non pour elles-mêmes, mais en tant qu'elles expriment la puissance immanente de Dieu. Ainsi s'accomplit véritablement l'intuition de notre amour éternel pour Dieu.

L'amour intellectuel de Dieu nous permet en effet de comprendre comment la part éternelle de notre Esprit peut aimer Dieu de toute éternité, d'un amour qui est du reste aussi constitué par l'amour de Dieu pour les hommes. Or, Dieu s'aime lui-même en tant qu'il est infini, c'est-à-dire dans sa perfection même, sachant que ce qui est fini exprime des affections de la substance qui comportent moins de perfection, moins de puissance que la substance elle-même. Cela signifie, très clairement, que l'esprit humain est inséparable de celui de Dieu qui s'aime intellectuellement et directement lui-même, donc sans aucune cause extérieure à lui, car l'amour de Dieu pour les hommes et l'amour intellectuel des hommes pour Dieu ne sont qu'une seule et même chose : *"L'esprit qui se connaît lui-même est une partie de l'entendement divin qui le comprend en saisissant ensemble un amour intellectuel pour la Nature et*

---

[375] Spinoza, *Éthique*, V, prop.36.
[376] Spinoza, *Traité de la réforme de l'entendement*, § 13, Pléiade, 1954, p.106.

l'amour de la Nature pour les hommes qui sont en elle." [377] Ainsi la conception de l'amour varie-t-elle à deux niveaux, celui des causes finies qui est connu par des démonstrations (*second genre de la connaissance*) et celui de la divine Nature qui est pensé intuitivement (*troisième genre*) ! Dans le premier cas, une action du corps élève la joie vers la perfection divine : *"Plus nous avons de joie, plus nous acquérons de perfection ; en d'autres termes, plus nous participons nécessairement à la nature divine"*, [378] tout en sachant que cette élévation sera progressive : *"Celui dont le corps est propre à un grand nombre de fonctions a une âme dont la plus grande partie est éternelle."* [379] Dans le second cas, la cause qui détermine les êtres humains est parfaite et elle est liée à la connaissance de la Nature. [380]

L'amour intellectuel de Dieu est en réalité lié à l'intuition pure de l'infini (ou bien à l'idée d'une cause extérieure infinie) qui est ressentie dans une jouissance qui s'accompagne d'une puissance maximale (la plus haute), et cette puissance procure une joie parfaite nommée **béatitude**, du latin *beatus* – bienheureux. Dès lors, parce que la Nature est pensée comme la cause éternelle de cette joie parfaite, l'âme l'aime *"intellectuellement"* dans la béatitude suprême de l'acte de penser, c'est-à-dire dans la béatitude de produire des actes de la pensée qui réalisent un accord entre le rationnel et l'affectif, le désir et l'idée vraie : *"Les saintes Écritures donnent à cet amour, à cette béatitude, le nom de gloire, et c'est avec raison. Que l'on rapporte en effet cet amour, soit à Dieu, soit à l'âme, c'est toujours cette paix intérieure qui ne se distingue véritablement pas de la gloire. Si*

---

[377] Spinoza, *Éthique*, V, prop. XXXVI.
[378] Spinoza, *Éthique*, IV, 45, scolie.
[379] Spinoza, *Éthique*, V, prop. XXXIX.
[380] *"Dieu est exempt de toute passion, et il n'est sujet à aucune affection de joie ou de tristesse. (...) Toutes les idées, en tant qu'elles se rapportent à Dieu, sont vraies (...) De plus, Dieu ne peut passer à une perfection plus grande que la sienne ou plus petite car il n'est sujet à aucune affection de joie ou de tristesse. Corollaire : Dieu, à parler proprement, n'aime ni ne hait personne. Car Dieu n'éprouve aucune affection de joie ou de tristesse, et en conséquence il n'a pour personne ni haine ni amour."* (Spinoza, *Éthique*, V, prop. XVII).

vous le rapportez à Dieu, cet amour est en lui une joie (qu'on me permette de me servir encore de ce mot) accompagnée de l'idée de lui-même; et si vous le rapportez à l'âme, c'est encore la même chose."[381] La **béatitude** est ainsi un sentiment intellectuel de satisfaction stable, de bonheur parfait, à la différence de l'amour ordinaire qui est lié à l'imagination concernant des choses finies et qui est toujours instable puisqu'il est menacé par les flottements de l'âme. En revanche, dans cet amour complet, la béatitude réalise l'idée d'une plénitude de l'âme et dans l'âme qui oriente vers la sagesse, car l'âme sait qu'elle est en partie éternelle, que cette partie est en Dieu et qu'elle se conçoit par Dieu.

Sachant que, pour Spinoza, la puissance de l'intellect est supérieure à celle des affects, la béatitude est alors définie comme "*la satisfaction même de l'âme, qui naît de la connaissance intuitive de Dieu*".[382] Puis, en étant conçue comme une éternelle jouissance extrême, cette joie souveraine et permanente intellectualise et purifie la nature trop sensible de l'amour ordinaire et devient ainsi identique à la **Liberté**.[383]

En tout cas, la force intellectuelle ainsi déployée exprime une satisfaction incommensurable, une joie intellectuelle active, suprême et éternelle, précisément la même qu'éprouve un **sage** lorsqu'il a l'intuition d'être intellectuellement, affectivement, et totalement uni à la Nature, car le sage connaît synthétiquement, certes à partir de sa propre finitude, l'idée infinie de la Nature. Et cette connaissance, qui l'unit à la Nature, est adéquate à l'essence éternelle et infinie de ladite Nature.

En effet, l'amour intellectuel de Dieu (qu'il s'agisse de l'amour envers Dieu ou bien de l'amour de Dieu pour lui-même, y compris pour les hommes) est à la fois un acte d'amour et un acte de l'intellect (ou de l'âme) dont l'expression procure la béatitude. Pour le dire autrement, l'amour intellectuel de Dieu (ou de la Nature) peut être éprouvé dans l'intense sentiment de vivre joyeusement au sein de cette divine Nature lorsqu'elle est pensée dans sa vérité éternelle comme la cause de l'amour et de

---

[381] Spinoza, *Éthique*, V, prop. XXXVI.
[382] Spinoza, *Éthique*, IV, Appendice, chap.4.
[383] Spinoza, *Éthique*, V, prop. XXXVI, scolie.

la béatitude qui l'expriment. Et la joie de l'esprit (ou de l'âme) produite par sa participation à l'éternité est le plus constant des affects,[384] tout en étant accompagnée par l'idée claire, distincte et adéquate d'une cause de l'idée de soi-même et de la Nature, cette dernière n'étant pas imaginée comme présente, mais conçue comme étant éternelle, c'est-à-dire bien loin de la jouissance qui permettait de comprendre ses passions par leurs causes.

L'Amour intellectuel de Dieu crée ainsi la plus haute joie de l'âme (la *béatitude*), car elle sait qu'elle est éternelle, en Dieu, et qu'elle se conçoit par Dieu sans augmentation possible de sa puissance d'agir. En même temps, cette béatitude est accompagnée de l'idée claire et distincte (adéquate) d'une cause de l'idée de soi-même et de Dieu, car sa propre cause est en Dieu. Pour cela, comprendre que Dieu est la cause de la béatitude éprouvée, c'est aimer Dieu *"intellectuellement"* dans la joie suprême de l'acte de penser qui crée des actes purs de la pensée. L'intellect du sage pense adéquatement la Nature parce qu'il a atteint le maximum de puissance nécessaire dans sa pensée, ce qui lui procure la béatitude qui couronne une perfection intime, celle de la Nature qui est la cause de son propre amour. Or, la Nature étant la cause de la béatitude du sage, et sachant que la Nature s'aime directement ainsi, donc sans cause extérieure à elle, cet état de satisfaction stable, de bonheur parfait, de contentement, de plénitude, est inséparable de la connaissance intuitive et rationnelle de la Nature.[385] Et cette béatitude de l'âme (ou de l'esprit) découvre son éternité en se sachant accompagnée par l'idée claire, distincte et adéquate d'une cause de l'idée de soi-même et de la Nature qui s'accomplit dans l'acte de penser en des intuitions sensibles et rationnelles.

Mais comment cet amour intellectuel de la nécessité naturelle crée-t-il cette béatitude, cette joie la plus haute de (dans) l'âme ? En fait l'*âme*, cette idée du corps (*idea corporis*),[386] cette idée de la conscience d'un corps affecté (modifié) par des relations internes et par d'autres corps, quelle que soit la santé ou la

---

[384] Spinoza, *Éthique*, V 20 sc.
[385] Spinoza, *Éthique*, IV app 4.
[386] Spinoza, *Éthique*, II, 13.

maladie de ce corps, sait qu'elle est éternelle parce qu'elle est en la Nature (c'est-à-dire en Dieu), et surtout parce qu'elle se conçoit par la Nature dans sa ***puissance d'agir***. En effet, l'essence de l'âme, comme effort propre, consiste à comprendre ou à raisonner [387] : *"Notre Âme (ou esprit) est active en partie (quaedam), passive en d'autres : en tant qu'elle a des idées adéquates (en Dieu), elle est nécessairement active en certaines choses..."*[388] Pour cela, lorsque l'esprit est actif, c'est-à-dire sous la conduite de la raison, il suit un ordre conforme à l'entendement qui est lui-même *"sous l'espèce de l'éternité"*. Sa connaissance est alors des plus hautes et elle lui procure un total bonheur.

Pourtant, la béatitude n'est ni un but ni une récompense de la *vertu* du sage, car elle est de toute éternité *"la vertu elle-même"*.[389] Cette dernière s'inscrit en effet dans la joie spécifique et parfaite d'un amour intellectuel de la Nature qui permet de réprimer tous les penchants, sachant que pour Spinoza *"il n'y a rien d'absolument mauvais."* [390] Dès lors, cette vertu est librement accomplie lorsque le sage a réalisé l'extension suffisante de la puissance de son esprit (ou âme) en un amour constant et éternel envers la Nature. Et, par cet amour, le sage est en mesure d'aimer toute chose parce qu'il voit en chacune l'expression de la puissance immanente de la Nature, et parce qu'il découvre ainsi la part éternelle de son âme qui aime la Nature en son éternité. En conséquence, l'***âme***, cette idée qui exprime l'essence rationnelle d'un corps, ne pourra pas être détruite avec le corps, car subsiste en elle quelque chose qui est éternel, précisément la partie qui est conçue *sous l'espèce de l'éternité* et qui peut se contemple elle-même.

En conséquence, cette contemplation de l'âme en l'idée de la Nature, et inversement, diffère de la contemplation du sage selon Aristote, car, pour le Stagirite, le sage réalisait son bonheur dans une *"forme de contemplation"* [391] qui impliquait

---

[387] Spinoza, *Éthique*, IV 26 dem, V 23 sc.
[388] Spinoza, *Éthique*, III, De l'origine et de la nature des affections, prop. I.
[389] Spinoza, *Éthique*, V, prop. XLII.
[390] Spinoza, *Pensées Métaphysiques*, I, 6, Pléiade, 1954, p.262.
[391] Aristote, *Éthique à Nicomaque,* X, 8, 1178 b 33. Tricot, Vrin, 1972.

un accord de son âme pensante et vertueuse avec la plus simple réalité du monde. En revanche, pour Spinoza, la nature de l'amour se rattache surtout à Dieu, y compris dans la contemplation, mais sans requérir l'aide ou le soutien contingent d'autrui, c'est-à-dire sans la reconnaissance d'une nécessaire intersubjectivité. Comme l'a affirmé Sylvain Zac, l'amour de l'autre n'intervient chez Spinoza ni dans l'amour intellectuel de la Nature ni dans une politique démocratique : *"L'idée profonde de Spinoza, c'est que l'idéal démocratique favorise le mieux l'avènement d'une sagesse aristocratique, fondée sur la connaissance vraie...(...) Mais s'il n'y a pas de place, dans la philosophie de Spinoza, pour une morale personnaliste, il est vrai cependant que toute sa réflexion vise à mettre en relief la puissance de l'homme, sa valeur et même son pouvoir de se diviniser, sans pour autant avoir à dépasser la condition humaine."* [392]

- L'amour de la Nature est-il donné par Dieu ou bien par le fond sans fond de la Nature ?

La volonté de penser l'infinité de Dieu d'une manière positive et hors de toute inspiration religieuse permet d'interroger les plus obscures profondeurs du réel sans se laisser pour autant fasciner par la puissance d'une transcendance qui serait éternellement étrangère aux êtres humains puisque le transcendant, extérieur et supérieur, ferait fi de l'intime valeur incomparable et perfectible de chacun. Or c'est précisément sans faire intervenir une transcendance que Spinoza a assimilé Dieu à la Nature *sub specie aeternitatis* : *"Par Dieu j'entends un être absolument infini, c'est-à-dire une substance consistant en une infinité d'attributs, dont chacun exprime une essence éternelle et infinie."* [393] Les expressions claires, adéquates et univoques de Dieu (*sive Natura* – c'est-à-dire la Nature, ou bien la Nature) sont ainsi à la fois enveloppées (impliquées) dans la Nature naturante (créatrice) et dans la Nature naturée, [394] c'est-à-dire

---

[392] Zac (Sylvain), *La morale de Spinoza*, PUF, 1959 et 1966, p.111-114.
[393] Spinoza, *Éthique*, I, Définition VI.
[394] Spinoza, *Éthique*, I, 31, démonstration.

donnée à chacun à partir des mondes multiples créés par elle. Dès lors, en tant que totalité immanente et inconditionnée, Dieu serait la cause non éloignée de toutes les choses comme elles sont en soi (*ut in se sunt*)[395] au même sens que Dieu serait cause de soi. Cependant, cette idée d'un Dieu réel, c'est-à-dire cette idée de la Nature elle-même, est non conceptualisable, mais pensable à partir de l'intuition de sa puissance infinie en rendant possible une participation intellectuelle de toutes ses créatures à sa perfection, et en offrant à chacun la force plus ou moins intense de se réaliser tout naturellement, notamment en reliant adéquatement des fragments du réel, donc en rendant possibles quelques vérités. Cependant, cette interprétation rationaliste de la puissance d'aimer inhérente à la Nature ne sous-estimerait-elle pas les aléas de l'existence terrestre ? Tout ne serait-il pas, très souvent, tragiquement et très puissamment déterminé ?

Pas nécessairement, car une totalisation intellectuelle de tous les mondes finis est impossible à réaliser. Il faudrait pouvoir réduire cette totalisation à une seule interprétation, soit optimiste, soit tragique. Or, si la Nature est bien une réalité infinie et non un englobant qui enfermerait et qui réduirait sa propre totalité en devenir sans tenir compte de son rapport avec l'incréé, elle ne saurait avoir une origine, un centre ou un chemin principal. Dès lors, les métaphores idéalistes de la transcendance de la lumière ou du soleil qui prétendent exprimer tout le réel devraient être abandonnées. De multiples soleils gravitent ici ou là dans le vide. Et la Nature déploie des formes multiples sans les unifier toutes préalablement. Elle réalise ainsi l'ensemble supposé de divers mondes en devenir (entre création et destruction), et ces mondes maintiennent, eu égard au non-être du vide présent en eux, de changeantes relations entre les formes et les forces, sans faire apparaître la structure définitive et finie d'un ensemble qui est indéfiniment modifié.

Dans ces conditions, infinie, la Nature ne peut être fondée que par sa propre nécessité éternelle, laquelle crée le devenir et l'horizon des choses sans être elle-même créée. Son fond incréé n'est alors ni vide ni plein, il oscille de l'un à l'autre en échappant à toutes les représentations. Pour cela, il n'y a pas d'image

---

[395] Spinoza, *Éthique*, II, 7, scolie.

possible de l'infini ni de la puissance de l'infini ; et il n'y a pas davantage d'images pertinentes de l'immensité, mais seulement des vibrations au cœur de la finitude d'images qui paraissent pour disparaître, ou qui s'étirent pour se rétracter aussitôt, comme des reflets séparés de leur objet. Le fond incréé de la Nature ne peut donc pas être imaginé sans prendre le risque de le réduire à une dominante claire ou obscure qui en trahirait la puissance. Il serait donc peut-être préférable de penser que ce fond est neutre, ni visible ni invisible, et que ce serait sa puissance infinie qui lui permettrait de rendre visible l'invisible et inversement. Cette puissance du fond agirait, alors, sur le point, infiniment petit, où s'effectuerait le passage du plein au vide, de l'être au non-être (et inversement), au cœur du devenir éternel de la Nature, ainsi qu'au sein des différents événements du monde terrestre.

Dès lors, ce point créatif, éternel et infini, qui serait toujours actif et toujours répété, qui ne concernerait ni une personne ni un ensemble impersonnel, pourrait par exemple faire penser à la source sans grandeur d'où naîtraient toutes les choses. Cette métaphore de la source serait, en quelque sorte, la cause immanente de toutes les créations. Pourtant, cette image d'une source originelle trahit l'idée qu'elle exprime en faisant prévaloir le *pas encore* d'une fin incertaine sur le *pas encore* inhérent au devenir de l'Être de la Nature, voire l'impuissance d'une image de l'avenir sur l'infinité d'un présent éternel et néanmoins créatif.

Ainsi, lorsque Nietzsche avait affirmé que *"l'infinité est le fait initial originel"*,[396] cette affirmation en apparence mythique était une hypothèse métaphysique primordiale qui impliquait la négation de toutes les illusions inhérentes à la finitude humaine. Comme dans l'allégorie de la caverne de Platon, le disciple de Dionysos pensait en effet que *"le point de vue du fini est sensible, c'est-à-dire une illusion."* [397] En conséquence, tout devrait se produire, au delà des images et des métaphores, conformément à la Puissance de la Nature qui rapporte

---

[396] *"Die Unendlichkeit ist die uranfängliche Tatsache."* (Nietzsche, *Le Livre du philosophe*, trad. Angèle K. Marietti, Aubier-Flammarion n°29, 1969, § 120).
[397] Nietzsche, *Le Livre du philosophe*, op.cit., § 120.

éternellement dans son Vouloir le fini à l'infini : *"Ce qui est là est là éternellement, sous quelque forme que ce soit."*[398] Comment ? En affirmant par ailleurs la primauté du jeu de l'un avec le multiple, et inversement, Nietzsche ne tournait pas vraiment en rond, car la métaphore du cercle lui permettait aussi de distinguer l'infinité de la présence éternelle de l'Être (à l'heure de midi) et le devenir indéfini du passage sélectif de l'être au non-être, ou inversement à d'autres heures.

Quoi qu'il en soit, hors de toutes les réponses théologiques ou de toutes les révélations religieuses qui renvoient à d'inexplicables transcendances, et hors de toute adhésion nihiliste à quelques désespérantes vérités, l'idée de Dieu ne devrait désigner, comme pour Spinoza, que l'infinité en acte de l'Être de la Nature et non la totalité qui rassemblerait empiriquement tous les mondes innombrables qui naissent et qui périssent en son sein, c'est-à-dire tous les multiples visages particuliers de ce monde terrestre.

Dès lors, la pensée d'une totalité omni-englobante qui serait susceptible de rassembler tous les mondes coexistants est véritablement impossible à concevoir. En effet, cette totalité figerait tous les devenirs et toutes les différences dans le cercle fermé de cet englobement. Enfin, pour que Dieu puisse être considéré comme **Le Concept**, il faudrait que tout le réel soit rationnel, et inversement, comme c'était certes le cas pour Hegel. Qu'en penser ? L'infini divin y était conçu comme l'essence du réel, la manière d'être de l'Acte pur et de l'absolu. Et ce dernier - opposé au néant - était l'Esprit qui créait son autre (existentiel, engendré, déterminé) ainsi que la négation réflexive de cet autre. Chaque être singulier qui cherche à penser Dieu devait abolir son passé afin de réaliser le devenir concret de l'Esprit, du Logos, tendu vers une mythique ou prophétique fin de l'Histoire....

En tout cas, que ce soit dialectiquement par Hegel ou empiriquement par Hume, l'hypothèse de Dieu a davantage été rapportée à l'histoire des hommes qu'à une Idée de la Nature incréée et en acte dont la puissance infinie animerait à la fois la matière et l'esprit des choses. De plus, en séparant la matière et

---

[398] Nietzsche, *Ibidem*.

l'esprit afin de faire prévaloir l'une ou l'autre, on réduit la puissance infinie de la Nature à des épreuves indéfiniment continuées, tout en occultant l'infini puisque l'on cherche alors à expliquer l'inexplicable. Par exemple, pour Malebranche, dans sa perspective anhistorique, l'idée d'une fusion totale de l'homme avec un infini *"infiniment infini"*, parfait et rationnel, espérait créer une vision immédiate, directe et intellectuelle en Dieu qui aurait été à la fois celle de l'Être et de l'Infini : *"Il n'y a que Dieu, que l'infini... qui puisse contenir la réalité infiniment infinie que je vois quand je pense à l'être."* [399]

Mais ce point de vue global, différent de Spinoza, fait fi du devenir de ce qui est donné et de ce qui requiert un peu de non-être en lui pour sortir de soi. De plus, cette intuition ou ce sentiment intérieur d'une vision en Dieu ne saurait parvenir à saisir directement l'infinité de l'Être divin en lui-même, sans devoir toutefois se représenter, donc rendre sensiblement finie l'idée de l'infinité ou de l'indéterminé. En conséquence, incréée, immuable, nécessaire, universelle et inépuisable, cette divine infinité n'est en réalité qu'une vision illusoire de la raison en train de se penser elle-même d'une manière indépendante, immuable, et loin de toute réalité sensible suffisamment vivante pour vouloir se transformer comme chez Spinoza et chez Nietzsche.

Dans ces conditions, la raison pense vainement unir les lumières naturelles et les lumières surnaturelles. Elle se voit probablement en elle-même dans son incorporelle ubiquité, dans sa présence simple et pure, mais elle ne peut pourtant pas se représenter ni imaginer l'infini autrement que comme une immensité indéfiniment élargie et sans aucune borne. Dès lors, l'éternité de Dieu n'est plus dans le temps, car c'est plutôt le temps qui se trouve dans l'éternité d'une manière certes impersonnelle, mais en prenant le risque absurde d'une chute du temps dans un néant éternel, puisque l'infinité de l'Être est en réalité aussi impensable que celle du néant. Une croyance religieuse permettrait-elle d'échapper à cette aporie ? On peut en douter si l'on admet que la présence de l'infini dans le fini ne saurait être pertinemment réduite à des révélations fondées dans

---

[399] Malebranche *Entretiens métaphysiques*, II, 3.

et par la finitude des images ou des mots, prophétiques ou non. En réalité, le don que fait la Nature à l'homme ne serait-il pas plutôt celui de la vie à partir de sa puissance de s'affirmer infiniment comme le pensait Spinoza ?

En fait, la Nature crée bien une affirmation pure de la vie qui se reconnaît dans son essence éternelle (comme le sont toutes les essences), non à partir d'une extériorité transcendante, mais d'une manière immanente. Par essence, la Nature ou Dieu, c'est-à-dire la divine Nature (*Deus sive natura*), est pertinemment pour Spinoza la substance, cause de soi, qui *"agit et qui existe avec la même nécessité"*. [400] Elle subsiste par soi et en soi en étant parfaite, unique et infinie. Il n'y a rien en dehors d'elle. Mais, surtout, elle est totalement active ; son essence consistant à réaliser sa puissance infinie et non une force vitale obscure, puisqu'elle produit une infinité de choses sous une infinité de modalités cohérentes. Alors s'instaure une distinction importante entre la Nature qui donne sa perfection, qui se cause elle-même en sa puissance productrice (la *Nature naturante*, *Natura naturans* [401]), et ce qui la reçoit, ses effets, c'est-à-dire l'ensemble des étants, y compris les plus petits êtres [402] (la *Nature naturée*, *Natura naturata*).

De plus, cette distinction importante n'empêche pas de trouver dans la Nature naturante une idée qui exprime l'essence, forcément éternelle, de chaque corps humain. Pourquoi ? Tout simplement parce que le donataire se trouve enveloppé par l'amour d'un donateur bienfaisant, qui s'aime lui-même d'un amour infini et bon en tous ses effets, c'est-à-dire jusqu'à recouvrir la figure de l'univers dans sa totalité : *"Dieu, à la vérité, est dit souverainement bon parce qu'il est utile à tous ; il conserve en effet par son concours l'être de chacun, qui est pour chacun la chose la plus aimée. Il n'y a rien d'absolument mauvais, ainsi qu'il est évident de soi."* [403] Alors, pour Spinoza, si cette conceptualisation permet de connaître intellectuellement les choses, c'est-à-dire de les *"percevoir par la pensée pure en*

---

[400] Spinoza, *Lettre* 64, IV préf, IV 4 dem.
[401] Spinoza, *Éthique*, I, 29 sc.
[402] Spinoza, *Éthique*, II, 13 lemme 3 ax 2 expl.
[403] Spinoza, *Pensées Métaphysiques,* Pléiade, 1954, I, 6, p.262.

dehors des mots et des images", [404] l'amour est également requis pour couronner cette bienfaisance divine. Dès lors, la pensée qui se pense (*idea ideae*) ne peut apporter qu'une clarté intérieure qui ne concerne qu'une partie du corps (l'âme). Subsiste en effet l'opacité de la puissance matérielle d'une autre partie du corps.

Dans ce cas, le fond sans fond de la Nature, c'est-à-dire l'Être infini, agit bien éternellement sur ses créations, mais sa rationalité est confrontée à notre ignorance concernant ce que peuvent nos corps uniquement considérés en tant que corps : *"Personne, en effet, n'a jusqu'ici déterminé ce que peut le corps, c'est-à-dire que l'expérience n'a jusqu'ici enseigné à personne ce que, grâce aux seules lois de la Nature, en tant qu'elle est uniquement considérée comme corporelle, le corps peut ou ne peut pas faire, à moins d'être déterminé par l'esprit. Car personne jusqu'ici n'a connu la structure du corps assez exactement pour en expliquer toutes les fonctions..."* [405]

En conséquence, si le fond infini de la Nature n'est pas celui de l'Un-Tout d'une perfection statique et éternellement établie de l'Être, ni celui d'une perfection en acte qui, comme pour Spinoza, ne connaît que la part éternelle du corps, un changement de perspective s'impose pour tenir compte de toutes les formes du devenir des choses, y compris des plus éphémères et des plus dérisoires. Alors, l'amour de la Nature peut aussi s'ouvrir sur sa part obscure et indéterminée comme chez Nietzsche par exemple, notamment pour aimer différemment les déterminations du monde terrestre. En effet, reconnaître que le fond infini de la Nature est partiellement incréé, ouvre sur de nouvelles possibilités imprévisibles qui pourront dépasser leur prime inachèvement.

Dans cette hypothèse, la Nature serait pensée à partir de deux points de vue différents mais complémentaires concernant sa réalité éternelle et infinie : celui, intrinsèque, de son impossible naissance, sa présence étant aussi bien sans origine que sans fin, et celui, extrinsèque, du devenir terrestre où les êtres humains connaîtraient des expansions et des rétractations indéfiniment

---

[404] Spinoza, *Traité des autorités théologique et politique,* Œuvres complètes, NRF, Pléiade, 1954, chapitre IV, p.674.
[405] Spinoza, *Éthique*, III, scolie de la prop. 2, tr. fr. R. Caillois.

inachevées, mais qu'ils pourraient toutefois harmoniser lorsque la puissance de la Nature leur inspirerait d'aimer intensément les différences de chacun en les accueillant positivement.

Dans ces conditions, ce monde serait à la fois créé et modifié, nécessaire et changeant, donateur et donataire, tout en s'ouvrant sur trois perspectives : celle de la *transfiguration* des réalités qui ont déjà sombré dans le passé, celle de la *volonté* complexe d'agir sur le présent, et en même temps, celle de l'imaginaire qui crée la fiction d'une nouvelle totalité en train d'advenir, sachant que le *schème* de cette totalité renvoyait pour Nietzsche à *"des forces absolument inconnaissables."* [406]

Ce monde et *mon* monde demeurent pourtant insaisissables et incompréhensibles. En effet, nous ne pouvons pas co-naître à tout, nous ne pouvons pas tout connaître. Dès lors, le travail de l'imagination est nécessaire, tout en ayant probablement pour cause importante, parmi d'autres qui s'entrelacent autour de ses réalisations, le sentiment douloureux du vide, de l'ennui, ou du néant qui rendait parfois Nietzsche nihiliste, avant de provoquer en lui un sursaut démesuré vers de nouveaux lointains : *"Quand on aime l'abîme, il faut avoir des ailes..."* [407]

D'abord relâchée, sa pensée a alors dû créer de multiples rencontres hasardeuses entre diverses images, en sautant d'une sensation imagée vers une autre, d'une manière imprévisible... tout en étant mue par une *"nécessité divine qui forçait même les hasards à danser des danses d'étoiles."*[408] En tout cas, l'éternelle puissance créatrice de la Nature dirige toutes les forces et anime le destin des artistes et des philosophes, *"l'immortalité de* (leur) *intellect"*,[409] ainsi que l'inépuisable réserve de l'inspiration de leur style. Alors, dans cette relation, l'opposition du fini (ou de l'indéfini) avec l'infini, ou bien celle de l'éternel (le fait originel et inexplicable de l'infini) avec le temporel, demeure inexpliquée, même si, pour Nietzsche, la problématique est précisément posée : *"Il faudrait seulement expliquer d'où vient*

---

[406] Nietzsche, *Le Gai savoir,* § 50.
[407] Nietzsche, *Dithyrambes de Dionysos*, op.cit., Entre oiseaux de proie.
[408] Nietzsche, *Ainsi parlait Zarathoustra*, Les sept sceaux, 7.
[409] Nietzsche, *Le Livre du philosophe*, op.cit., §19.

le fini.*"*[410] Mais comment la puissance de l'infini pourrait-elle vraiment animer les forces finies, intellectuelles et matérielles de ce monde mortel ? En réalité, la puissance de l'infini ne saurait entrer en relation avec une impuissance absolue, car cette dernière serait, comme elle, infinie. Et l'ensemble des forces finies de ce monde devrait être assimilé au néant, à un dehors totalement vide et impuissant qui serait également infini. Cela serait absurde. Comment une chose finie pourrait-elle naître de rien, tout en engendrant l'infinité du réel ? Demeure alors seulement la possibilité d'un éternel rayonnement de la puissance de l'infini qui instaurerait dans le fini son devenir intellectuel et matériel. Comment ? Le rapport de la puissance de l'infinité de la Nature avec les divers mondes éphémères et finis qu'elle anime créerait plutôt un devenir indéfiniment dominé par des rapports de force. En fait, pour mieux comprendre ce devenir au cœur de l'éternité de la nature, il faut distinguer, sans les séparer, la pensée et l'étendue, voire l'esprit et la matière.

C'est en effet à partir de leur distinction que l'on découvre d'abord que la pensée de la matière n'est pas séparée de la matière de la pensée, ensuite que c'est dans et par l'interaction de l'esprit avec la matière que leurs propres devenirs sont toujours changeants. Mais, pour saisir cette interaction, il ne faut pas faire prévaloir la matière sur l'esprit ni l'inverse, car leurs devenirs font dominer l'un ou l'autre, selon leurs diverses situations. En tout cas, il serait préférable de tenir pour vraies des modifications constantes entre toutes les interactions passives ou actives de la matière et de l'esprit.

Et lorsque ce qui divise domine ce qui rassemble, cela signifie simplement que les forces matérielles s'épuisent, se diluent, se disséminent, sombrent dans l'oubli, l'impuissance, l'insensé, l'illusoire, l'absurde, l'inconscience ou la mort, voire, pour Levinas, dans *"le fermé-sur-soi jusque dans les confinements intra-atomiques dont parlent les physiciens".* [411] Ou bien, lorsque les forces intellectuelles structurent les soubassements de la matière, elles le rationalisent en enchaînant les concepts et

---

[410] Nietzsche, *Le Livre du philosophe*, op.cit., § 120.
[411] Levinas, *Entre nous,* Livre de poche n°4172, 1991, p. 10.

tout en produisant de fortes intuitions qui concentrent ou qui simplifient leurs contenus, même si elles n'atteignent pas nécessairement ainsi l'essence des choses. [412]

D'autres hypothèses sont néanmoins envisageables. Par exemple, celle où le devenir du monde se contredirait en faisant provisoirement triompher soit la matière soit l'esprit. D'abord indéterminée au préalable, la matière serait ensuite animée par les structures de la pensée qui interviendraient dans son devenir, puis dans ses métamorphoses. Alors, dans l'espace matériel et global où il se déploie, le devenir sensible serait concomitant de celui de la pensée qui s'élargirait ou non. Il se réaliserait parfois en s'opposant à la brutalité des affects, causes de prodigieuses fictions mensongères, ou en modifiant la faiblesse de ses concepts. Le pouvoir de l'esprit créerait, soit la pensée immédiate et sensible qui manque de conscience ou qui est conscience du manque, soit la conscience de soi, puis, avec insertion dans la matière, celle de la vie, celle du monde... Quoi qu'il en soit, l'opposition du matérialisme avec le spiritualisme peut sembler absurde. Comment savoir si la matière est inférieure ou supérieure à l'esprit ? Il ne faudrait donc pas chercher à expliquer l'inférieur à partir du supérieur, ou inversement, mais tenir compte du devenir des divers rapports entre les forces : entre celles qui rassemblent et celles qui divisent, celles qui concentrent et celles qui disséminent, celles d'une vision rationnelle et celles d'une construction empirique.

En tout cas, la puissance de la Nature se limite indéfiniment lorsqu'elle anime différemment, en faisant varier ses forces, les diverses choses finies de notre monde terrestre. Et, toutes les forces déployées, actuelles et virtuelles, expriment diversement les forces des choses qui participent à cette Puissance sans être, comme l'a précisé Nietzsche, elles-mêmes infinies. La puissance de la volonté de la Nature est au demeurant un fait permanent, et surtout le fait d'une puissance infinie qui ne se limite pas aux seuls mécanismes naturels, puisqu'elle n'est pas *"une"* en plu-

---

[412] Nietzsche : *"Une suite de concepts est une pensée : celle-ci est en effet l'unité supérieure des représentations concomitantes. L'essence de la chose ne peut pas être atteinte par la pensée..."* (*La Vision dionysiaque du monde*, Allia, 2004, p.64).

sieurs forces qui s'accroissent ou bien qui décroissent sans cesse, mais l'éternelle puissance créatrice qui affirme sa réalité éternelle et inconditionnelle, y compris dans le retour de chaque présent. La puissance éternelle de la Nature se manifeste en tout cas comme infinie, même si, dans ses actions au cœur de la finitude des mondes, les forces déployées tendent soit vers plus de puissance, soit vers une suspension de la puissance qui n'est pas une impuissance, mais la possibilité des forces de s'accroître ou non. Ainsi les forces multiples du monde terrestre peuvent-elles, pour Nietzsche, vouloir leur déclin ou leur retour !

Dans ces conditions, la puissance de l'Infini anime les diverses forces conflictuelles et dispersées du monde terrestre en faisant parfois triompher les *forces du négatif*, c'est-à-dire les forces du non-être qui modifient les êtres en les affaiblissant. Mais comment interpréter alors ces forces négatives qui viennent contrarier la puissance éternelle de la Nature ? Il faudrait pour cela supposer, comme l'a fait Aristote, que la puissance (*dynamis*) de la Nature peut se manifester en tant que capacité finie[413] d'être en acte, et aussi en tant que possibilité de ne pas être en acte. Pour le Stagirite, en effet, l'impuissance du *ne pas agir* peut être neutralisée par la puissance d'*agir* ou de *ne pas agir*, ce qui permet d'empêcher le fait de *ne pas passer à l'acte*. En fait, le passage à l'acte (*energeia*) provient d'une privation (*hexis*) qui ne saurait supprimer la puissance, puisque le passage à l'acte donne une forme à ce passage qui supprime toute première privation : *"Le puissant est tel parce qu'il a quelque chose, tantôt parce qu'il manque de cette chose. Si la privation est en quelque sorte une* hexis *(de* echo *:* avoir*), le puissant est tel soit parce qu'il a une certaine* hexis*, soit parce qu'il a la* steresis *(privation) de celle-ci."*[414]

Au delà de ce point de vue d'Aristote, si l'on revalorise le concept du devenir sans séparer la Nature infinie de ses créations finies, la puissance de la Nature se limiterait elle-même, soit en s'affirmant dans des actes véritablement dominés - le mouvement étant d'ailleurs l'acte terrestre par excellence -,

---

[413] Car, pour Aristote, toute la puissance n'est qu'une capacité d'agir toujours limitée.
[414] Aristote, *Métaphysique*, Δ, 1019 b 5-8.

soit en neutralisant provisoirement sa puissance qui pourrait aussi bien agir que ne pas agir, soit en créant un devenir aléatoire qui se déterminerait éternellement entre l'impuissance et la puissance, l'obscur et la lumière, le mal et le bien, l'inconscience et la conscience, l'anesthésie et la sensation, l'informe [415] et la forme, la pensée et la non-pensée, le désœuvrement et l'œuvre, le silence et la parole...

- *L'amour contemplatif du rayonnement du fini dans l'infini*

Dans ses conditions terrestres limitées, l'être humain a imaginé que seul un monde éternel et infini pourrait donner un sens positif à sa vie. Cette hypothèse est-elle alors raisonnablement fondée ? Assurément si l'on admet, comme pour les épicuriens, que rien ne naissant de rien, il est logique d'affirmer que la Nature qui englobe tous les êtres présents, passés et à venir, est éternelle et infinie. En réalité, depuis Anaximandre, l'infini (*to apeiron*) est l'attribut primordial de la Nature qui implique que les formes finies et éphémères du monde terrestre se manifestent en de multiples événements qui expriment une puissance éternelle qui anime également les relations entre l'être et le non-être.

Cependant, la pensée sensible de chacun ne saurait connaître cet être infini (*ἄπειρον*) qui fait penser à ce qui est illimité, sans aucune perspective possible, sans réalité pensable ou imaginable, donc sans aucun objet qui lui corresponde. Cela signifie que l'infini est le mot qui désigne la puissance (*ἐνεργεία*) même de l'Être éternellement en acte de la Nature, et que cet être, totalement positif, est le principe (*ἀρχή*) d'un commencement qui aurait toujours déjà commencé. Ce principe éternel serait donc fondé par lui-même dans la présence de sa réalité qui perdurerait dans son éternelle activité. Plus précisément, l'*infini* indiquerait ce qui est qualitativement parfait, souverain, complet, donc réalisé dans toutes ses potentialités... De plus, son idée exprime une puissance en acte qui ne se limite pas à l'espace déterminé et fini qu'elle nie d'ailleurs en le dépassant, ni à un temps formé (une durée), car cette idée se réalise dans un instant ponctuel de rayonnement ou de rétractation qui rend per-

---

[415] Le *sans-forme* (*amorphon*), le *sans figure* (*aneideon*).

manent le devenir de ce qui est sensible, tout en donnant forme à l'informe. Dans cette hypothèse, l'infinité de la Nature (de l'Être considéré dans son infinité) ne se réduit donc ni à ce qu'elle refuse (des grandeurs finies) ni à ce qu'elle affirme ici et maintenant (la présence nécessaire de toutes les choses créées par elle). Cependant, l'infini possède en fait trois sens différents. Soit il désigne le vecteur tragique d'une chute absurde dans le néant, soit il est indéfiniment divisé et prolongé, y compris dans un cercle qui relie formellement son commencement à une fin toujours répétée, soit il est l'expression dynamique de la présence éternelle de la Nature ; cette dernière possibilité nous semblant la plus probable.

Mais comment cette présence dynamique de l'infini anime-t-elle chaque chose finie ? Comme pour Spinoza, sans doute à partir d'un acte vivant de la Nature qui se pense elle-même tout en s'aimant, donc en étant totalement présente et déterminée. Chaque corps, pourtant fini et éphémère, serait enveloppé par la puissance infinie de la Nature qui ignore la limite ultime et violente d'un néant absurde, puisqu'il serait tout de même sans avoir aucune propriété. Comment comprendre alors cette relation du fini avec l'infini, voire comment comprendre aussi un enveloppement du fini par l'infini ? En fait, une tendance indéfinie à persévérer dans son existence, une tendance à repousser ses limites, ne permet pas de comprendre immédiatement un possible enveloppement de l'infinité de la Nature avec elle, car un concept manque, celui de l'*expression* de la Nature.

Pour cela, chez Spinoza, les concepts de *puissance* et d'*expression* agissent simultanément et intégralement dans la totalité divine et dans ses parties (même les plus petites), c'est-à-dire dans son essence éternelle (dans ses attributs) ainsi que dans les choses singulières qui sont toujours réduites abstraitement et confusément par l'imagination à l'expression mutilante de l'indéfiniment divisible. En effet, pour un entendement éclairé par la connaissance des essences, la puissance infinie de la Nature exprime adéquatement l'indivisible du point de vue commun (et non symbolique) du Tout et de ses parties.

Pourtant, un autre concept manque pour fonder cette adéquation, celui de l'*amour* que la Nature effectue sur elle-même, d'une manière permanente et inconditionnelle, dans et par ses multiples créations, car la Nature se pense elle-même et s'aime en se donnant à la fois dans son éternelle et mystérieuse présence et dans les multiples instants où, par ses multiples dons finis, elle fait surgir de constantes et diverses métamorphoses en son sein. Cela signifie que la Nature se pense à la fois en se donnant par divers actes multiples de son Être qui n'est pas réduit à ce qu'il est momentanément dans ses actes, et en se conservant par l'acte qui la rapporte complètement et diversement aux choses en permanence, tout en réalisant ses œuvres.

Dans ces conditions, le fini et l'infini se lient sans être déterminés par le pli secret d'une conscience souveraine, car leur relation ne s'effectue que dans les brefs instants où une singularité est aimée en dépit du fait qu'elle soit autre, précisément en tant que monde singulier de *l'autre ici présent*, donc au delà du jeu dérisoire de ses variations éphémères et indéfinies. Ainsi, le don éternel de l'amour rend plus présentes les singularités à elles-mêmes ainsi qu'à leur altérité ouverte sur une parenté avec celle des autres, tout en créant une réalité commune qui dépasse chacun et qui ne se limite ni aux choses données ici et maintenant, ni à un donateur particulier, puisque la Nature infinie qui crée éternellement de nouveaux dons et de nouveaux donataires est à la fois *une* dans son inconnaissable infinité et *multiple* dans ses effets créatifs.

Ce rapport à l'infini qui vaut pour tous les êtres humains fait prévaloir sur toute violence le contentement d'une pensée raisonnable, ouverte et désintéressée qui accueille les donations de la nature dans un amour ***contemplatif***, c'est-à-dire dans une attention ouverte sur ce qui permet un réel contact amoureux avec ce qui rapporte empiriquement l'apparence évanescente, fragile et tremblante des choses terrestres à l'infinité de la nature. Dans ce contexte, contempler signifie voir sa vision et la sentir d'une manière concentrée, unifiée, lumineuse, parfois grandiose et aussi étonnante qu'un ciel étoilé, souvent en éprouvant un plaisir élevé plutôt délicat. Ou bien, la contemplation s'ouvrira sur une réalité invisible, voire sur le silence de l'*inexprimable* [416] et de l'*insaisissable* qui est contenu dans les choses, notamment lorsque l'invisible est imaginé à l'intérieur du visible en resplendissant non sans quelque naïveté comme beauté, ou bien en étant sur la limite constamment repoussée du visible comme dans une épreuve du sublime. Alors cette contemplation est une perception inattentive (inconsciente), involontaire, sans finalité et désintéressée, qui, pour Bertrand Russel, *"apporte un amour universel destiné à tous et non pas seulement à ceux qui sont jugés utiles ou dignes d'admiration."*[417]

En tout cas, l'amour inhérent à cette contemplation se distingue d'une méditation philosophique[418] qui chercherait à rapporter des pensées cohérentes à la vie intime d'une singularité. Et, à l'inverse d'une rêverie qui déploie des pensées variées et au hasard, par exemple en sautant d'une image vers une autre, la contemplation, inséparable de l'action accueillante et bienveillante de l'amour, crée une ouverture du connu vers l'inconnu, précisément au croisement de la passivité du sensible et de l'activité de l'intellect, même si de l'incompréhensible s'y exprime un peu lorsque l'infiniment petit anime chaque parcelle du monde visible et invisible.

Cet amour contemplatif est-il alors produit par la rencontre ou par le croisement de l'infinité incompréhensible de la Nature avec les êtres singuliers qu'elle anime en s'accordant avec eux ? En fait, comme chez Spinoza, l'amour contemplatif naît pour les êtres humains dans et par leur accueil du don de la puissance infinie de la Nature qui s'aime elle-même. Ensuite, il n'est pas aisé de penser clairement cet accord affectif entre l'infini et le fini, car il ne peut être vécu par les êtres humains que d'une manière sensible, c'est-à-dire d'abord à partir du chaos de leurs sensations, ensuite dans l'ouverture de leur pensée indéfiniment tournée vers ce qu'elle ignore. Pour sortir de l'obscur, il faut donc d'abord sentir sa pensée et penser ses sensations, c'est-à-

---

[416] Wittgenstein, *Tractatus logico-philosophicus*, 6.45 et 6.522.
[417] Russel (Bertrand), *Problèmes de philosophie*, Petite bibliothèque Payot, 1968, p.185.
[418] Les mystiques du Moyen Âge hiérarchisaient d'ailleurs la *cogitatio*, la *meditatio* et la *contemplatio*.

dire réaliser un accord entre l'intellect et le sensible. Ensuite, l'amour pourra accompagner l'incompréhensible émanation de la Nature (en extension) qui sera vécue par chaque être humain comme un don bénéfique qui ne retranche pourtant rien à la Nature, car chaque singularité est bien une partie indivise, nécessaire et suffisante de la Nature, qui donne ainsi un constant sens positif à ses effets.

Dans ces conditions, un *point de convergence* des apparences pour lesquelles rien ne se perd ni dans ce qui apparaît ni dans ce qui reste invisible fait surgir une contemplation. Et ce *point de convergence* des apparences du devenir des choses créées par la Nature naturante révèle que chaque parcelle du monde est animée d'une manière invisible par ladite Nature, hormis dans la contemplation de l'***aura*** où l'apparence sensible d'un être fini rayonne, précisément à partir d'un contact de l'éphémère avec l'éternel, sachant que ce contact a permis à un être humain de toucher un point sensible qui, dans la Nature naturante, soit rapporte la présence du fini à l'infini (en sacralisant mystérieusement et religieusement ce qui demeure éternel), soit, au mieux, l'infini à la présence du fini d'une manière profane qui détermine particulièrement tout ce que nous pouvons aimer...

Néanmoins, le point unique, pur, invisible, incorporel et abstrait qui se trouve au centre du rayonnement d'une contemplation échappe à toute compréhension humaine. Pourquoi ? D'abord, parce que la définition mathématique du point en tant qu'intersection de deux ou de plusieurs droites sur le même plan, ne fait que construire en extension et indéfiniment des relations entre des schèmes : un point, des droites, un plan et des intersections. Alors, le schème du point ainsi construit ne constitue ni un être ni un néant. Il n'est ni visible ni audible, il est l'abstraction la plus pure d'une pensée très rigoureuse. Et le schème de ce point demeure inconnaissable parce qu'il n'est pas vraiment en contact avec ce qui, comme le Dieu de Pascal, pourrait remplir la totalité de la Nature.

De plus, tous les êtres ne participent pas toujours consciemment à ces possibles (et très brefs) contacts sensibles avec l'infini qui peuvent faire penser à un point divin qui, pour Pascal, serait mû à une vitesse infinie en étant surtout pensé par l'imagination : *"Je vous veux donc faire voir une chose infinie et indivisible. C'est un point se mouvant partout à une vitesse infinie ; car il est un en tous lieux et est tout entier en chaque endroit."* [419] Ainsi, même s'il n'est pas possible de conceptualiser ce point, l'infini divin serait-il bien présent dans la finitude humaine qui le contemple en un immédiat point d'accord fulgurant qui se situait, pour Lavelle, à *"la croisée du temps et de l'éternité"* [420] !

Par ailleurs, dans une perspective *esthétique*, ce fictif point mystérieux ou seulement formel a permis, dans certains tableaux de la Renaissance, d'ordonner une multiplicité de perspectives vers un seul point dit de fuite. Ce point faisait alors converger toutes les lignes vers un centre incertain qui constituait la cime d'une pyramide visuelle. Ou bien il ne s'agissait que d'un simple point de repère qui pouvait ensuite se rapporter à beaucoup d'autres. Dans les deux cas, ce point ne s'imposait pas comme un carcan central, indivisible et fixe, qui contrôlerait une arbitraire projection plane. Pourtant nul ne sait si ce point indivisible exprimait une folie plus sage que toutes les sagesses des êtres humains, ou bien s'il animait une volonté technicienne qui cherchait seulement à exclure toute relation possible avec l'infini.

Pour interpréter ce *point de contact* ou de *convergence* sensible entre le fini et l'infini, le visible et l'invisible, l'infini créateur et l'éphémère finitude de ses créations, faut-il, comme Vladimir Jankélévitch, l'éprouver dans un très bref instant (un millième de seconde), en une *"tangence mathématique"*, [421] c'est-à-dire en un point commun *"inétendu bien qu'il soit dans l'espace"* ? Ce serait sans doute, à partir de la fine pointe de cette tangence toute simple d'une âme avec l'infini, qu'une existence pourrait soit se spiritualiser soit se matérialiser. Ou bien à l'opposé, le schème de ce point pourrait être aussi celui d'un *vide* minimaliste, c'est-à-dire le vide à partir duquel rien ne commence pour Blanchot, [422] puisque ce point serait celui d'un

---

[419] Pascal, *Pensées*, Hachette, Brunschvicg, § 231.
[420] Lavelle (Louis), *La Présence totale*, Aubier 1934, p. 17.
[421] Jankélévitch, *Le Pur et l'Impur*, op.cit, p. 62.
[422] Blanchot, *L'Espace littéraire*, Idées / Gallimard n°155, 1982, p.42.

abîme, tout comme le centre impensable du vide de la pensée qui se donnait, pour Deleuze, dans une épreuve fugitive de *l'impossible*, c'est-à-dire de ce qui engloutit en s'annulant : *"Le point où l'impersonnalité du mourir ne marque plus seulement le moment où je me perds hors de* moi, *mais le moment où la mort se perd en elle-même, et la figure que prend la vie la plus singulière pour se substituer à* moi.*"* [423]

Certes, une conscience, qui se sait instantanément capable de refuser des contradictoires ou de se réfugier dans un vide de la pensée, peut refuser de se perdre dans des relations contingentes, discontinues, voire hasardeuses et parfois nouvelles avec l'incréé. Ainsi l'amour contemplatif de quelques apparences convergentes pourrait dépasser la fragilité des apparences ou le *presque rien* de chaque apparence en entrant en contact avec l'infini, voire en exprimant une joie intense, comme celle qu'éprouvait Jankélévitch lorsque *"la fine extrême pointe de l'âme* (était) *confondue avec le point de l'instant"*.[424]

Alors, en empêchant tout trop-plein sensible ou tout manque de sens, toute surcharge physique ou tout vide intellectuel, cet amour pourrait saisir les délicates vibrations présentes dans l'accueil des différences qui, pour Plotin, étaient porteuses de significations rationnelles et inséparables d'une élévation spirituelle : *"Plus l'âme s'attache à la contemplation, plus elle est puissante et belle ; elle donne ce qu'elle tient d'en haut à ce qui vient auprès d'elle, elle l'illumine parce qu'elle est toujours illuminée."* [425] Ou bien plus simplement, ni violente ni euphémisée, la contemplation se manifesterait d'une manière suffisamment sensible, résistante et dense pour être intensément vécue, et d'une manière suffisamment légère, simple, douce ou aérienne pour être clairement conçue.

En tout cas, dans la contemplation esthétique, comme dans l'extase amoureuse, chacun peut toucher intimement un *point* d'éternité, notamment dans les moments fulgurants, très concentrés, où surgit une très fugitive, mais immense joie.

---

[423] Deleuze (Gilles), *Logique du sens*, Minuit, 1999, p.179.
[424] Jankélévitch, *L'Aventure, l'ennui, le sérieux*, Aubier-Montaigne, 1963, p.70.
[425] Plotin, *Ennéades*, II, 9, 2 et 3, 17.

Certes, cette confluence et cette corrélation du temps présent avec l'éternité de l'Être ne durent pas plus longtemps qu'un éclair dans un ciel d'orage, mais ce contact du fini avec l'infini inspire pourtant de se réjouir au sein du devenir instable de ce monde. Effectivement, la pensée de ce devenir ne saurait être séparée d'un désir d'unification susceptible de créer un rapport positif avec les divers devenirs différents de nos réalités éphémères qui convergent au sein de l'Éternité de la Nature dans le désir d'aimer le plus raisonnablement possible ce monde terrestre.

En conséquence, comme Nietzsche nous l'inspire, l'amour de la nature permet d'accueillir d'une manière délicate et juste toutes les donations du monde qui sont des émanations sans perte et sans gain de ses éternelles et variables créations. Et l'infinité de la nature est inséparable de sa relation au fini, c'est-à-dire de sa relation avec les illusions inhérentes au surgissement imprévisible des apparences sensibles, voire avec les apparences des apparences que sont nos rêves, sans pour autant conduire au *presque rien* des apparences, puisque le devenir des choses rend parfois possibles quelques contacts amoureux avec de nombreuses réalités, sans que l'on puisse oublier la constante présence des choses finies dans l'infinité de la Nature : *"La moindre parcelle du monde est une chose infinie ! "* [426]

- *L'amour de l'immensité*

À partir de la perception immédiate de quelques-unes de ses apparences, le monde semble d'abord informe, au mieux ***immense***, en tout cas indéfini. Mais c'est surtout son immensité qui peut être aimée, par exemple celle de son ciel qui, grandiose, fait rêver sans inspirer quelques images précises. En effet, comme pour Blanchot, l'immensité est *"la possibilité de l'image ou, plus justement, la manière dont elle se rencontre elle-même et disparaît en elle."*[427] Ainsi, l'intuition de l'immensité rassemble-t-elle en elle une non-image et absorbe-t-elle toutes les images ! Et cette intuition peut être aimée parce qu'elle fait prévaloir la promesse intime d'un rêve d'immensité sur sa

---

[426] Nietzsche, *Le Gai savoir*, Plaisanterie, ruse et vengeance, Idées, 1950, §55.
[427] Blanchot, *L'Entretien infini*, op.cit., p. 475.

disparition objective. Cela signifie que l'amour de l'immensité se déploie dans le champ ***indéfini*** (*indeterminatus*) de ce mauvais infini qui repousse les limites quantitatives en des rêveries, y compris celles d'un désert, qui n'impliquent pas de produire des images précises.

En fait, la perception d'une partie du monde, rapportée à l'immensité du devenir indéfini des choses, n'inspire que de fragiles formes provisoires qui, en dépit de quelques repères familiers, donc rassurants, ne pouvaient, par exemple pour Baudelaire, que sauter comme une ombre indécise vers quelques reflets du lointain : *"Sur le petit lac immobile, noir de son immense profondeur, passait quelquefois l'ombre d'un nuage, comme le reflet du manteau d'un géant aérien volant à travers le ciel."* [428] Dans ce rêve ou dans cette promesse d'immensité, il n'y avait pas de contradiction entre le ***fini*** et l'***indéfini***, mais une possible complémentarité, voire une interaction qui ne trouve son sens que lorsque la négation indéfinie d'une limite concrète intègre quelques objets de ce monde dans un champ qui les fait rayonner. L'illimité est ainsi aimé non en tant qu'il est étrangement illimité, mais parce qu'il fait vibrer la finitude d'un monde vécu singulièrement à partir du devenir incertain et éphémère de ses apparences qui, pour Baudelaire, se suffisaient à elles-mêmes : *"Chose curieuse, il ne m'arriva pas une seule fois, devant ces magies liquides ou aériennes, de me plaindre de l'absence de l'homme."* [429]

Or, c'est bien à partir du refus d'une limite finie, y compris de la sienne, que l'amour de l'***indéfini*** est vécu et pensé dynamiquement par chacun pour se dépasser, tout en refusant de rêver à une immensité effacée ou absente, voire totalement négative comme celle d'un absurde néant qui produirait une totale absence d'être. Dans ce cas, une pensée nihiliste préconiserait l'état éternel de la mort de tout ce qui est, alors que dans une perspective où l'amour des choses les rassemble peu à peu, rien ne commence et rien ne s'achève. Ainsi, dans l'idée d'une immensité sensible et *sans limites* se trouve exprimé un

---

[428] Baudelaire, Œuvres, Pléiade, I, p.487. *Petits poèmes en prose*, XV, Le gâteau.
[429] Baudelaire, cité par Bachelard, *L'Air et les songes*, op.cit., p.222.

échec de la pensée humaine à se rapporter à l'infini autrement que par un dépassement indéfini du négatif, en une durée qui n'en finit jamais de perdurer, de s'affirmer dans sa présence continuée, quels que soient les objets présents, y compris en évoquant, comme Pascal, un infiniment grand et un infiniment petit.

Pourtant, l'amour de l'immensité permet de dépasser chaque repère en créant un surplus qui, au delà des limites spatio-temporelles, fait rêver à un possible contact avec l'infini. C'est ainsi que Nietzsche avait vécu son image du retour éternel de tout ce qui disparaît, en associant indéfiniment créations et destructions, pour atteindre, à l'heure du grand Midi, la cime d'une durée brièvement en contact avec l'éternité : *"Pour qu'un jour je sois prêt et mûr lors du grand Midi : prêt et mûr comme l'airain chauffé à blanc, comme le nuage gros d'éclairs et le pis gonflé de lait ! "* [430] Et c'est le même rayonnement, ou plutôt le même dépassement indéfini que Nietzsche découvrait en lui lorsque ses forces vitales lui donnaient de nouvelles perspectives pour imaginer : *"Tout ce qui vit a besoin de s'entourer d'une atmosphère, d'une auréole mystérieuse."*[431]

En fait, la contemplation de l'immensité du monde crée une sorte de lien mystérieux, silencieux et accompli, qui semble indéfiniment rapporter l'intime et l'extérieur, le fini à l'infini, en élevant l'esprit et le cœur de chaque être humain vers ce qui, comme pour Bertrand Russel, pourra lui faire aimer, intellectuellement et avec un intense bonheur, les aspects grandioses de l'univers : *"Grâce à la grandeur du monde que contemple la philosophie, notre esprit est lui aussi revêtu de grandeur et devient capable de réaliser cette union avec l'univers qui constitue le bien suprême."* [432]

Sans cette digne et grandiose aspiration, le devenir d'une vie serait bien triste ! Or vivre ne consiste-t-il pas pour chacun à aller avec une certaine joie au delà de ce qu'il voit, de ce qu'il entend et aussi de ce qu'il sent ? Cette joie créatrice, tempérée

---

[430] Nietzsche, *Ainsi parlait Zarathoustra,* Des vieilles et des nouvelles tables, 30.
[431] Nietzsche, *Seconde considération intempestive,* op.cit., p. 136.
[432] Russel, *Problèmes de philosophie*, Petite bibliothèque Payot, 1968, p.186.

par un peu de sagesse, pourrait alors inspirer, même à l'insu de son auteur, de splendides vérités provisoires, concentrées et diffuses, évidentes et indémontrables...

En tout cas, dans sa vie ordinaire, l'être humain doit souvent se contenter de ce qu'il lui advient *indéfiniment*, chaque jour nouveau prolongeant le précédent tout en le pétrifiant. Aristote dirait que cet *indéfini* demeure toujours en puissance (*δύναμει*)[433] puisqu'il n'est jamais continûment en acte (*ενεργεία*), c'est-à-dire créatif, comme le serait l'infini qui qualifie l'être de la Nature. Néanmoins, cette animation indéfinie du fini par des forces seulement en puissance fonde pourtant l'imprévisible création de nouvelles formes artistiques à partir de matières informes. Aussi, lorsque Baudelaire, interprétant la peinture de Delacroix, affirmait que *"l'infini est dans le fini"*,[434] cela signifiait que des forces structurantes et colorantes rayonnaient indéfiniment au delà d'elles-mêmes dans la finitude de ses tableaux, sans pour autant incarner, hormis d'une manière symbolique, la toute-puissance infinie de la Nature.

En tout cas, à aucun moment, l'Infini ne se réduit aux formes créées par lui. Et, pour les êtres humains, chaque petit monde produit est inséré dans d'autres mondes, tout en maintenant un rapport indéfini à l'infini qui n'actualise pas davantage toutes les potentialités des choses finies. En effet, comme les vérités scientifiques le laissent supposer encore aujourd'hui, la Nature ne détermine pas la totalité de notre monde sensible (évanescent, parfois le jouet de multiples hasards), et ses réalisations ne nous semblent pas assez complètes pour fonder toutes nos connaissances. Dès lors, dans les diverses recherches scientifiques des êtres humains, il faudra, comme Bachelard l'a fait, y compris dans ses actes les plus intimes,[435] décider d'assumer chaque connaissance particulière[436] d'une manière à la fois empirique, rationnelle, pluraliste et dialectique : matérialisme rationnel et rationalisme appliqué obligent...

---

[433] Aristote, *Physique*, III 8, 208 a 16.
[434] Baudelaire, *Curiosités esthétiques, - L'Art romantique et autres œuvres critiques,* Garnier Frères, 1962, Salon de 1859, p.341.
[435] Bachelard, *Le Droit de rêver*, PUF, 1970, p. 233.
[436] Bachelard, *La Philosophie du non*, PUF, 1940-1973, p.47.

d) L'amour des connaissances probables

"On se plaît à la vue des images parce qu'on apprend en les regardant." (Aristote) [437]

- L'amour de la connaissance des apparences

Le mot latin *res*, qui a formé celui de *réalité* dans notre langue, désignait aussi n'importe quelle *chose* ; d'où une certaine ambiguïté entre ce qui est déterminé et ce qui ne l'est pas. Sans doute pour cela, l'ensemble des choses (des êtres indéterminés) qui apparaissent avant de disparaître ne se réduit pas au fait de leurs présences réelles ou non. On peut en effet imaginer des réalités à venir et percevoir que l'apparence des choses qui s'impose à partir de nos sensations n'est jamais complète ; une part invisible prolonge ou précède celle qui est visible. Ensuite, la présence d'une chose apparente n'est jamais séparable du fait qui l'a déterminée, c'est-à-dire de ce qui, formellement et (ou) matériellement, l'a fait apparaître, donc donnée, même si nous ignorons la réalité de cette cause. En tout cas, face à l'apparence d'une forêt par exemple, deux réalités déterminantes peuvent être distinguées, l'une formelle qui constitue l'ensemble plutôt ordonné des arbres qui peuvent être dénombrés, et l'autre matérielle qui instaure des relations entre la lumière et des nuances de couleurs vertes, marrons ou jaunes... Dans les deux cas, la réalité des apparences est bien présente partiellement au sein d'autres apparences du monde et dans la diversité des consciences qui en interprètent des images devenues alors mentales.

La réalité apparaît ainsi d'une manière d'abord complexe : limitée, en partie invisible, déterminante et déterminée, formelle et matérielle, imagée, et toujours étonnante puisqu'elle peut être diversement interprétée. Néanmoins, parler globalement de la réalité de la Nature, c'est-à-dire de la totalité de tout ce qui a été, de tout ce qui est, et de tout ce qui sera donné, n'est pas pour autant impertinent si cette parole associe clairement les

---

[437] Aristote, *Poétique*, 1448 b 16.

différentes perspectives de cette totalité, et même s'il ne s'agit que d'un discours général qui ne pourra ni être senti ni imaginé dans tous ses fondements. En effet, le réel est ce qui donne, ce qui est donné ainsi que ce qui sera donné, tout en apparaissant à la fois abstraitement et sensiblement dans une pensée qui reconnaît tous les possibles, voire l'impossible, afin de s'ouvrir sur l'immensité ou sur l'infinité sans image d'un ensemble qui engloberait intellectuellement toutes les réalités concrètes et finies d'un monde, sans s'y laisser réduire.

D'un point de vue seulement terrestre, la réalité qui apparaît n'est certes jamais l'Être infini et éternel qui englobe tous les mondes, mais un *cela* neutre, ni être ni néant, qui se donne et qui est reçu par une pensée sensible et humaine qui ne saura certes, à partir de lui, ni persévérer dans l'être qu'elle n'a pas, ni disparaître dans le silence ou dans la fureur des apparences qui naissent indéfiniment pour disparaître ensuite. Dès lors, il est impossible de connaître l'Être qui rassemblerait tous les êtres, car ce concept serait inconditionné, voire transcendant (extérieur et supérieur), donc un Être qui serait impersonnellement étranger à nos situations finies et changeantes ainsi qu'à la puissance d'unification de la Nature qui, grâce à la puissance de l'amour qui l'anime, rend possible l'éternité et l'infinité de l'Être en reliant toutes les choses à partir d'elle, y compris ce qui détermine une sortie de son obscure puissance, tout en rendant aussi possible la clarté d'un savoir qui ne confond pas les concepts et les idées avec des images.

Dans ces conditions, les limites de la connaissance empirique rejoignent celles de la pensée de Parménide qui, à l'opposé, s'enfermait dans la réalité pure de l'Idée en posant cependant l'Idée de l'Universel comme condition nécessaire pour toute connaissance ; cet Universel ne produisant certes aucune représentation perceptible ou fictive dans la pensée. En effet, l'idée d'une rose qui ne serait qu'une rose (comme celle d'Angelus Silesius), c'est-à-dire l'idée qui posséderait les seuls caractères communs à toutes les roses, désignerait une seule rose possible en excluant les différences singulières de toutes les autres. En conséquence, une connaissance ne pourra jamais s'établir ni à partir des seuls concepts empiriques ni à partir des seules Idées qui englobent toutes les déterminations du réel (le Beau, le Vrai, le Juste…). Il faudra plutôt rechercher les significations des concepts dans leurs rapports avec d'autres concepts. Et c'est du reste ainsi que, dans *Le Sophiste,*[438] Platon avait rassemblé le *même*, l'*autre*, le *non-être*, le *mouvement* et le *repos* ; ce qui lui avait permis de poser une idée de l'Être non séparée de celle du devenir. En tout cas, une pensée de l'Être sait qu'elle n'est pas l'Être puisqu'elle contient en elle du non-être, comme au demeurant tous les autres êtres. Ce qui implique que l'Être s'impose à la pensée comme inséparable du devenir qui concerne l'un et l'autre, l'Être et les êtres qui le pensent, donc que l'Être n'est pas étranger à notre devenir qui rassemble ce qui *est* et ce qui *n'est pas encore*, sachant que tous les êtres possèdent grâce à leur relation avec l'Être une altérité et une identité.

Par ailleurs, concernant l'interprétation des apparences, les concepts ne sont pas seulement déterminés par leur seule représentation imagée, mais aussi par le sens de chaque apparence qui crée aussi de multiples relations avec d'autres apparences, comme lorsque des lumières dialoguent diversement dans des espaces obscurs, sans qu'il soit possible d'imaginer le commencement et la fin de leurs relations. Effectivement, une apparence qui disparaît est immédiatement remplacée par d'autres. De plus, ce qui constitue une apparence c'est aussi la part de l'***invisible*** qui animera l'apparition d'autres apparences. Alors, le *cela* neutre, ni visible ni invisible, qui se donne avec et dans les apparences est inséparable de ses futures donations. Et jamais le *cela* qui se donne ne se transforme en rien, car il rend toujours encore possibles d'autres réalités apparentes ainsi que le jeu du *rien d'apparent* avec quelque chose de précis.

La réalité du *cela* n'est donc pas, comme c'était le cas pour Pyrrhon, le fruit sec et brut d'une disparition de toutes les apparences qui est devenue, pour M. Conche, *"l'apparence-totalité, l'apparence universelle"* [439] d'un rien absolu et invisible, donc d'un rien paradoxalement étranger à toutes les apparences

---

[438] Platon, *Le Sophiste*, 249 c et d.
[439] Conche, *Penser encore - Sur Spinoza et autres sujets.* Les Belles Lettres, Encre marine, 2016, p.135.

puisqu'il ne serait ni l'apparence d'une chose, d'un objet, d'un être... ni une apparence pour quelqu'un, pour un sujet. Qu'en penser ? Il est absurde d'estimer que l'essence de l'apparence *(φαινόμενον)* ne serait pas inscrite dans le phénomène de la présence disparaissante des apparences comme le constant **presque rien** changeant de l'apparition des choses pour celui qui l'éprouve en le pensant, mais que cette essence serait plutôt un pur *rien* indifférencié, un rien absolu, donc un **néant** qui symboliserait pourtant, paradoxalement, la disparition de toutes les apparences, tout en faisant penser à un symbole, à un fragment qui souderait un rien à la pensée de ce rien, et en ignorant que chaque apparence est toujours et surtout un épiphénomène qui se révèle parfois charmant ou triste, et surtout en rendant toujours impossible, pour les êtres humains, de penser ce rien, voire de *"renoncer au jugement qui creuse l'apparence"* pour mieux la nier.

En fait, cette interprétation sceptique et nihiliste, inspirée par Pyrhon, dépouille brutalement le réel de toute substance humaine et de toute consistance physique et intellectuelle. Et cette agnosie universelle ne concerne plus personne ! Chaque nouvelle apparence devrait mystérieusement surgir à partir d'un rien pur qui subsisterait pourtant dans l'intuition d'une non-image, laquelle succéderait à la mise entre parenthèses du *dehors* et du *dedans* de toutes les apparences, par une réduction sceptique qui ne serait pas phénoménologique puisqu'elle rendrait toutes les différences insignifiantes, tout en imposant paradoxalement un *rien* indifférent à la pensée, un *rien* qui supprimerait la coupure du visible et de la vision, du sujet et de l'objet. Alors, il ne s'agirait même pas de l'apparition d'une trace dérisoire, comme celle qui anime la photo jaunie d'un aïeul que l'on n'a jamais connu, car cette pure apparence, ou plutôt cette fiction d'une universelle apparence pure, demeurerait à la fois tragiquement impensable, dérisoire et étrangère à nos existences humaines.

Certes, qui pourrait nier que les apparences sont évanescentes, vacillantes, parfois grises, inconsistantes ? Mais elles peuvent être aussi intéressantes, charmantes, gracieuses, séduisantes, belles ou fascinantes ; elles flottent alors entre le visible et l'invisible, tout en inspirant la pensée de l'idée, virtuelle et neutre (hors d'une dualité entre l'être et le paraître), qui précède toutes les apparences et qui subsiste bien au delà des apparences finies et éphémères du monde, par delà ses diverses couleurs qui unissent un peu la matière et la lumière, et par delà ses structures éphémères ; chaque apparence étant toujours niée, modifiée ou remplacée par de nouvelles apparitions...

Mais peu importe, lorsque c'est toujours la même lumière, celle du cœur et de l'esprit, comme celle d'une raison naturelle bien cachée, peut-être infinie, qui nous fait aimer les apparences les plus diverses en accompagnant et en vivifiant leur matière toujours changeante, dès lors que la pensée de chaque apparence comprend un peu d'une manière à la fois sensible et intellectuelle ce qui apparaît *et* celui qui vit cette apparition. Dès lors, l'évidence sensible selon laquelle un pur rien absorberait et annihilerait toutes les pensées des apparences mérite d'être niée et refusée.

- L'amour du savoir et le savoir de l'amour

Dans le champ de la mystérieuse présence éternelle de la Nature, une question concernant l'amour demeure toujours fondamentale : comment l'amour de Dieu ou de la Nature pourrait-il rassembler des connaissances objectives et abstraites ainsi que des intuitions subjectives et sensibles ? Cette union est sans doute possible, notamment parce que, comme l'a écrit Bachelard, l'amour précède d'une manière très *"grossière"*[440] tous les concepts et toutes les intuitions. Et il ne faut pas seulement entendre par amour un attachement qui associe parfois des contraires, mais aussi et surtout la volonté de comprendre qui crée des sens et des valeurs, soit en transfigurant ce qui n'est pas encore digne d'estime, soit en reconnaissant des limites. Dans cet esprit, la volonté raisonnable de savoir, inspirée par l'amour, peut exprimer une action conjointe du cœur et de l'esprit qui la réalise en ce monde. Puis, dans les mêmes conditions, si connaître est une opération intellectuelle qui constate et qui comprend son propre surgissement, chaque

---

[440] Bachelard, *L'Eau et les rêves,* Corti, 1942-1971, p.155.

connaissance pourra bien instaurer ensuite une relation dynamique entre un fait et la pensée qui le rapporte à d'autres faits, sans empêcher un réel amour pour cette relation, notamment si cette connaissance est éprouvée d'une manière sensible comme un savoir, et si cette connaissance est désirée pour le seul plaisir rassurant de savoir pour savoir. Alors, les intuitions et les connaissances objectives seront cohérentes et susceptibles d'être aimées, tout en créant la lumière qui rendra les choses vraiment présentes comme dans la *"Gaya scienza"* de Nietzsche où cette lumière unissait un cœur et un esprit : *"J'aime celui qui est libre de cœur et d'esprit : sa tête ne sert donc que d'entrailles à son cœur."*[441]

Plus généralement, connaître c'est faire surtout surgir de nouveaux concepts, de nouvelles représentations intellectuelles générales, abstraites ou sensibles, lesquelles renvoient à des mots qui désignent des réalités plutôt stables et dominantes. Puis, élargis à un savoir, ces concepts peuvent être aimés si l'on entend par savoir, conformément à son sens étymologique, ce qui possède une dimension à la fois sensible et intellectuelle. En effet, comme le signifie le mot latin *sapere* d'où il dérive, le savoir est un ensemble de connaissances qui a de la saveur, du goût, bon ou mauvais, en tout cas un goût qui implique un discernement de la pensée ou la production de quelques jugements justes concernant les sensations qui l'accompagnent, voire qui le fondent.

Enfin, une connaissance *comprend* également au sens où elle rassemble des concepts, mais seul le savoir pourra rendre possible un amour ardent pour des connaissances actuelles ou futures, y compris pour celles qui s'opposent lorsqu'elles sont naturellement à la fois singulières (donc différemment vécues) et générales (par leur ouverture sur d'autres savoirs). En conséquence, l'amour du savoir peut, non sans raison, espérer associer et coordonner globalement de multiples connaissances d'une manière constante, y compris en sublimant le réel à partir de l'ignorance de ses profondeurs, et en accordant ou en harmonisant ce qui est distinct, voire en éclairant des connaissances au delà de leurs premières obscurités et contradictions.

---

[441] Nietzsche, *Ainsi parlait Zarathoustra*, Le Prologue de Zarathoustra.

- *En l'amour d'une sagesse teintée de scepticisme*

Le sens du mot sagesse est à la fois polysémique et historique. Chaque sage crée en effet sa propre voie et les sagesses varient selon les époques et les tempéraments. Plus précisément, le mot sagesse, qui vient du grec *Sophia* (σοφία), signifie à la fois habileté, ruse, *sagesse*, mais aussi *savoir*. Or, si l'on fait prévaloir, comme Aristote, un savoir raisonnable et vertueux, c'est le concept de **modération** (*sôphrosynè*) qui devrait faire graviter autour de lui tous les autres concepts qui définissent la sagesse. En effet, comme pour le Stagirite, c'est avec une certaine **retenue** que l'amour de la sagesse pourrait atténuer le désir fou de tout savoir,[442] c'est-à-dire devrait permettre de confronter ses propres excès à un vouloir raisonnable capable de constituer un savoir maîtrisé, en tout cas animé par un certain bon sens, notamment afin de rendre cohérentes toutes ses premières pensées d'abord errantes et troublantes.

Ensuite, afin de vivre en sécurité dans un corps sain, le concept de modération pourrait être complété par d'autres, notamment par ceux d'*équilibre*, de *prudence*, de *tempérance* (σωφροσύνη), d'absence de trouble (*ataraxie* - *άταραξία*), de *mesure* moyenne, *naturelle* et *tempérée*. Néanmoins, s'il est vrai que l'impassibilité d'un sage ne saurait durer, grâce à sa modération, il pourra tout de même continuer à se vouloir raisonnable en discernant le possible et l'impossible, en se sachant vulnérable, et tout en reconnaissant, comme Nietzsche, les limites de la raison : *"Saisir les limites de la raison - c'est là que commence vraiment la philosophie..."* [443]

Dès lors, la modération du sage ne le conduira pas nécessairement à l'apathie (*apatheia*), à l'insensibilité ou à la fadeur, même si une discrète et modeste réserve possède toujours à ses yeux des qualités excellentes, notamment lorsqu'elle n'est qu'un retrait provisoire qui attend de trouver un

---

[442] *"Le besoin immodéré du savoir est aussi barbare en soi que la haine du savoir."* (Nietzsche, *La Naissance de la philosophie à l'époque de la tragédie grecque,* nrf - idées, Gallimard 1938, éd.1969, p.28).
[443] Nietzsche, *L'Antéchrist,* § 55.

essor plus lumineux. Dans ces conditions, pour Éric Weil par exemple, la sagesse pourrait se prolonger : *"Être sage, c'est savoir ce qui importe et s'y tenir sans confusion."*[444] Cependant, chaque sagesse demeure vite un but lointain, inscrit plutôt dans une *éthique* que dans un savoir, c'est-à-dire surtout dans la recherche d'une règle de conduite personnelle. Mais, sachant que l'être humain ne vit pas complètement dans la Vérité, après avoir pensé l'extraordinaire, le non-raisonnable, y compris dans chaque existence ordinaire, une éthique de la sagesse devrait aussi s'ouvrir sur l'universalité de la *Morale*.

Certes, tout n'est pas joué. Pour cela, l'instant présent pourra-t-il être pleinement vécu d'une manière sage, dès lors qu'il ne correspond pas à la vérité vive et vivace, c'est-à-dire sensorielle, du bel *aujourd'hui* évoqué par Mallarmé [445] ? Cet *aujourd'hui*, du point de vue d'une sagesse philosophique, ne rendrait-il pas surtout possible la vérité d'un *pont* entre l'éphémère et l'éternel ? Sans doute lorsque ladite sagesse a été fondée sur un amour du savoir qui rapportait chaque certitude à une incertitude sans escamoter l'une ou l'autre. Comment être alors certain de son incertitude sans douter aussi de sa nouvelle certitude ? Le concept de sagesse le permet en fait lorsqu'il exprime, dans la certitude de chaque pensée éphémère, la raison intemporelle qui se rapporte à sa réalité éphémère, puis au fait de la vivre en fonction d'une constante interaction entre ce qui est su et ce qui est ignoré, comme dans une sagesse *sceptique*.

Cependant, il ne faudrait pas sombrer dans le scepticisme absolu de Pyrrhon d'Élis (360-270) qui l'enfermait dans une vie totalement silencieuse et sans aucune relève spéculative. Le silence de ce sage résultait d'une interprétation du monde uniquement fondée sur ses apparences éphémères, étrangères et indifférentes à tous les jugements. Dès lors, il n'y avait plus aucune réalité à interroger. Il n'y avait plus d'être, donc plus rien à rechercher, et plus rien à connaître. L'agnosie était devenue universelle ! L'*indifférence* (*ἀδιάφορίας*) qui en découlait était amorale, sans valeur positive ou négative, donc étrangère à tout sentiment de culpabilité. Très banalement, Pyrrhon vivait en fait

---

[444] Weil (Éric), *Logique de la philosophie*, Vrin, 1967, p.436.
[445] Mallarmé (Stéphane), *Plusieurs sonnets*, *Poésies*, Gallimard, p.124.

hors du champ de l'humain, il vivait comme une pierre ou comme une étrange divinité qui aurait été dotée d'une totale insensibilité (*άναισθησία*). En tout cas, son indifférence niait toute volonté morale. Et elle finissait par concentrer en elle toutes les formes de l'*άδιάφορος*. Elle englobait l'*άμέλεια* (la négligence), l'*όλιγωρία* (l'insouciance, le dédain) et l'*άπάθεία* (l'insensibilité). Non seulement elle s'enfermait dans un silence mortel, mais elle créait aussi une tragique séparation avec les autres êtres humains. Être indifférent à la richesse, aux honneurs ou à son avenir mortel n'aurait-il pas pu suffire au sage ? Ne pouvait-il pas se satisfaire d'une simple absence de trouble (l'ataraxie) ? En définitive, le doute sceptique de Pyrrhon le conduisait à la fois au *nihilisme* et au *tragique*, même si, dans la tempête du devenir terrestre, sa sagesse lui permettait de supporter au mieux le malheur inhérent à la condition humaine, sans qu'elle soit pour autant suffisante pour dominer ses drames.

Certes, le scepticisme absolu de Pyrrhon réalisait le caractère tragique de toute pensée souvent condamnée à errer indéfiniment et à souffrir. Privé du sens, le sage doute, suspend ses jugements, mais ce doute lui procure parfois une certaine tranquillité, notamment lorsqu'il est animé par une pensée qui lui donne une certaine confiance en lui-même, même s'il pressent qu'il ne connaîtra sans doute jamais définitivement et certainement tout ce qui est. Par exemple, en supposant l'idée du neutre, hors de toute épreuve vérifiable, une sagesse modérément sceptique pourrait précéder les preuves de son efficacité, et surtout celles qui rendent supportable la qualité désabritée, imprévisible et nomade de la pensée : ni tout à fait incorporée dans la finitude des choses matérielles puisque la pensée est portée par ses virtualités hors de tout lieu habitable, ni hors du réel puisqu'elle est éprouvée par une singularité qui se veut raisonnable...

Rapportée à l'idée quasi transcendantale et virtuelle du neutre, la pensée modérée du sage créerait alors le non-lieu de la répétition de ses incertitudes. Et, dans son rapport au neutre, sa pensée découvrirait son ouvert sur son autre par un acte de création renouvelé. Elle échapperait ainsi à toute inéluctable nécessité matérielle, mécanique, immanente, voire chaotique, précisément chaque fois qu'elle se situerait au bord de l'imprévisible, à la charnière utopique du possible et de l'impossible. Cette sagesse modérément sceptique ne serait-elle pas alors préférable à toutes les autres ? Elle impliquerait en tout cas un principe d'égalité d'accès à la vérité qui serait commune à tous les êtres humains, puisqu'elle serait le socle d'une possible éthique humaniste ouverte sur la pratique d'un constant dialogue amical entre les êtres humains. Et ce dialogue serait animé par des doutes qui laisseraient des espaces vides pour mieux écouter la parole de l'autre ; chacun serait ainsi en droit l'égal de l'autre parce qu'il n'y a qu'une seule et même raison pour tous les hommes qui veulent et qui peuvent exercer leur jugement. Cette force de juger, même en se trompant, est en effet assurément propre à l'homme (*zôon logikon*), car elle présuppose que l'autre est autant capable de vérité que soi-même.

Mais, pour accéder à cette forme de sagesse ou à une autre, il sera toujours nécessaire d'être raisonnable, de décider d'être cohérent et de vouloir aussi être heureux, *hic et nunc*, car l'optique du bonheur (par la réalisation morale de soi-même, par le travail, par la méditation philosophique, ainsi que par l'acceptation des nécessités socio-économiques) sera toujours le plus sûr contrepoids aux passions passives et destructrices qui nous privent des lumières de la raison.

Pourtant, l'époque actuelle paraît gravement nous écarter de tous ces projets. Violence et barbarie sont les deux pôles du triomphe actuel de l'inhumain. Dans ce cadre, comment vouloir être sage en constatant le spectacle misérable de la condition humaine (génocides, fanatismes) ? Faut-il ignorer les horribles et violents comportements de certains êtres pourtant dits humains ? Comment échapper à toutes ces dérives qui sont du reste aggravées par la transmission médiatique et par un système économique injuste ? Le repli non indifférent du sage reste sans doute bien nécessaire pour fonder la fermeté de ses propres jugements avant de conduire à la justesse de quelques engagements. Pour cela, il faudra peut-être aussi que la maîtrise de soi-même (*αὐτοκρατής*) n'ignore pas les conflits et n'empêche pas chacun d'aimer son propre destin.

- *Doutes et probables vérités empiriques*

Au delà des certitudes métaphysiques de Spinoza et des propositions créatrices de Nietzsche, des concepts probables devraient aussi éclairer de multiples épreuves de l'amour, même si elles ne révèlent pas aisément comment la lumière qui les inspire peut naître de l'ardeur d'un amour qui fait sortir les êtres humains de leur isolement narcissique, sans se perdre dans l'éblouissement aveuglant ou absorbant du feu destructeur des passions. En fait, depuis le surgissement de la philosophie dans la Grèce antique, la lumière de l'amour a fait éclore diverses vérités conceptuelles, y compris imprévisibles. Par exemple, pour Novalis, ladite lumière n'unifiait plus les apparences, mais enchantait les profondeurs : *"Âme de la vie, l'immense monde des astres sans cesse en mouvement la respire. Elle nage, elle danse dans ses flots bleus."* [446]

Quoi qu'il en soit, comme pour Bachelard ensuite, la lumière rayonnante, sidérale, plutôt intense et intime de l'amour a su créer *"un état d'âme extatique"*. [447] Et l'obscurité matérielle a été niée par la chaleur de l'amour qui rendait chacun plus conscient de lui-même, notamment lorsqu'une relation, même asymétrique entre l'un et l'autre, était instaurée d'une manière intense et pourtant apaisée. En effet, la conscience humaine produit parfois l'étincelle, infiniment petite, d'une lumière qui éclaire l'esprit à la fois sur son activité psychique et sur toutes les âmes du monde, comme lors de cette découverte magnifique de Rimbaud : *"Enfin, ô bonheur, ô raison , j'écartai du ciel l'azur, qui est du noir, et je vécus, étincelle d'or de la lumière nature."*[448] En tout cas, une première et lointaine étincelle de la conscience peut rendre chacun un peu plus présent à lui-même, en unissant sa pensée à ce qu'elle pense, puis en donnant aux choses une grande visibilité. Dans ces conditions, les intuitions inhérentes à l'amour de la Nature apparaissent dans les brefs

---

[446] Novalis, *Les Hymnes à la nuit, I*, cité p.115 de *Novalis* par Pierre Garnier, Seghers, 1962.
[447] Bachelard, *La Formation de l'esprit scientifique*, Vrin, 1970, p. 239-240.
[448] Rimbaud (Arthur), *Une Saison en enfer, Alchimie du verbe*, LDP n°498, 1963, p.123.

instants qui expriment d'abord une étincelante sortie de la première vérité obscure de l'amour, puis un réel échange non équivoque du clair avec l'obscur. Alors, chaque intuition semble d'abord naïve, mais cette naïveté n'est que provisoire, probablement parce qu'elle ne peut pas en rester aux souvenirs heureux d'une enfance qui se croyait illusoirement au cœur d'un tout achevé.

Mais cette intuition, surgie avec intensité au cœur d'une pensée concentrée, peut également s'élargir au plus haut point grâce à l'amour de cette terre, comme dans cette évocation métaphorique de Jankélévitch : *"C'est l'amour vrai, et lui seul, qui fait chanter les oiseaux et rend bavards les rossignols. (...) L'amour est un chant d'oiseau dans le ciel."* [449] Chaque nouvelle intuition, même poétique, précède ainsi le surgissement des concepts, les prépare en quelque sorte. Et, à partir d'elle, l'amour de la Nature peut s'ouvrir sur quelques images lumineuses de la terre qui, à la fois humanisent et spiritualisent, tout en associant des hauteurs et des profondeurs.

Quoi qu'il en soit, dans notre perspective humaniste, si l'amour peut aussi donner des ailes pour rencontrer l'autre, il est préférable de garder les pieds sur terre pour l'aimer dignement, fidèlement et raisonnablement, sans pour autant se perdre dans l'inquiétante étrangeté qui résulte soit de la fascination de quelques besoins matériels, soit de l'amour des fantômes... La lumière rose qui inspirait Schiller devrait donc d'abord suffire.[450] Puis, une large ouverture sur l'infini permet d'éclairer la finitude du concept de l'amour de la terre en l'élevant vers d'autres concepts, comme vers celui d'un amour astral (Nietzsche) ou souterrain (Novalis).

En tout cas, à la manière de Bachelard, *"nous voyons les rapports de l'intuition et de l'intelligence sous un jour plus complexe qu'une simple opposition. Nous les voyons sans cesse intervenir en coopération. Il y a des intuitions à la base de nos concepts..."* [451] Dans ces conditions, chaque forme d'amour ne sera-t-elle pas en partie déterminée par les vérités conceptuelles

---

[449] Jankélévitch, *Les Vertus et l'amour,* 2, Champs/Flammarion, 1986, p.354.
[450] Schiller (Friedrich), *Le Plongeur,* Poésies lyriques.
[451] Bachelard, *La Dialectique de la durée,* PUF, 1972, pp. 10-11.

apaisantes, vivifiantes et créatrices qui sauront coordonner différemment nos multiples relations avec la Nature, avec les autres êtres humains, ainsi qu'avec certaines formes de l'art, selon des formes changeantes et très diverses qui pourront s'accorder ou se compléter un peu ? Assurément, l'amour de la Nature n'est pas le même que celui des autres, de soi-même ou de l'art, mais, chaque fois, les concepts renvoient à la même intuition globale de la Nature qui les inspire. Néanmoins, lorsqu'il s'agit des diverses réalités en devenir du monde terrestre, et non de la Nature qui crée tous les mondes, des doutes interviennent souvent. Puis ces doutes ouvrent sur d'autres vérités possibles, voire sur une exigence soucieuse d'aimer les phénomènes sensibles qui rassemblent, comme en de claires constellations, le plus grand nombre de perspectives.

Alors, d'un point de vue philosophique teinté de scepticisme, eu égard à toutes les pensées totalisatrices qui se croient fondées à dépasser leur propre finitude en faisant parler l'Inconnu (une transcendance par exemple), surgissent de possibles vérités conceptuelles pour chaque réalité présente, aussi bien sensible qu'intellectuelle. En effet, dans un océan d'incertitude, subsiste en chaque être humain qui vit dans la recherche de quelques vérités positives, de multiples relations très fécondes avec la réalité de ce monde ; et la pensée de ces relations permet d'en modifier les épreuves affectives, y compris comme Badiou, pour que l'amour inspire surtout et toujours de *"construire une procédure de vérité à partir du deux et non pas de l'un (...) à partir de la différence et non à partir de l'identité."* [452] Cette procédure n'unifie pas pour autant l'un et l'autre en une fusion où chacun deviendrait anonyme, car le "deux" qui crée l'amour, tout en étant créé par lui et par la Nature, sauvegarde les différences de chaque singularité.

De plus, parce que la pertinence des concepts de l'amour est très relative par rapport à la vérité de la Nature et du "deux" qui les rend possibles, il est parfois nécessaire de survoler librement les nombreux intervalles vides et les presque riens de nos existences, sans nous laisser réduire par les fictions de nos imaginaires qui nous conduisent vers des concepts vides ou

---

[452] Alain Badiou avec Nicolas Truong, *Éloge de l'amour*, op.cit., pp.30 et 47.

bien, en dépit du poids des mots, vers des mots vides et sans concept. Dès lors, les concepts empiriques de l'amour, et même ceux qui sont seulement probables, peuvent ignorer les traces éphémères qu'un nihilisme inhabitable et sans œuvre possible instaurerait.

Il suffit pour cela d'accorder, voire d'harmoniser, les pesanteurs et les légèretés de nos sentiments avec les réalités finies de ce monde terrestre, tout en sachant que, dans un monde en devenir et réduit à ses seules apparences, l'amour de la vérité devient parfois abusif et source d'illusions ou d'erreurs, comme le pensait Augustin avant Nietzsche : *"Les hommes aiment tellement la vérité que, quoi qu'ils aiment, ils veulent que ce soit la vérité."*[453] En conséquence, dans une interprétation perspectiviste, réaliste, dynamique et inspirée par l'amour de l'autre, de soi et de la Nature, d'autres concepts devront encore être créés. Cela impliquera d'abord de reconnaître la réalité du devenir d'un monde qui produit les choses sans pouvoir en donner toute la mesure. Ensuite, une part de scepticisme demeurera encore nécessaire si l'on veut tenir compte, comme Nietzsche, de l'importance des erreurs, des illusions et des limites inhérentes à toute pensée humaine : *"Nous faisons maintenant une question de décence de ne pas vouloir tout voir nu, de ne pas assister à tout, de ne pas chercher à tout comprendre et tout savoir."* [454] Du reste, cette pudeur (ou bien cette réserve) permettra peut-être de créer un équilibre non fusionnel entre les forces, par exemple en rendant possible un accord dynamique entre deux manières de penser pourtant éloignées : rationnelle et sensible. Enfin, la présence des êtres, certes transportée vers de nouveaux instants qui en modifient les apparences, ne devrait pas être uniquement rapportée à sa propre disparition, car des relations complexes et imprévisibles entre les faits engendrent souvent plus qu'elles ne produisent lorsqu'on se donne des raisons de les aimer. Et ce sera alors la vérité possible de cette unification qui, pour chaque singularité, créera de nouvelles formes susceptibles d'être aimées.

---

[453] Augustin (Saint), *Les Confessions*, X, chapitre XXIII.
[454] Nietzsche , *Le Gai savoir*, Prologue IV.

E. Épilogue

"L'amour vainc toutes choses. Et nous, cédons, nous aussi, à l'amour." (Virgile) [455]

- L'amour est-il plus fort que la mort ?

En tant que manifestation susceptible de créer des liens positifs entre les êtres, l'amour est un feu chaleureux et puissant qui métamorphose les choses sans les détruire totalement. Subsistent toujours des cendres qui nourriront de nouvelles formes, certes aussi éphémères, mais qui pourront rendre l'amour de la vie plus fort que ce qui détruit, comme l'avait par exemple suggéré Diderot : *"La vie, une suite d'actions et de réactions... vivant, j'agis et je réagis en masse... mort, j'agis et je réagis en molécules... je ne meurs que dans un sens... naître, vivre et passer, c'est changer de formes... et qu'importe une forme ou une autre ! Chaque forme a le bonheur et le malheur qui lui est propre. Depuis l'éléphant jusqu'au puceron."* [456] Pourtant, dégoûtés par les souffrances de la vie, certains préfèrent aimer le triomphe absurde de leur propre destruction qu'ils associent à la mort, au vide ou à l'absence, plutôt que de préférer les actes créatifs de l'amour qui éclairent secrètement leur ouverture sur l'avenir.

Que penser de cette attirance pour un éventuel pouvoir absolu de la mort qui conduirait à vouloir sa fin plutôt que de ne pas vouloir ? Il s'agirait peut-être d'accomplir d'une manière brute et destructrice son propre pouvoir de destruction, comme lorsque Bataille avait réalisé, en ses tragiques révoltes, la fusion ivre de chaque instant vécu avec celui de la mort, c'est-à-dire dans *"l'approbation de la vie jusque dans la mort... parce que la mort est apparemment la vérité de l'amour. Comme aussi bien*

---

[455] Virgile, *Les Bucoliques*, X, 69, Les Belles Lettres, 1942, p.71. : *"Omnia vincit amor. Et nos cedamus amori."*
[456] Diderot, *Le Rêve de d'Alembert*, A.t. I. 1. Pléiade, p.900.

l'amour est la vérité de la mort." ⁴⁵⁷ Dans cette étrange perspective nihiliste, la mort est une situation-limite inéluctable et inconcevable de dispersion, de dissolution et de destruction brutale des forces vitales, ou bien elle est la surprise terrifiante d'un événement unique, comme celui de la naissance, cet événement ayant été précédé par un total sommeil de la conscience, par le silence d'une indifférence continue et d'une inexplicable absence. Pour les athées, le silence de cet événement imprévisible est celui, éternel, d'une fin absolue, et plus généralement celui de l'abîme impensable d'un rien total et définitif. Dans cette perspective, il n'y aurait plus de repères et plus de sujet pour pouvoir caractériser cette mystérieuse absence.

Il serait donc déraisonnable de désirer penser à la mort puisqu'il n'y a plus rien à penser et à dire, hormis l'amour d'un dire et d'une non-pensée du néant, *a fortiori* lorsque cette non-pensée se répète bêtement en croyant faire parler la mort, au lieu de rester dans l'obscur et de se taire, voire de savoir qu'il aurait été aussi possible de s'ouvrir sur la lumière de sa propre pensée. Or, faire parler le silence de l'abîme, montrer l'invisible derrière les béances du réel, n'est-ce pas contradictoire ou ***absurde*** ? Certes, parce que connaître la mort est impossible, parce que personne ne peut faire une expérience de l'Impossible, ce dernier n'étant pas le contraire du possible, mais l'au-delà fascinant et vertigineux de tous les possibles. Alors, comme Wittgenstein, ne vaudrait-il pas mieux se taire : *"Ce dont on ne peut parler, il faut garder le silence"*⁴⁵⁸ ? En tout cas, ne vaudrait-il pas mieux faire silence sur la mort et ne pas chercher à penser le grand silence de l'inexplicable et de l'impensable ? En effet, au delà de ces deux silences, il n'y a *rien* ou pas grand-chose à penser et à dire. Suivons donc plutôt Nietzsche lorsqu'il affirmait : *"Ce qui me rend heureux, c'est de voir que les hommes se refusent absolument à vouloir penser à la mort ! Et j'aimerais volontiers contribuer à leur rendre l'idée de la vie encore mille fois plus digne d'être pensée !"* ⁴⁵⁹

---

⁴⁵⁷ Bataille, *La littérature et le mal*, op.cit., p.13.
⁴⁵⁸ Wittgenstein, *Tractatus logico-philosophicus*, 7.
⁴⁵⁹ Nietzsche, *Le Gai savoir,* § 278.

Dans ces conditions, la pensée de la mort ne renverrait plus qu'à l'image mentale d'une *fiction* qui ne concerne pas les vivants, car ces derniers sont toujours dominés par une alternative : soit présence, soit absence. Or, il est impossible de penser un rien qui ne concerne personne, qui est une passivité figée, impuissante et absolument négative, c'est-à-dire une abstraction nulle indéfiniment répétée, et qui exprime vainement une image fantasmée et fascinante du *néant*, lequel, au demeurant, n'est qu'un *mot* pour évoquer une impensable et invisible fiction de l'extrême, comme l'a affirmé Blanchot en précisant que, paradoxalement, ce rien n'est que *"l'illusion d'un mot, autrement dit, rien qu'un rien, qui est tout de même quelque chose."* [460] Eu égard à la négation propre à la mort, chaque mot la désignant ne parle alors qu'au nom de ce qui exclut tout concept, donc d'une manière symbolique, tronquée, tout en espérant faire ainsi parler le vide en toute chose. Ce qui engendre un sursaut de l'expression, puis de possibles *métaphores* qui associent la vie et la mort, tout en exprimant une angoisse ou un effroi qui nie le vide. Et cette négation fait surgir diverses images, rien que des images, certes parfois porteuses d'une *"visibilité"* qui, pour Derrida, *"ne se voit pas, même si elle donne à voir."* [461]

C'est ainsi, d'une manière *symbolique*, que s'expriment le pouvoir absolu d'une totale séparation ainsi que l'influence d'une autre rive, et que surgissent des masques effrayants, voire un squelette au sourire ironique et à l'allure pensive, portant la faux de la mort. Ou bien, c'est ainsi que s'impose la figure de Thanatos, le Dieu de la Mort, le fils de la Nuit et le frère d'Hypnos (qui est la personnification du sommeil). Quel psychopompe s'occupera alors des êtres humains : Hermès, Charon ? Dans le *Satiricon* de Pétrone un squelette d'argent, aux articulations mobiles, avait fait son apparition dans un banquet pour symboliser, non plus un dieu ou un mort particulier, mais la mort en général et la brièveté de la vie. Dans le Tarot, le squelette, armé d'une faux égalisatrice, est entièrement de la couleur de la chair. Son pied est enfoncé dans la terre. Le sol est

---

[460] Blanchot, *L'Entretien infini*, op.cit., pp.148, 217, 261.
[461] Derrida (Jacques), *Parages,* Galilée, 2003, p.82.

noir ; des plantes bleues et jaunes y poussent ; sous l'autre pied du squelette, une tête de femme... Ou bien, à l'opposé de tous les points de vue nihilistes qui font prévaloir un écran noir ou un mur infranchissable, la mort peut aussi être imaginée à partir de ce qui évoque l'instant du *passage* où surgissent de nouvelles métamorphoses.

Pour Héraclite, par exemple, le devenir de la vie vers la mort et de la mort vers la vie est cyclique. Le passage est naturel, le changement perpétuel : *"La mort pour les âmes est de devenir eau, la mort pour l'eau est de devenir terre. De la terre naît l'eau, et de l'eau, l'âme."* [462] Dans cette hypothèse, la mort n'est plus qu'une transformation nécessaire et un renouvellement. Cela signifie, par exemple pour Jankélévitch, que *"la mort est métamorphose, la mort est renaissance, décomposition et germination, putréfaction et fleurissement, car mourir c'est revivre, se désagréger ici, pour renaître ailleurs et sous d'autres formes."* [463] En effet, la vie ne disparaît pas complètement, contrairement aux atomes qui ont une vie extrêmement brève : de quelques jours pour l'émanation du radium (élément métallique en voie de désintégration atomique) à une fraction quasi infinitésimale de secondes pour le *thorium C'*. Or, la durée de la vie dans le monde minéral, qu'il s'agisse d'atomes ou de groupements d'atomes qui meurent sans connaître le vieillissement, se différencie de celle des êtres vivants dont chaque cellule est, pour F. Jacob, *"un centre de croissance, tout comme l'atome représente un centre de forces".* [464]

Il n'est donc pas absurde de penser qu'une cellule vivante est un système dans lequel toutes les variables entrent en jeu, et que la probabilité de la mort n'est plus l'entropie, c'est-à-dire l'homogénéisation, la dégradation, le délabrement et la dispersion de ses constituants, car, comme l'ont montré Darwin puis des cybernéticiens, la vie s'informe et contrôle en créant une sélection naturelle qui conduit à un inévitable progrès dans l'organisation du plus grand nombre des êtres vivants. En conséquence, c'est par leur communication entre eux que les

---

[462] Héraclite, *Fragment 36.*
[463] Jankélévitch, *La Mort,* Flammarion, 1966, p.349.
[464] Jacob (François), *La logique du vivant*, Gallimard, 1970, p.143.

êtres vivants maintiennent leur organisation et justifient la néguentropie. Certes, les hypothèses scientifiques ne concernent pas directement les épreuves tragiques qui sont imposées à un être humain lors du décès d'une personne qui lui est chère, car c'est dans la solitude qu'il devra tenter de surmonter la douloureuse période où la mort lui semblera avoir définitivement triomphé de la vie.

Mais, pour aimer véritablement la vie, ne faut-il pas aussi être prêt à accepter l'abîme infernal où nous entraîne la mort de l'autre avant de nous contraindre à affronter notre propre fin ? En fait, lorsque commence un deuil, la mort a-t-elle vraiment prouvé sa victoire sur la vie et, plus vaguement, sur l'amour de la vie ? Certainement pas, d'abord parce que nos vies humaines sont inconscientes[465] et étrangères à une éventuelle fin absolue, ensuite parce que les exigences terrestres, voire vulgaires, d'Éros empêchent toute forme de destruction totale en introduisant de nouvelles tensions, enfin parce que le travail du deuil, comme Freud en a montré le processus, permet de continuer à vivre dans l'amour de l'autre.

Plus généralement, le deuil produit une limitation du *moi* qui est due à une **concentration** exclusive de l'énergie psychique sur des images et sur des souvenirs qui se rapportent au défunt. Pour Freud, l'épreuve douloureuse de la disparition de l'être aimé pousse ensuite les désirs à se retirer des liens qui les retiennent, car *"une rébellion compréhensible"* [466] tente d'empêcher cet abandon et, lorsqu'elle est intense (remords, regrets), cette **rébellion** détourne de la réalité en rappelant la présence de l'être disparu au cours d'une psychose hallucinatoire du désir. Le plus souvent, le retour au réel finit par l'emporter.

En fait, dans un premier temps, *"l'existence de l'être perdu se poursuit psychiquement"* au prix d'une grande dépense d'énergie. Tous les souvenirs, toutes ces images idéalisées par la mémoire qui nous liaient au défunt, ont créé l'*écran* à partir duquel un détachement devenait effectivement possible. Puis, la réalité douloureuse a cédé la place à une autre réalité peu à peu maîtrisée : *"Le fait est que le moi après avoir achevé le travail*

---

[465] D'où le mystère de l'héroïsme.
[466] Freud, *Métapsychologie*, Folio/ Essais n°30, 1997, p.150.

du deuil redevient libre et sans inhibitions. " Plus précisément, lors du travail du deuil, le monde extérieur s'est vidé, s'est appauvri sans que le *moi* ait pu s'identifier complètement à l'objet abandonné. La perte de l'objet aimé étant une mort propre, le travail du deuil a ensuite départagé les investissements adhérents à l'objet et ceux du sujet lui-même. Un double mouvement a été pour cela nécessaire : faire revivre l'objet aimé et tuer le mort, se souvenir et oublier. Donc cet oubli n'est pas total et définitif. Ne serait-il pas au demeurant nié par l'amour d'une image intériorisée et sublimée du corps du défunt, cette image étant devenue finalement inséparable de celle de son propre corps ?

Quoi qu'il en soit, une voie salutaire est toujours possible, celle de la pensée du temps concentré dans lequel chaque être humain parvient à connaître une certaine plénitude, c'est-à-dire lorsque ses pensées s'accordent avec les choses en créant sa propre perfection en acte (l'entéléchie d'Aristote). En tout cas, dans une métaphysique qui se fonde sur la puissance éternelle de la Nature naturante, c'est-à-dire sur la Nature qui crée éternellement et différemment des mondes nouveaux en entrelaçant la vie et la mort, et surtout en remplaçant des morts par d'autres vies, la victoire de l'amour de la vie sur la fascinante attirance de la mort est celle de l'actif sur le passif, celle de l'intelligence créatrice sur la bêtise de la répétition de l'identité du rien, celle de l'inachèvement dynamique des formes sur un achèvement définitif et séparé de tout. La mort ne serait donc qu'un *presque rien* dans l'infinie puissance de la Nature qui unit éternellement, intelligemment et amoureusement toutes les choses terrestres.

En effet, dans une pensée qui décide de faire prévaloir les forces créatrices de la vie sur la jouissance inhérente à l'épuisement de sa propre énergie, la volonté de **persévérer** dans son existence peut l'emporter, notamment en associant, comme l'a fait Platon, la possession perpétuelle du bien à l'amour de l'immortalité. Dès lors, en refusant toute destruction éventuelle du fini par l'infini, l'amour peut valoriser le moment d'une métamorphose où rien n'est vraiment anéanti, puisque le fini demeure éternellement entrelacé avec l'infini en s'étirant avec lui, sous des formes changeantes et toujours diversement présentes qui surmontent ainsi les oublis et les ruptures singulières. En effet, s'il est pertinent et logique de penser comme Épicure que rien ne naît de rien, le vouloir du rien tend nécessairement au delà du rien, c'est-à-dire au delà de l'impuissance insignifiante d'un rien absolu qui, sans vouloir et sans but, résonne comme une absurdité. Du reste, ce qui n'est pas le cas lorsque, comme Wittgenstein, l'amour de l'intemporalité fait rayonner chaque présent : *"La mort n'est pas un événement de la vie. La mort ne peut être vécue. Si l'on entend par éternité, non pas une durée temporelle infinie, mais l'intemporalité, alors celui-là vit éternellement qui vit dans le présent. Notre vie est tout autant sans fin que notre champ de vision est sans limites."* [467]

Alors, l'impuissance de la béance ou de l'abîme vertigineux de la mort ne peut fasciner que les êtres qui n'ont pas réussi à vouloir assez pour rapporter l'affirmation de leur propre finitude à la puissance éternelle de la Nature qui relie les formes éphémères en créant de nouvelles relations inachevées mais toujours vitales. Par exemple, pour Paul Klee, d'éternelles forces créatrices dépassent les formes créées dans la finitude de ce terrestre monde : *"La* forme *est fin, mort. La* formation *est Vie."* [468] Cela prouve que la vie n'est plus seulement, comme pour Bichat, *"l'ensemble des fonctions qui résistent à la mort"*, [469] car de nouvelles métamorphoses demeurent indissolublement liées à l'amour qui leur donne la part lumineuse nécessaire pour réaliser pleinement un destin humain, voire qui devenait surhumain pour Nietzsche : *"Gardons-nous de dire que la mort est le contraire de la vie. La vie n'est qu'une variété de mort, et une variété très rare. Gardons-nous de penser que le monde ne cesse de créer à nouveau. Il n'est point de substances éternellement durables ; la matière est une erreur semblable au dieu des Éléates."* [470] C'est dans cet esprit et dans

---

[467] Wittgenstein, *Tractatus logico-philosophicus*, 6.4211.

[468] Klee (Paul), *Théorie de l'art moderne,* Philosophie de la création, p.60.

[469] Bichat (M.F.X), *Recherches physiologiques sur la Vie et la Mort*, I, art. 1, §1.

[470] Nietzsche, *Le Gai savoir*, III, §109.

l'amour d'une nature à la fois libérée des ombres de la transcendance et délivrée de nos absurdes et malheureuses pensées de la mort qu'il sera vraiment possible d'aimer pleinement vivre dans les chaleureuses expériences de notre devenir terrestre.

- *L'amour dépasse tous les sacrifices*

Enfermé dans sa finitude, l'être humain est parfois écartelé entre deux exigences, celle d'aimer l'autre en se limitant lui-même et en conservant son être, et celle d'aimer l'autre au delà de lui-même en se sacrifiant pour lui. Peut-on choisir ? En fait, choisir serait absurde, car ces deux exigences ne s'excluent pas : d'abord, nul ne peut s'aimer en restant enfermé dans ses propres limites, ensuite, se sacrifier pour autrui ne requiert pas nécessairement d'en devenir la victime consentante. De ce point de vue humain, étranger à toute dimension masochiste, l'amour inspire plutôt des sacrifices non violents, c'est-à-dire des offrandes généreuses. En conséquence, pour un *moi* qui reconnaît ses limites, pour un *moi* qui sait qu'il n'est pas un sujet absolu et qu'il est inséparable de ce qu'il aime, dans l'amour de toutes les différences, l'abandon et le sacrifice de soi ne sont pas requis, même s'il faut bien renoncer parfois à une partie de soi-même pour accueillir l'autre et pour vivre aussi pour lui, c'est-à-dire pour le *recevoir* en dépassant sa propre singularité sans se borner à un simple accueil privé de lendemain.

Certes, par delà l'amour fusionnel où un être croit pouvoir coïncider avec lui-même en s'unissant à un autre, comme dans le besoin d'aimer qui se réduit en réalité à diffuser une partie de son corps dans un autre corps, une annexion différente, alors frénétique, est également possible : celle d'une union ou d'une communion mystique avec l'absolu, laquelle inspirerait pour cela des sacrifices complets, c'est-à-dire des dons bénéfiques, plutôt définitifs que provisoires, qui impliqueraient un total don de soi-même par amour de cet absolu. Que penser alors de cette offrande qui conduirait à s'unir totalement avec une divinité dans un total sacrifice de soi qui fusionnerait avec elle, qui se perdrait en elle, qui se laisserait absorber et assimiler par elle ?

Cette communion avec l'absolu par le don de sa propre souffrance paraît bien dérisoire eu égard à la puissance de l'amour qui, par son expression, inspire surtout une immense joie de vivre, donc une expérience forcément étrangère à tous les sacrifices humains. En tout cas, si l'amour de l'autre est par éthique désintéressé, donc non proportionnel à la souffrance d'un sacrifice, il est ouvert sur un infini spirituel, et il ne saurait se perdre dans des séparations parfois cruelles, voire sanglantes, même si, conformément à son sens étymologique, un sacrifice consiste à tout donner, voire à faire du sacré, donc à se séparer totalement de l'attachement des choses terrestres.

Pourtant, un sacrifice devient bien intéressé lorsque ce qui est sacrifié est secondaire eu égard au profit qui est attendu, comme dans le but de se faire aimer davantage, ou bien comme dans la sanglante immolation d'une victime, par exemple pour sauver sa propre destinée, pour expier ses fautes ou bien pour le salut d'une communauté (Iphigénie). Plus précisément, les diverses formes de dons qui sont sacrifiés pour une divinité mêlent alors, très confusément dans ces épreuves, un commencement désintéressé (celui d'une perte ou d'un renoncement) à un gain à venir, car il s'agit toujours de sacrifier une chose moindre pour obtenir la meilleure, de sacrifier des êtres finis pour un être supérieur, de sacrifier sa propre vie pour sa patrie, de sacrifier ses penchants pour obtenir un pardon ou une grâce...

Cette transgression de tous les repères créatifs de l'amour, qui préconise de se perdre dans la violence d'un sacrifice, est-elle l'essence de tous les phénomènes religieux, y compris de ceux du paganisme ? Cela n'est pas certain si l'on conçoit que l'amour, qui relie un être à ce qui le dépasse, reste soucieux de ne pas conduire la bienveillance de ses dons gracieux vers un sacrifice excessif de soi qui nierait les valeurs qui ont inspiré ses dons. Si un Dieu personnel aime ses créatures et sa propre création est-il pour lui nécessaire de les détruire ? En fait, dans la religion chrétienne, la passion du Christ a été couronnée par le total sacrifice de sa propre vie humaine, notamment par une sacralisation à la fois *passive* (en s'abandonnant) et *active* (par amour) où, comme victime, il était aussi l'auteur de son lien avec les mortels pour expier leurs péchés. En tout cas, ce sacrifice, fait par amour et pour l'amour des faiblesses, voire des défauts de l'humanité, débouchait aussi *paradoxalement* sur un autre désir actif, celui de dominer la mort et de la dépasser en étant à la fois homme et Dieu. Cela signifie que dans la folie du sacrifice de la Croix le renoncement à soi-même n'était qu'un moyen. Cette folie voulait être un acte d'amour capable de rendre possible un salut universel dont les raisons échappent pourtant à la pensée critique des êtres humains qui n'ont pas la foi en l'avenir de ce sacrifice lié au pardon de leurs péchés.

Mais, ensuite, lorsqu'il s'agit de rendre grâce, c'est-à-dire de remercier et de servir en répétant ce sacrifice qui divinise, le supplice christique se réduit à des pratiques rituelles qui, par leur répétition, se sédimentent d'une manière mythique. Rendre grâce d'un sacrifice fondateur ne consiste plus qu'à faire du sacré, qu'à refaire ce qui avait rendu un acte sacré, qu'à consacrer volontairement dans l'instant de chaque nouvelle offrande, parfois avec joie, voire avec volupté, ce qui sépare cet acte de l'Offrande fondatrice. Ainsi, chaque cérémonie religieuse promeut-elle des rites extraordinaires totalement séparés des actions de la vie ordinaire, cette dernière étant ainsi oubliée, méprisée, au mieux transfigurée !

Dès lors, la notion de sacrifice semble très complexe. D'une part elle affirme un total mépris de ce monde qui anticipe la vie éternelle en s'abîmant dans l'inconnaissable et l'improbable transcendance d'une divine séparation infinie, et d'autre part, à cause de son mépris du monde, elle nie ses propres fondements singuliers, puisqu'elle oublie que la grâce de l'amour a été donnée pour que chacun puisse se sentir aimé à la fois physiquement et spirituellement sur cette terre. Pour refuser cette complexité, il faut alors, comme pour l'apôtre Paul, oublier ce monde et toutes ses réalités singulières, donc vivre dans la pureté divine d'un amour universel totalement séparé des contingences terrestres, bien loin de la possibilité du retour d'une alliance ou d'une réconciliation avec le divin qui enchanterait les singularités humaines : *"Il n'y a ni juif ni Grec, il n'y a ni esclave ni homme libre, il n'y a ni homme ni femme : vous êtes tous qu'un dans le Christ Jésus."*[471] Alors, la violence de la

---

[471] Paul (Saint), *Épitre aux Galates*, 3,28.

séparation malheureuse inhérente au sacrifice de cette terre et de toutes ses différences impose de n'aimer qu'une divinité absolument autre, transcendante, inaccessible, invisible, voire plus haute que toute hauteur imaginable, comme dans la première épître de Saint Jean : *"N'aimez ni le monde ni ce qui est dans le monde. Si quelqu'un aime le monde, l'amour du père n'est point en lui. Car tout ce qui est dans le monde est ou concupiscence de la chair, ou concupiscence des yeux, ou orgueil de la vie : ce qui ne vient point du père, mais du monde. Or, le monde passe, et la concupiscence du monde passe avec lui; mais celui qui fait la volonté de Dieu demeure éternellement."* [472]

En revanche, il est également possible d'aimer à la fois cette terre et son créateur, sans sacrifier pour autant l'un ou l'autre. Ne serait-il pas alors préférable, comme pour le prophète Osée, d'aimer autrui, l'Éternel et ce monde, sans chercher à s'unir avec eux dans la mort ? Dans ce cas, le sacrifice de soi ne serait plus nécessaire pour atteindre sa propre sainteté : *"C'est dans l'amour que je me complais et non dans les sacrifices - dans la connaissance de Dieu et non dans les holocaustes."* [473]

En conséquence, si l'amour est vraiment religieux, c'est dans le sens où il fait triompher ce qui relie et non ce qui sépare... En tout cas, les divers points de vue qui relèvent du religieux sont intéressants lorsque, au delà de l'obscurité de leurs nombreux mystères, de leurs symboles créatifs et de leurs éblouissantes révélations, ils affirment surtout une dimension culturelle qui exclut toute séparation entre le divin et les êtres humains, comme dans la religion du Livre qui a été fondée sur la Loi de l'Amour : *"Tu aimeras ton prochain comme toi-même. Je suis l'Éternel."* [474]

L'être humain était ainsi considéré à partir de différences ontologiques qui le distinguaient sans vraiment le séparer de son Créateur. Car c'est à partir du concept de distinction qu'une idée de l'âme pourra effectuer une sublimation intellectuelle de son corps rapporté concrètement à autrui *et* à ce monde, au fini *et* à

---

[472] Première épître de Saint Jean II, 15.
[473] Livre d'Osée, (6, 6).
[474] *Le Lévitique* (19v18). Saint Matthieu (22v39) a également renvoyé au commandement du Deutéronome.

l'infini, au singulier *et* à l'universel, tout en rendant possible la tendresse d'un ardent partage, c'est-à-dire de l'*Agapè* (ἀγάπη) qui, selon Nygren, *"constitue la conception fondamentale et originale du christianisme".* [475]

Quoi qu'il en soit, la tendresse d'un amour partagé entre tous les êtres humains pourrait s'interdire de sacrifier les plus faibles, les pécheurs, les malheureux, les défavorisés et les pauvres, c'est-à-dire tous ceux qui sont nos semblables en humanité, et, au contraire de les aimer davantage. Alors, cet amour serait un acte désintéressé qui pourrait pertinemment être dit ***charitable***,[476] c'est-à-dire simple et sans défaut, comme pour Saint Paul : *"La charité est longanime (patiente) ; la charité est serviable ; elle n'est pas envieuse ; la charité ne fanfaronne pas, ne se rengorge pas ; elle ne fait rien d'inconvenant, ne cherche pas son intérêt, ne s'irrite pas, ne tient pas compte du mal ; elle ne se réjouit pas de l'injustice, mais elle met sa joie dans la vérité. Elle excuse tout, croit tout, espère tout, supporte tout."*[477]

Dans cette dimension totalement positive et joyeuse, seule une pensée libérée de toute fiction sacrificielle, donc capable de supporter le mal sans sacrifier les pécheurs, permet certainement de réaliser un amour accueillant et partagé qui, dans l'enseignement soufi du *Traité de l'amour* d'Ibn'Arabi soulignait d'ailleurs que *"Dieu nous aime pour nous et pour Lui-même."*[478] L'infini y anime alors la finitude des singularités, car l'amour des êtres humains est véritablement « en » Dieu, le mot « en » (*fî*) exprimant un amour inclusif et non exclusif, donc un amour ouvert sur un monde à la fois concret, humain et divin. Et c'est sans mépriser et sans sacrifier le monde des choses que l'amour pourra vraiment sublimer toute possible ouverture vers l'autre, vers les différences de l'autre, par exemple dans un amour sans *pathos*, qui, comme pour Spinoza, occupe la plus grande partie d'une âme. [479]

---

[475] Nygren (Anders), *Érôs et Agapè*, Aubier 1944, p.41.
[476] Le mot vient du latin *caritas, -atis*, signifiant d'abord *cherté*, puis *amour*.
[477] Paul (Saint), *La Charité*, I, Cor, XIII.
[478] Ibn'Arabi, *Traité de l'amour*, Albin Michel, 1986-2007, p.69.
[479] Spinoza, *Éthique*, V, 20.

- *L'ouverture libre et créative de l'amour humain sur l'infini*

Quand les êtres humains agissent librement, leurs actions s'effectuent globalement au sein de la Nature qui détermine en partie leur éphémère finitude en les aimant et en les rendant pour cela singulièrement créatifs. Dès lors, sans l'intervention d'une transcendance qui séparerait cette action de ses effets, les forces qui émanent de la Nature peuvent être vécues et interprétées à partir de leurs seuls effets positifs, notamment lorsque la finitude de ce monde éphémère n'est plus dominée par des violences naturelles ou culturelles, mais accueillie par les sentiments naturels qui permettent à chacun de se conserver et de s'ouvrir sur les autres. Dans ce cas, la puissance infinie de la Nature, qui détermine toutes les formes d'amour possibles, peut être interprétée à partir de l'intuition d'un réel contact possible entre le fini et l'infini, donc sans séparer les causes et les effets, car ces derniers sont positivement corrélés par chaque contact affectif, sans exclusion possible de l'un ou de l'autre. En attendant de nous permettre de voir comment s'effectue cette corrélation du fini avec l'infini, l'infinité de la Nature, en assemblant affectivement et librement des forces disproportionnées, anime tous les dons mystérieux et sensibles qu'elle se fait à elle-même, et chaque don reçu peut être librement accueilli par les êtres humains qui, grâce à lui, savent dominer leurs propres faiblesses en les transfigurant intellectuellement et affectivement.

En conséquence, les faiblesses humaines ne sont plus seulement ce qui contredit violemment les forces vitales de chacun, mais aussi, et surtout, ce qui, afin de les renforcer, peut être vécu positivement et librement en se rapportant à la puissance infinie de la Nature. Pour cela, chaque faiblesse humaine devra être incitée à se dépasser vers une compréhension plus complète de ce monde, ainsi qu'en une adhésion sensible à l'égard de toutes les déterminations intellectuelles qui rendent possibles leurs élargissements vers l'infinité de la Nature. En effet, la part de liberté inhérente à chaque possibilité de vouloir et à chaque volonté de pouvoir inspire de dépasser ses faiblesses lorsque la puissance de la

Nature, qui donne de nombreux accords possibles avec elle, est accueillie affectivement d'une manière surtout harmonieuse et modérée. La Nature inspire plus précisément à chacun d'éprouver l'intuition sensible d'un contact avec l'infini qui ne se réduit pas aux médiations finies d'une existence humaine qu'il éclaire et aime pourtant, puisqu'il y a toujours un peu de force dans chaque faiblesse, notamment lorsque les précarités et les impuissances ne se séparent pas de leurs envers qui sont des conditions indispensables à tout devenir positif... Dans cet esprit, une liberté singulière demeure vraiment possible, même si elle est très relative puisqu'elle se rapporte d'abord aux choses terrestres, et même si elle n'est pas l'effet d'un inexplicable libre arbitre qui serait donné par une conscience souveraine (Descartes), car cette liberté est plutôt celle d'un acte imprévisible et volontaire qui peut accepter ou refuser ses contacts avec la Nature, c'est-à-dire y participer ou non en donnant divers sens aux devenirs humains qui sont soucieux d'aimer ses contacts.

S'agissant de la puissance qui anime la Nature, la liberté humaine serait bien inspirée d'en accepter les données, comme ce fut le cas pour Spinoza. En effet, lorsqu'une pensée a l'intuition de la vérité d'un tout, comme celle du *Deus sive natura* (Dieu ou bien la nature), elle le sait : *"Toutes les idées sont en Dieu, et en tant qu'elles sont rapportées à Dieu, sont vraies et adéquates."* [480] Alors, en ce mouvement immédiat de la pensée qui se pense (*idea ideae*), la vérité se montre bien elle-même, car *"le vrai est la marque du vrai et du faux (Verum index sui et falsi)."* [481] Cette vérité est du reste totale, infinie, et elle est la cause d'un amour très puissant. Ce qui n'est contestable que pour celui qui privilégie des sentiments non intellectualisés, et qui est, surtout, uniquement tourné vers la médiocre extériorité de son enracinement terrestre en prétendant la dominer complètement.

L'être humain raisonnable se sait en fait libre lorsqu'il ne veut penser que ce qui est éclairé par les lumières du monde, sans oublier, pour autant, que ces lumières sont animées par des

---

[480] Spinoza, *L'Éthique*, II, dem. 36.
[481] Spinoza, *Lettre* LXXVI à Albert Burgh, décembre 1665.

forces qui les dépassent. Les lumières du monde inspirent en effet à la volonté de reconnaître lucidement ses limites et de les aimer, car nul n'est le sujet de sa propre lumière, car de multiples forces sensibles interviennent également, par exemple celles du cœur qui oriente parfois les sentiments vers d'imaginaires possessions matérielles, lesquelles paralysent la pensée en la fascinant.

Pourtant, si un être humain veut vraiment élargir ses capacités d'aimer et de connaître sans s'enfermer dans quelques incontrôlables ou délirantes passions, c'est-à-dire s'il veut aimer d'une manière plus libre et plus légère, ne devrait-il pas purifier et simplifier ses pesanteurs terrestres en les rendant transparentes ou *gracieuses*, c'est-à-dire en les écartant de leurs attachements fictifs ? En effet, des formes gracieuses manifestent en leur mouvement simple, léger, épuré et délicat, une sorte de sentiment raffiné et retenu que chacun peut chercher à vivre en accompagnant ses propres changements affectifs sans les fixer, sans trop peser sur eux et sans pour autant les affaiblir.

Pour cela, afin d'échapper à toute fascination grossière, les mouvements du cœur devront être délicats, c'est-à-dire n'affecter que légèrement la qualité d'une pensée qui ne saurait accéder aux vérités de ce monde en excluant les instincts et les affects. Ensuite, comme dans l'esprit de finesse chez Pascal, le cœur n'ignore pas la raison puisqu'ils saisissent ensemble des données immédiates très fines, très nombreuses et à peine visibles, c'est-à-dire aussi subtiles et délicates que des faits simples et évidents (il fait jour…) ou que des principes intuitivement sentis par communion ou par contact.

En effet, comme pour Pascal, seule une intuition affectée, seule cette faculté sensible globale et instantanée de la connaissance, permet de sentir assez clairement la délicatesse indivisible des petites choses,[482] c'est-à-dire la délicatesse des liens logiques ainsi que celle des principes, comme celui de l'infini dont on sent la réalité sans la comprendre, bien qu'il fonde toutes les compréhensions ultérieures. Dans ces conditions, c'est à la fois à partir des qualités du cœur et à partir de celles de l'esprit que s'instaurent nos plus sereines intuitions,

---

[482] Pascal, *Pensées*, Brunschvicg; § 198.

et l'amour de la vérité étant plus important que la vérité elle-même (toujours humainement limitée en extension et en compréhension), c'est bien la délicatesse de certains sentiments qui inspirera à chacun de mieux accorder sa propre pensée avec les prémices les plus simples de chaque nouvelle vérité. De plus, si l'on admet que, dès son commencement grec où elle était conçue comme un amour de la sagesse, la philosophie n'a jamais fini de recommencer à faire entendre le souffle fragile de ses nouvelles interrogations, la puissance infinie de l'amour n'est pas prête de cesser d'animer le devenir imprévisible de tous les comportements humains ainsi que les vérités fort probables des concepts que ses sentiments rendront possibles. Il faudra donc encore et toujours penser l'amour en fonction des diverses et nouvelles perspectives où il créera des liens différents, changeants, même parfois étranges, avec la réalité éternelle de la puissance infinie de la Nature qui peut procurer de la joie à chaque être humain.

Enfin et pour résumer, cette recherche a été orientée par la ferme volonté d'une philanthropie à venir qui a refusé d'en rester à un seul rêve d'amour universel entre tous les êtres humains, car elle a fait prévaloir les épreuves concrètes où toutes les singularités pourront vivre librement leur amour en refusant les mythes fascinants qui émanent uniquement des déterminations biologiques, sociales ou économiques qui nous détournent de notre part d'humanité.

En tout cas, d'une manière singulière et plutôt libérée, il sera préférable de toujours faire prévaloir la douce plénitude de l'amour et son caractère merveilleux qui rend d'abord plus intense et plus attentif le fait d'exister avec l'autre, puis qui inspire de reconnaître l'être aimé dans toute son exceptionnelle altérité, notamment dans le bonheur de partager avec lui des habitudes sans cesse renouvelées. Au demeurant, dans l'union de deux êtres humains, ni l'un ni l'autre n'est le centre de cet amour qui n'a pas de centre, notamment lorsque chacun modifie en permanence sa volonté de se coordonner au mieux avec l'autre, tout en existant par, pour et dans la Nature qui réunit et qui invite toujours de s'unir avec elle.

F. Index des auteurs cités

Alain, 64, 155, 156.
Andreas-Salomé (Lou), 28, 58, 112.
Arendt (Hannah),134.
Aristote, 16, 20, 21, 52, 122, 125-137, 146, 152, 159, 182, 183, 193, 204, 205, 211.
Augustin (Saint), 34, 62, 70, 218.
Bachelard (Gaston), 9, 11, 12, 16, 17, 34, 35, 40, 47, 48, 64, 79, 81, 85, 86, 113, 157, 158, 159, 164, 168, 202, 204, 209, 215, 216.
Badiou (Alain), 42, 43, 78, 79, 163, 217.
Bataille (Georges), 34, 37, 219.
Baudelaire (Charles), 53, 202, 204.
Bergson (Henri), 114, 115.
Bichat (M.F.X.), 225.
Blanchot (Maurice), 44, 48, 59, 60, 135, 168, 200, 201, 221.
Brun (Jean), 132.
Buber (Martin), 79, 80, 163, 164.
Cézanne (Paul), 89, 90, 91.
Conche (Marcel), 116, 117, 207.
Darwin (Charles), 222.
David (Christian), 31, 36, 38, 39.
Delacroix (Eugène), 204.
Delbos (Victor), 164.
Deleuze (Gilles), 200.
Derrida (Jacques), 221.
Descartes (René), 57, 139, 232.
Diderot (Denis), 90, 219.
Épicure, 30, 33, 52, 225.
Freud (Sigmund), 16, 28, 29, 35, 36-42, 54, 64, 70, 71, 223.
Gandhi (Mohandas Karamchand), 137.
Gourmont (Remy de), 27, 28.
Grimaldi (Nicolas), 37.
Hair (Howard), 137.
Hegel (G.W.F.), 43, 52, 58, 73, 167, 186, 187.

Héraclite, 222.
Hume (David), 57, 187.
Ibn'Arabi, 39, 68.
Jacob (François), 222.
Jankélévitch (Vladimir), 10, 30, 51, 53, 56, 57, 62, 76, 85, 89, 121, 150, 156, 157, 160, 161, 167, 199, 200, 216, 222.
Jean (Saint), 161, 239.
Kant (Emmanuel), 57, 72, 89, 158, 162, 163.
Kierkegaard (Søren), 61.
Klee (Paul), 225.
Lacan (Jacques), 39, 41-43.
Lavelle (Louis), 199.
Leibniz (G.W.), 46, 47, 143.
Levinas (Emmanuel), 47, 82, 191, 192.
Malebranche (Nicolas), 187.
Mallarmé (Stéphane), 212.
Matthieu (Saint), 20, 161, 229.
Misrahi (Robert), 32.
Montaigne (Michel Eyquem de), 119, 120, 121, 124, 135.
Nietzsche (Friedrich), 16, 17, 20, 21, 30, 33, 51, 52, 61, 63, 69, 71, 82, 86, 89, 91-101, 104-113, 119, 121-124, 135, 141, 146, 149, 151, 154, 155, 165, 166, 168, 169, 185-187, 189-193, 201, 203, 210, 211, 215, 216, 218, 220, 225.
Novalis, 35, 49, 85, 87, 149, 150, 215, 216.
Nygren (Anders), 229.
Overbeck (Franz), 104.
Pascal (Blaise), 50, 141, 198, 199, 203, 233.
Paul (Saint), 20, 228, 230.
Platon, 15, 23, 24, 31, 47, 49, 53, 55, 56, 125, 136, 144, 185, 207, 224.
Plotin, 140, 200.
Ribaud (Théodule), 9.
Rilke (R.M.), 58, 69.
Rimbaud (Arthur), 75, 215.
Russel (Bertrand), 197, 203.
Sartre (Jean-Paul), 42, 45, 49, 55, 57, 72.
Schiller (Friedrich), 216.
Schopenhauer (Arthur), 32, 33, 38, 107.

Senancourt (Étienne Pivert de), 56, 158.
Shakespeare (William), 66, 69, 71.
Simmel (Georg), 20, 67, 84, 85.
Socrate, 15, 134, 136.
Spinoza (Baruch), 16, 17, 25, 26, 31, 32, 43, 54, 55, 58, 60, 69, 70, 73, 76, 85, 102, 103, 144, 146, 150, 153, 162, 169-189, 195, 197, 207, 215, 230, 232.
Stendhal, 65, 67, 69.
Swedenborg (Emmanuel), 19.
Turner (J.M.W), 56, 91.
Virgile, 219.
Weil (Éric), 211, 212.
Wittgenstein (Ludwig), 83, 197, 220, 225.
Zac (Sylvain), 183.

G. Table des matières

A. Prologue, p.7.
- *L'amour : de l'obscur vers la lumière - De la puissance infinie et irrationnelle de l'amour vers des concepts probables*

B. L'amour fusionnel

a) Le besoin d'aimer, p.23.
- *L'altérité dans l'Être - Instincts, besoins et pulsions*
- *L'extension des affects (du plaisir vers la jouissance)*
- *Tendresse naturelle et latence de la sexualité infantile*
- *Les illusions de l'accouplement*

b) L'amour-désir, p.44.
- *Les fondements des désirs : dépasser un manque désastreux*
- *L'inquiétude de l'amour-désir - Le désir comme tension entre le superflu et l'infini - L'amour-désir et l'intensité de l'imaginaire - Paroles et images mythiques du désir - Les sublimations de l'amour-désir*

c) L'amour-passion, p.57.
- *Les deux pôles de l'amour-passion - L'amour-passion peut créer l'espace imaginaire d'un amour délirant - La passivité d'un amour excessif de soi-même répond uniquement à la peur de la mort - Les dérèglements de l'amour-passion - Les dilemmes, la mauvaise foi et les exigences du raisonnable*

C. L'amour créateur de l'un et de l'autre

a) La grâce de l'amour, p.75.
- *Un imprévisible don de l'infini - La rencontre de l'autre et du monde - La grâce de la Nature crée l'un et l'autre*

b) L'amour-création, p.84.
- *Les deux concepts de l'amour créateur - L'amour des multiples perspectives singulières de l'art - Nietzsche et la création de son propre monde en devenir*

c) L'amour-partage, p.101.
- *La pitié en question - Nietzsche : du ressentiment au grand amour - L'accueil de la vulnérabilité de l'autre par la grâce de la sympathie*

D. L'amour transfiguré par la raison

a) L'amour-amitié, p.119.
- *Le désir d'amitié selon Montaigne - Nietzsche et son rêve d'amitié - La claire amitié raisonnable d'Aristote - L'amitié reconnaît l'altérité singulière et digne de chaque être humain pour fonder l'amour de la justice*
b) L'amour-raison, p.137.
- *L'amour de la raison et les raisons d'aimer - L'amour-raison unifie les forces naturelles - Le dépassement de l'indifférence et de la bêtise par l'amour de la raison - Une éthique de l'amour est fondée sur la vertu de probité qui implique fidélité, respect et courage - L'amour de la justice - Une éthique raisonnable du politique devrait être fondée par des volontés libres et singulières*
c) L'amour de la nature, p.169.
- *L'amour intellectuel de la Nature et la béatitude selon Spinoza - L'amour de la Nature est-il donné par Dieu ou bien par le fond sans fond de la Nature ? - L'amour contemplatif du rayonnement du fini dans l'infini - L'amour de l'immensité*
d) L'amour des connaissances probables, p.205.
- *L'amour de la connaissance des apparences - L'amour du savoir et le savoir de l'amour - En l'amour d'une sagesse teintée de scepticisme - Doutes et probables vérités empiriques*

E. Épilogue, p.219.

- *L'amour est-il plus fort que la mort ? - L'amour dépasse tous les sacrifices - L'ouverture libre et créative de l'amour humain sur l'infini*

F. Index des auteurs cités, p.235.

STRUCTURES ÉDITORIALES DU GROUPE L'HARMATTAN

L'HARMATTAN ITALIE
Via degli Artisti, 15
10124 Torino
harmattan.italia@gmail.com

L'HARMATTAN HONGRIE
Kossuth l. u. 14-16.
1053 Budapest
harmattan@harmattan.hu

L'HARMATTAN SÉNÉGAL
10 VDN en face Mermoz
BP 45034 Dakar-Fann
senharmattan@gmail.com

L'HARMATTAN MALI
Sirakoro-Meguetana V31
Bamako
syllaka@yahoo.fr

L'HARMATTAN CAMEROUN
TSINGA/FECAFOOT
BP 11486 Yaoundé
inkoukam@gmail.com

L'HARMATTAN TOGO
Djidjole – Lomé
Maison Amela
face EPP BATOME
ddamela@aol.com

L'HARMATTAN BURKINA FASO
Achille Somé – tengnule@hotmail.fr

L'HARMATTAN CÔTE D'IVOIRE
Résidence Karl – Cité des Arts
Abidjan-Cocody
03 BP 1588 Abidjan
espace_harmattan.ci@hotmail.fr

L'HARMATTAN GUINÉE
Almamya, rue KA 028 OKB Agency
BP 3470 Conakry
harmattanguinee@yahoo.fr

L'HARMATTAN ALGÉRIE
22, rue Moulay-Mohamed
31000 Oran
info2@harmattan-algerie.com

L'HARMATTAN RDC
185, avenue Nyangwe
Commune de Lingwala – Kinshasa
matangilamusadila@yahoo.fr

L'HARMATTAN CONGO
67, boulevard Denis-Sassou-N'Guesso
BP 2874 Brazzaville
harmattan.congo@yahoo.fr

L'HARMATTAN MAROC
5, rue Ferrane-Kouicha, Talaâ-Elkbira
Chrableyine, Fès-Médine
30000 Fès
harmattan.maroc@gmail.com

NOS LIBRAIRIES EN FRANCE

LIBRAIRIE INTERNATIONALE
16, rue des Écoles – 75005 Paris
librairie.internationale@harmattan.fr
01 40 46 79 11
www.librairieharmattan.com

LIB. SCIENCES HUMAINES & HISTOIRE
21, rue des Écoles – 75005 Paris
librairie.sh@harmattan.fr
01 46 34 13 71
www.librairieharmattansh.com

LIBRAIRIE L'ESPACE HARMATTAN
21 bis, rue des Écoles – 75005 Paris
librairie.espace@harmattan.fr
01 43 29 49 42

LIB. MÉDITERRANÉE & MOYEN-ORIENT
7, rue des Carmes – 75005 Paris
librairie.mediterranee@harmattan.fr
01 43 29 71 15

LIBRAIRIE LE LUCERNAIRE
53, rue Notre-Dame-des-Champs – 75006 Paris
librairie@lucernaire.fr
01 42 22 67 13